LA

BELGIQUE

MILITAIRE.

Imprimerie de Lacrosse.

LA BELGIQUE MILITAIRE,

PAR

QUELQUES OFFICIERS DE L'ARMÉE.

Dédié au Ministre.

TOME TROISIÈME.

Historia, quoquo modo scripta, delectat.
L'histoire peut toujours plaire, de quelque manière qu'elle soit écrite.
PLINE.

𝕭𝖗𝖚𝖝𝖊𝖑𝖑𝖊𝖘.

AU BUREAU DE LA REVUE MILITAIRE ET DE LA MARINE,

RUE MARCQ, n° 1.

1836.

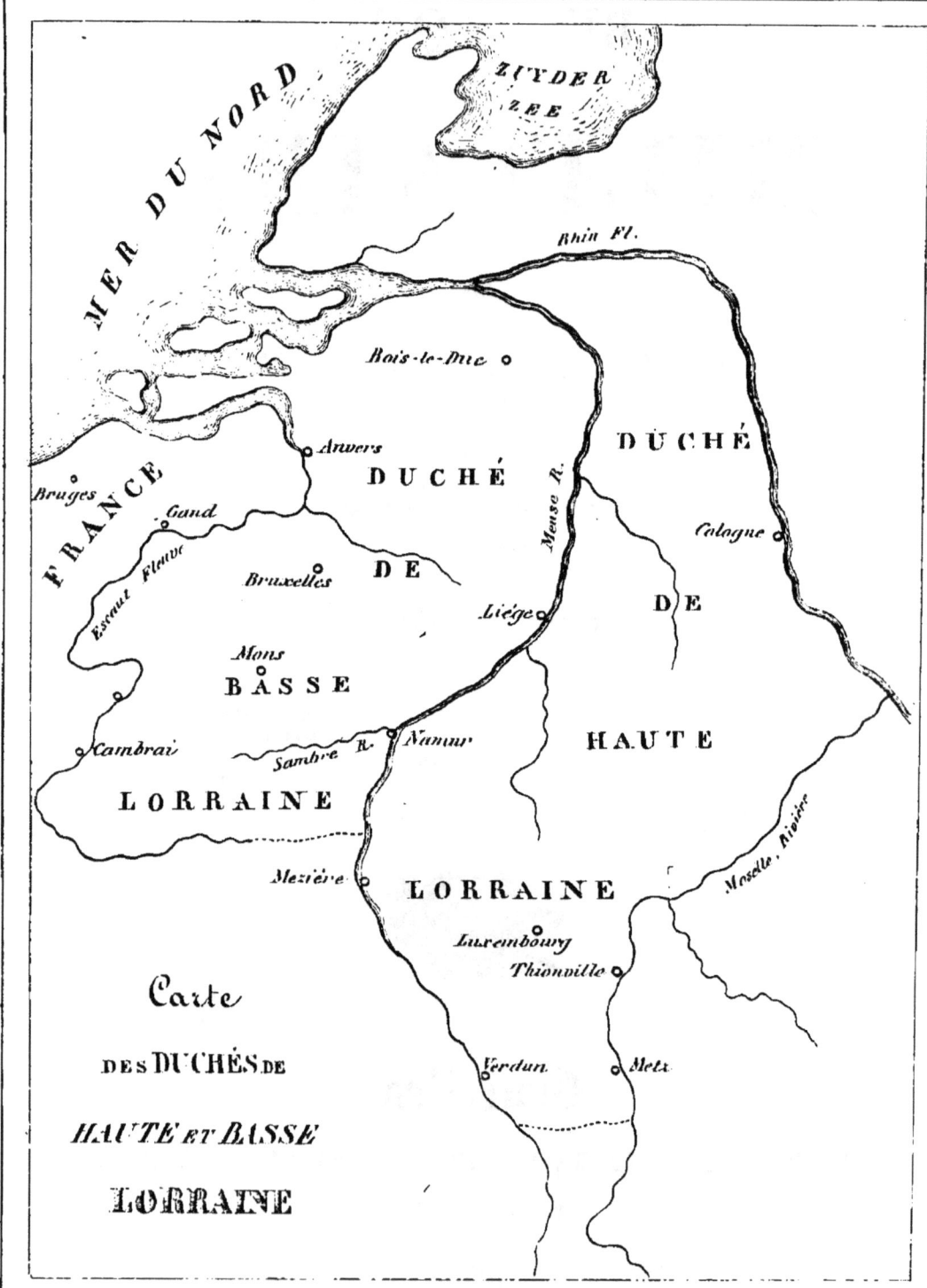

LA BELGIQUE MILITAIRE.

LES DUCS DE LA BASSE LORRAINE.

GODEFROID Ier ET GODEFROID II.

La sévérité avec laquelle Brunon avait sévi contre Regnier, indigna les seigneurs de la Lorraine, et les irrita tellement, qu'ils refusèrent de se soumettre à son autorité et de lui payer des impôts. Ils choisirent pour chef un noble belge, nommé Immon, qui avait des domaines considérables dans les environs de Liége et de Maestricht, élevèrent une quantité de forts et de châteaux sur leurs terres, rassemblèrent des troupes pour les défendre, et cherchèrent enfin à se rendre indépendans.

Voyant la Lorraine déchirée par une foule d'ambitieux feudataires qui aspiraient ouvertement à se partager les débris de l'autorité suprême, le roi Othon crut que Brunon, son frère, ne pourrait supporter seul le fardeau du gouvernement au milieu de tant de désordre et d'anarchie, et songea sérieusement à lui en diminuer le poids. A cet effet, il la divisa en deux provinces distinctes. L'une, que l'on appela Haute Lorraine, fut composée de tout le pays resserré entre le Rhin, la Meuse et la Moselle; et l'autre, nommée Basse Lorraine, des terres situées entre le Rhin, le Zuiderzée et l'Océan; de manière que Cologne, Trèves, le pays de Juliers, une partie des provinces de Liége, de Namur, de Limbourg et tout le Luxembourg appartinrent à la première de ces provinces, et que le reste de la Belgique fut soumis à la seconde, à l'exception des Flandres et de quelques villes du Hainaut qui appartenaient à la France. Frédéric, comte de Bar, obtint le duché de la Haute Lorraine, et Godefroid, comte d'Ardenne, celui de la Basse Lorraine. Ils furent tous deux soumis à Brunon, qui, dès ce moment, prit le titre d'archiduc (959).

Le règne de Godfroid fut de courte durée. Le roi de Germanie ayant marché sur l'Italie à l'effet d'y apaiser les troubles dont Rome était déchirée par suite de l'élection des papes, l'archiduc Brunon leva des troupes en Lorraine et en confia le commandement à Godefroid, qui alla renforcer l'armée d'Othon. Il y fut atteint de la peste et mourut en 964.

Pendant son séjour à Rome, Othon, que l'on a justement surnommé le Grand, se fit couronner empereur par le pape Jean; mais à peine eut-il quitté l'Italie, que cet ambitieux pontife se révolta et enleva les trésors de l'Église. Outré de cette défection, Othon rebroussa chemin, rentra dans Rome et y fit convoquer un concile où le pape Jean fut déposé et remplacé par Léon VIII, qui reconnut à l'empereur le droit de confirmer l'élection des papes. Quelques tems après, Jean reprit la tiare et fit inhumainement massacrer ses ennemis. Ayant été lui-même assassiné dans le lit d'une femme impudique, ses partisans lui donnèrent pour successeur un autre pape nommé Benoît. Mais Othon, revenu en Italie, s'empara de sa personne et l'envoya captif à Hambourg.

L'empereur mourut en l'an 973, laissant à son fils, Othon II, un lourd héritage de gloire et de puissance.

La mort d'Othon le Grand, ainsi que celle de Brunon, qui arriva quelques jours après, réveilla les espérances de Regnier et de Lambert, fils de Regnier II, comte de Hainaut, qui s'étaient placés sous la protection de la cour de France. Favorisés par le roi Lothaire et par plusieurs seigneurs français, ils envahirent le Hainaut, attaquèrent les troupes du comte Rainauld et les défirent complètement dans les environs de Binche. Rainauld périt dans la mêlée; mais les fils de Regnier, affaiblis par leur victoire, furent contraints de se retirer au château de Boussoit, sur la Haine, où ils se maintinrent long-tems, et d'où ils firent de fréquentes irruptions dans la Basse Lorraine.

Othon II accourut au secours de la Belgique avec des forces considérables, assiégea Boussoit, s'en empara, força Lambert et Regnier à se retirer en France de nouveau, et donna le gouvernement du Hainaut à Arnoul, fils du comte de Cambray, et à Godefroid, fils du comte d'Ardenne (974). Pendant que l'empereur était en Germanie, Lothaire, qui espérait se rendre maître de la Lorraine, encouragea les efforts des fils de Regnier et les engagea à reprendre les armes. Soutenus par Charles de France, frère du roi, par Hugues Capet et par le comte de Vermandois, ils revinrent dans le Hainaut avec une nouvelle armée et assiégèrent

Mons où Arnoul et Godefroid s'étaient renfermés. La place était investie depuis plusieurs jours, quand, le 3 avril 976, les assiégés firent une sortie générale et tombèrent sur les Français avec tant d'impétuosité que tous leurs postes furent renversés les uns sur les autres. Les guerriers distingués qui combattaient dans l'armée française rallièrent leurs soldats épouvantés et les ramenèrent à la charge. La mêlée fut affreuse. Godefroid tomba percé d'un coup de lance, et Arnoul, qui ne brillait pas par le courage, abandonna lâchement le champ de bataille, et s'enfuit dans la campagne de toute la vitesse de son cheval. Privés de leurs principaux chefs, les Belges se battirent avec tant d'audace et de vaillance que la nuit seule put mettre fin au carnage. La fortune ne se déclara pour aucun des deux partis, mais les Français, épuisés par ce combat sanglant, furent contraints de lever le siége et d'opérer leur retraite vers Cambray. Ils élevèrent un fort dans les environs de Gouy, d'où ils firent de fréquentes incursions dans le Hainaut.

CHARLES DE FRANCE.

Othon II craignant que Lothaire ne profitât de la guerre entreprise par les fils de Regnier pour s'emparer de la Lorraine, où cet unique descendant de Charlemagne était appelé par les vœux du peuple, offrit à Charles de France, frère du roi, qui était sans apanage,

CHARLES DE FRANCE.

l'investiture du duché de la Basse Lorraine, sous la condition qu'il se reconnaîtrait son vassal, et que, de son côté, l'empereur rendrait le comté de Hainaut à Regnier et celui de Louvain à Lambert. Charles, bravant le courroux de son frère, accepta les propositions d'Othon, prit possession de la Basse Lorraine, et choisit le château de Bruxelles pour sa résidence (977).

Ce château, qui fut le noyau de Bruxelles, était au centre de la Basse Lorraine, ou du duché de Lothier, et situé, dit un auteur moderne, « dans un emplacement
« très-facile à défendre et difficile à attaquer : cette po-
« sition lui était avantageuse sous tous les rapports.
« Les princes de ces siècles barbares partageaient leur
« tems entre la guerre et la chasse, qui est l'image de la
« guerre. Aucun endroit ne pouvait mieux convenir à
« Charles que le château de Bruxelles. Il avait sous les
« yeux, à l'orient, la colline de Caudenberg ou de Froid-
« mont, qui était couverte de bocages pittoresques et
« arrosée par plusieurs ruisseaux limpides ; à l'extré-
« mité supérieure, le monastère de Saint - Jacques
« servait à ses délassemens après les fatigues de la chasse ;
« la forêt se prolongeait ensuite pendant deux lieues
« jusqu'à Tervueren, autre rendez - vous de chasse
« des comtes de Bruxelles. L'enclos du parc fut établi
« auprès de l'église de Saint-Jacques, afin que le prince
« y pût contenter sa passion pour la chasse dans tous
« les temps, sans s'éloigner de son château.

Irrité de ce vasselage qu'il regardait comme un affront fait à la France et à la race Carlovingienne, Lothaire rassemble une puissante armée, fond sur la Lorraine qu'il livre au pillage, s'empare de Metz, y reçoit l'hommage de quelques grands, traverse les Ardennes et court attaquer Aix-la-Chapelle. L'empereur Othon, qui ne s'attendait pas à être assailli dans sa capitale, y fut surpris au moment où il allait se mettre à table, et n'eut que le tems de fuir précipitamment vers Cologne avec l'impératrice. Lothaire rentra en France après cette brusque expédition (978).

L'empereur Othon, indigné de cette agression déloyale, jura qu'il rendrait à Lothaire visite pour visite, et que sa vengeance serait aussi prompte que terrible. L'effet suivit bientôt la menace. Il envoya au roi Lothaire des députés qui lui annoncèrent que le 1er octobre il irait en France venger l'insulte qu'il avait reçue, et planter sa lance dans une des portes de Paris. En effet, le jour indiqué il passe la frontière à la tête de soixante-six mille Belges et Germains, ravage les territoires de Rheims, de Laon et de Soissons, et paraît enfin devant Paris. Là, il présente la bataille à Lothaire ; mais voyant qu'il s'obstinait à rester à l'abri de ses remparts, il fait incendier les faubourgs, s'avance vers la ville suivi de quelques braves, et enfonce le fer de sa lance sur une des portes de cette capitale en s'écriant : c'est assez pour le présent. Après ce défi, il ordonne aux prêtres et aux moines de se rassembler sur la butte de Montmartre et d'entonner un *alleluia*.

L'année tirant à sa fin, et la saison ne permettant plus à l'empereur de tenir la campagne, il opéra sa retraite sur la Belgique, poursuivi par Lothaire, Hugues Capet et le duc de Bourgogne qui le harcelèrent dans sa marche en évitant toujours un engagement sérieux. Le passage de l'Aîne, grossie par les pluies de l'automne, offrait quelques difficultés ; le gros de l'armée l'effectua cependant ; mais les équipages et l'arrière-garde, assaillis par les Français, ne purent en faire autant. Othon, qui de la rive opposée les voyait gravement menacés, chargea

Godefroid, comte d'Ardennes, celui-là même qui avait été blessé d'un coup de lance sous les murs de Mons, d'aller demander à l'ennemi une trêve de quelques jours pour faire repasser l'Aîne à son armée, et vider ensuite leur différend dans une bataille rangée. Le comte d'Anjou, qui était présent quand Godefroid fit cette proposition, ne donna pas à Lothaire le tems de répondre, et s'écria : « qu'au lieu de répandre tant de sang pour « la querelle de deux rois, il fallait les laisser se battre « ensemble en présence des deux armées et couronner « le vainqueur. » — « Il n'en sera point ainsi, répon- « dit le comte d'Ardennes ; si vous autres Français « vous méprisez vos princes, et faites si peu de cas « de leur vie, apprenez que nous chérissons et res- « pectons le nôtre, et que nous ne souffrirons jamais « que ses jours soient exposés dans un combat, sans « partager ses dangers. » — La proposition d'Othon n'ayant pas été admise, son arrière-garde fut fortement maltraitée et ses équipages enlevés.

En l'an 980, Othon et Lothaire eurent une entrevue sur les rives du Cher, petite rivière qui se perd dans la Meuse, et qui formait la limite des deux états. Ils y conclurent un traité de paix, qu'ils sanctionnèrent par des sermens mutuels, par lequel le roi de France renonça à tous les droits et prétentions qu'il avait sur la Lorraine [1]. Ainsi la Belgique et le Cambresis demeurèrent terres de l'Empire.

Othon II mourut le 8 décembre 983, laissant l'em-

---

[1] Plusieurs écrivains français prétendent que Lothaire ne céda la Lorraine à l'empereur Othon que sous la condition qu'elle serait considérée comme fief de la France, pour lequel il rendrait hommage au roi. C'est une erreur d'autant plus grossière que la Chronique de Tours et Sigebert disent formellement que Lothaire renonça purement et simplement à la Lorraine. *Rex Lotharius Lotharingiam abjurat.*

pire à son fils, Othon III, âgé seulement de trois ans. Lothaire profita de cet événement pour faire revivre ses anciennes prétentions sur la Lorraine. Il leva des troupes, et, l'année suivante, il entra en campagne sous le prétexte que le comte Godefroid ne restituait pas Mons au comte de Hainaut. Assiégé dans Verdun, le comte d'Ardennes fut forcé de capituler et de se rendre à discrétion avec Sigefroy, son oncle, le comte de Luxembourg. Lothaire ne leur rendit la liberté et ne remit Verdun à Godefroid qu'après la restitution de Mons.

Il se préparait à envahir la Belgique quand la mort vint mettre un terme à son ambition. Louis V, son fils, qui lui succéda, ne régna que quatorze mois. Il mourut sans postérité, empoisonné par Blanche, sa femme, et fut le dernier roi de la race Carlovingienne.

La couronne revenait à Charles de France ou plutôt à Charles de Bruxelles, mais Hugues Capet se fit élire roi à Noyon. Les lois du royaume et l'hérédité se turent devant la puisance, les richesses et le crédit de Hugues.

Adalbéron, archevêque de Rheims, qui favorisait secrètement le parti de Charles, le prévint de ce qui se passait. Réduit aux forces de son duché, et à la faible assistance de ses partisans de l'intérieur, le duc de Lorraine se hâte lentement à rassembler des troupes pour faire valoir les droits du sang de Charlemagne ; il s'occupe à réveiller dans les cœurs quelques restes d'affection pour la race royale ; mais les seigneurs dont il réclame l'appui, plus occupés de leurs querelles particulières que de l'intérêt général, ne lui offrent que de faibles secours.

Après bien des lenteurs, Charles entre en France, et s'empare de Laon par surprise. A cette nouvelle, Hugues Capet rassemble une armée nombreuse et court assiéger cette ville, dernier domaine de la race Carlovingienne. Lassé de combattre derrière ses remparts, Charles se décide à tenter le sort des batailles; il harangue ses soldats, les anime au combat, enflamme leur courage en leur promettant la victoire, et, décidé à mourir ou à monter sur le trône de ses pères, il sort à la tête de ses braves, se précipite sur les troupes de Hugues, les culbute, les disperse, les poursuit dans leur déroute, enlève Rheims et Soissons et menace Paris (988).

Charles ne profite pas de sa victoire. Au lieu de marcher sur Paris et d'empêcher Hugues Capet de réunir les débris de son armée, il s'amuse à faire d'inutiles excursions dans le Soissonnais, retourne s'enfermer dans Laon, et commet la faute de conclure une trêve avec un ennemi que quelques efforts vigoureux pouvaient abattre (989).

Pendant que le duc de Lorraine se croyait en sûreté au milieu de son armée, Hugues était parvenu à l'entourer de traîtres et à corrompre Adalbert Ancelin, évêque de Laon, son conseiller intime. Sûr de vaincre sans combattre, Hugues se dirige à marches forcées sur Laon, et l'infâme Ancelin lui fait ouvrir, au milieu de la nuit, la porte la plus voisine de l'évêché. Certains de trouver leurs ennemis endormis, les soldats français s'élancent dans la ville, massacrent tout ce qui oppose quelque résistance, et s'en rendent maîtres. Charles et son épouse, surpris dans leur lit, furent enlevés et renfermés dans la tour d'Orléans (991). Ce malheureux prince ne survécut que dix ans à son malheur. Il mourut en l'an 1001; une pierre sépulcrale, trouvée dans un caveau de l'église de Saint-Servais de Maestricht, précise la date de sa mort, et prouve évidemment qu'il s'était échappé de sa prison, ou tout au moins que sa dépouille mortelle fut rendue à la Belgique [1].

Le duc Charles, dont les chroniqueurs et les annalistes ont dit beaucoup de mal, parce qu'ils ont écrit sous l'influence de ses ennemis, laissa deux fils et deux filles. Othon, l'aîné succéda à son père dans le duché de la Basse Lorraine, et mourut en l'an 1006. L'histoire ne parle pas du second. Hermengarde et Gerberge, ses filles, épousèrent, l'une, Albert premier, comte de Namur, et l'autre Lambert, comte de Louvain.

GODEFROID D'EENHAM.

Après la mort du duc Othon, dernier prince de la race de Charlemagne, Robert II, comte de Namur, et Lambert II, comte de Louvain, élevaient tous deux des prétentions au duché de la Basse Lorraine, l'un, du chef de sa mère Hermengarde, et l'autre de sa femme Gerberge, fille de Charles de France. L'empereur Henri II, qui redoutait leur ambition, n'eut égard ni à leurs plaintes ni à leurs réclamations, et donna ce duché à Godefroid III, comte d'Ardennes, connu dans l'histoire sous le nom de Godefroid d'Eenham.

Outrés de l'élévation de Godefroid, Lambert et Robert

---

[1] Voici l'inscription gravée sur cette pierre : « Charles, comte de noble « race, fils de Louis, frère de Lothaire, roi des Francs. MI. »

mirent tout en œuvre pour lui susciter des ennemis, et se liguèrent avec Regnier, comte de Hainaut, Thierri, comte de Frise, Baudouin à la Belle Barbe, comte de Flandre, et résolurent de lui faire la guerre. Pendant que les quatre premiers se consultaient, Baudouin leva des troupes en Flandre et marcha sur Valenciennes, qu'il emporta d'assaut.

Henri II, qui voulait à tout prix reprendre cette ville, sollicita l'appui de Robert, roi de France, de Richard, duc de Normandie, et parvint à les engager d'unir leurs armes aux siennes. Instruit de cette alliance, Baudouin approvisionne toutes ses places fortes, y met de bonnes garnisons et court se renfermer dans Valenciennes qu'il veut conserver ou s'ensevelir sous ses ruines. A peine Baudouin eut-il achevé ses préparatifs de défense, qu'une armée formidable, composée de Français, de Normands et de Germains, vint investir la place. Quinze jours suffirent aux alliés pour s'approcher des murs et y faire une large brèche. Les princes ennemis, qui espéraient l'enlever d'assaut, encouragent leurs troupes et leur promettent un succès certain. Le duc Richard les conduit en personne : aussi brave qu'on peut l'être, il se précipite le premier sur la brèche, et fait des efforts inouis pour pénétrer dans la place; mais les Flamands combattent avec tant de valeur qu'ils le repoussent, font un horrible carnage de ses soldats, et les forcent à se retirer dans leurs retranchemens; « Ce « que toutefois ils ne firent, dit Oudegherst, sans estre « accompaignez d'une infinité des flesches, qui conti- « nuellement des murs de ladicte ville plouvoyent sur « leurs espaulles. » Loin de se rebuter de cet échec, les assiégeans donnèrent encore plusieurs assauts infructueux à la ville. Voyant ensuite que tous leurs efforts échouaient devant la valeur de Baudouin et le courage des Belges, ils levèrent le siége et s'éloignèrent de notre territoire (1006).

L'empereur voulant venger l'affront fait à ses armes devant les murs de Valenciennes, revient l'année suivante avec de nouvelles forces, emporte le château de Gand, veut enlever la ville d'emblée et échoue dans son entreprise. Outré de ce nouvel affront, il lève le siége, parcourt la Flandre le fer et la flamme à la main, pille, détruit tout ce qu'il trouve sur son passage et se retire en traînant à sa suite une partie de la population qu'il réserve à la servitude.

Baudouin, qui ne se laissait pas facilement maîtriser par ses passions, fut touché de la misère publique. Faisant au bonheur de ses sujets le sacrifice de son amour-propre, il envoya des députés à l'empereur, lui demanda la paix, offrit de lui rendre Valenciennes, et alla lui-même le trouver à Aix-la-Chapelle. Charmé de recouvrer une ville qu'il n'avait pu enlever avec les forces de la France et de la Germanie, Henri accepta cette offre avec empressement, et rendit au comte de Flandre tous les prisonniers qu'il avait enlevés. Voulant s'attacher Baudouin dont il redoutait l'énergie et la valeur, et l'opposer aux comtes de Louvain et de Namur qui se disposaient à faire la guerre à Godefroid d'Eenham, il lui rendit Valenciennes du consentement des princes de l'empire, et lui donna les îles de la Zélande. De cette donation naquit un long et sanglant différend entre les Flamands et les Hollandais, qui dura près de quatre cents ans (1007).

Vers l'an 1012, Henri II révendiqua le comté de Louvain comme un fief de l'empire, et voulut en donner l'investiture au duc Godefroid ; mais Lambert, décidé à ne céder que par la force des armes le patrimoine de son père, leva des troupes et attira dans son parti la plupart des seigneurs de la Belgique qui craignaient que l'empereur n'étendît la même prétention sur leurs domaines. Renforcé par des troupes germaines et par celles de Balderic, évêque de Liége, qui venait de fortifier Hougarde pour mettre ses possessions à l'abri des incursions de Lambert, il courut assiéger Louvain, où le comte s'était renfermé avec des forces considérables. Cette ville fut attaquée avec une fureur difficile à décrire, mais Lambert se défendit avec tant de courage et de bonheur, que Godefroid renonça à la prendre d'assaut. Changeant de système et de tactique, il la fit investir soigneusement et se décida à la réduire par la disette des vivres. Il n'en fut pas le maître ; car l'indiscipline qui régnait dans son armée déconcerta ses projets. Fatigués d'un siége qui traînait en longueur, ses soldats se débandèrent, firent d'horribles dégâts dans les environs et le laissèrent se retirer suivi de quelques fidèles.

COMBATS DE HOUGARDE ET DE FLORENNES.

Fier de l'espèce de succès qu'il avait remporté sur les troupes de Godefroid d'Eenham, le comte de Louvain se disposa à reprendre les armes l'année suivante (1013), et à se venger de l'évêque de Liége, l'allié du duc. Mais pour réussir dans cette entreprise, il fit un traité secret avec Robert II, comte de Namur, qui s'était déclaré en faveur de l'évêque Balderic, quoiqu'il fût son ennemi personnel.

Aussitôt que Lambert se fut assuré de l'appui du comte de Namur, il envoya un héraut d'armes à l'évêque de Liége et le somma de faire démolir immédiatement les fortifications de Hougarde. Balderic s'y refusa et chargea des députés d'aller près du comte de Louvain lui faire part des motifs pour lesquels il les avait fait élever; mais celui-ci, qui ne cherchait qu'une occasion pour commencer les hostilités, refusa d'écouter les remontrances de l'évêque, entra de suite en campagne et courut ravager les terres de l'évêché. Balderic, qui voulait gagner du temps et effrayer les seigneurs qui s'étaient rangés sous la bannière du comte de Louvain, lança d'abord une sentence d'excommunication contre lui, s'occupa ensuite à rassembler des troupes, et déposant bientôt la mître pour se couvrir d'un casque, il courut, avec le comte de Namur, au-devant des troupes de Lambert, qu'il joignit près de Hougarde.

Dès que les deux armées furent en présence, elles ne tardèrent point à s'entrechoquer. Les Liégeois attaquèrent leurs ennemis avec furie, et les chargèrent si vigoureusement qu'après quelques heures de combat ils durent céder le terrain. Pendant que Balderic animait les siens et les engageait à se précipiter sur les Brabançons pour achever de fixer la victoire, ceux-ci, ralliés par Lambert, revinrent à la charge, reprirent la position qu'ils avaient abandonnée et rétablirent le combat. Mais culbutés de nouveau, ils allaient être anéantis, quand la défection du comte de Namur fit changer la face des choses. Ce déloyal allié de l'évêque, fidèle au traité qu'il avait conclu avec le comte de Louvain, abandonna les Liégeois au fort de l'action et tourna ses armes contre eux. Ils se défendirent quelque tems encore, sinon avec succès, du moins avec courage ; mais accablés par les soldats des deux comtes, ils furent culbutés et mis dans une déroute complète. Entouré d'ennemis, le comte Herman, frère de Godefroid d'Eenham, qui combattait dans les rangs des Liégeois, se réfugia dans l'église de Hougarde avec une poignée d'hommes, et s'y défendit audacieusement ; ne pouvant résister aux efforts de Robert, qui attaqua cette église avec ses Namurois, force lui fut de capituler et de se rendre à discrétion.

Cette journée, fatale aux Liégeois, leur coûta trois cents morts, une quantité de blessés qui restèrent sur le champ de bataille et quelques centaines de prisonniers.—Les deux comtes ne profitèrent pas de leur victoire. Ils n'osèrent pénétrer plus avant dans les terres de l'évêque et bornèrent leur vengeance à piller Hougarde (1013).

Robert conduisit son prisonnier à Namur ; mais Hermengarde sa mère, effrayée des malheurs que la déloyauté de son fils pouvait attirer sur ses états, lui fit apercevoir tout ce qu'il avait à craindre du ressentiment de l'empereur, et l'engagea à faire du comte Herman le gage de la paix et de sa sécurité. Elle fit plus, sachant que les évêques de Liége et de Cambrai étaient les amis du frère de Godefroid, elle négocia avec eux et leur promit la liberté d'Herman s'ils parvenaient à réconcilier Robert avec l'empereur. Les prélats, qui ne demandaient pas mieux, se rendirent à Coblentz près de Henri II, réussirent à calmer son courroux et à faire rentrer le comte dans ses bonnes grâces.

A peine le comte Herman eut-il recouvré sa liberté, que Balderic, pour tirer vengeance de la perfidie de

Robert, entra dans le comté de Namur avec le seigneur de Florennes et y mit tout à feu et à sang. Trop faible pour pouvoir réprimer les courses de ses ennemis, Robert eut recours à la médiation de Baudouin, comte de Flandre, qui parvint à calmer le ressentiment de l'évêque, à arrêter les fureurs de la guerre, et à conclure un traité de paix où il fut convenu que Balderic lèverait l'anathème lancé contre le comte de Louvain, sous la condition que celui-ci ferait bâtir une église à Hougarde comme un monument expiatoire, et que Robert paierait à l'évêque quatre mille bezantins pour frais de guerre (1014).

L'empereur voulant enfin punir la rébellion des comtes Lambert et Regnier, prescrivit au duc de la Basse-Lorraine de lever des troupes et d'entrer immédiatement en campagne. Fidèle aux ordres de son maître, Godefroid entra dans le Hainaut et le parcourut en détruisant tout ce qu'il trouva sur son passage. Instruit de cette agression, le comte de Louvain vole au secours de son neveu, et parvient bientôt à rejeter le duc au-delà de la Sambre. Profitant de ce succès, il réunit ses forces à celles de Regnier, et marche droit à l'ennemi, qu'il trouve en position près de Florennes. Le 12 septembre de l'an 1015, les deux armées en vinrent aux mains et s'attaquèrent avec fureur. Ce combat fut ce qu'ils étaient tous dans ces siècles barbares, une mêlée affreuse dans laquelle les cavaliers se portaient de rudes coups et écrasaient les fantassins sous les pieds des chevaux. Le comte de Louvain y fit, dit-on, des prodiges de valeur. Se croyant invulnérable parce qu'il portait un reliquaire qui lui avait été donné par une religieuse [1],

---

[1] Nous ne pouvons mieux faire connaître la crédulité de nos bons aïeux qu'en rapportant sommairement ce qu'on lit dans une ancienne chronique au

il se précipita au milieu des bataillons ennemis et y répandit l'épouvante et la mort. Déjà il les avait fait chanceler, et déjà il se croyait sûr de la victoire, quand il reçut un coup de lance au défaut de la cuirasse, qui le renversa de cheval et lui ôta la vie. La mort de ce prince fut fatale à ses troupes; assaillies vigoureusement par celles de Godefroid, elles ne purent résister davantage, et furent mises en déroute. Regnier chercha vainement à les rallier; leur frayeur était si grande qu'elles méconnurent sa voix et se dispersèrent dans les bois voisins. Le comte de Hainaut, forcé à la retraite avec quelques-uns des siens, fut poursuivi par le vainqueur et contraint de s'éloigner à toute bride, laissant le champ de bataille couvert de cadavres. Quatre cents chevaliers perdirent la vie dans le combat de Florennes, et l'armée des comtes fut tellement démoralisée que les seigneurs firent de vains efforts pour en rallier les débris.

Les évêques de Cambrai et d'Utrecht, jaloux de faire cesser une guerre civile qui ensanglantait et ruinait la Belgique, interposèrent leur médiation et parvinrent enfin à réconcilier Regnier et le nouveau comte de Louvain avec l'empereur. Il en survint une autre de suite, mais au moins celle-ci fut tout à fait nationale et les Belges combattirent sous le même étendard.

---

sujet de la mort du comte de Louvain. Il avait, paraît-il, couché la nuit qui précéda la bataille avec une religieuse de Nivelles qui lui avait cousu une relique dans sa chemise, en lui promettant que cette précieuse amulette le rendrait invulnérable. Ce reliquaire s'étant détaché pendant l'action, Lambert reçut le coup de la mort. Un soldat ayant trouvé le talisman, le cacha dans sa botte pour le soustraire à tous les regards; il en fut cruellement puni, car à l'instant même sa jambe enfla de telle manière que l'on fut obligé de couper la botte pour enlever la sainte relique. L'évêque Gérard, qui ne croyait pas que le comte ait pu commettre un aussi grand crime, interrogea la religieuse, qui le lui avoua; il ne douta plus alors que la mort de Lambert ne fût une juste punition du ciel.

GUERRE DE FRISE.

Pendant que l'ambition des grands ensanglantait nos contrées et y perpétuait les horreurs de la guerre civile, les prétentions que Thierri ou Théodoric III, comte de Frise, élevait sur les terres de l'évêché d'Utrecht qui joignaient ses états, furent la source d'une nouvelle guerre et la cause de l'inimitié qui régna si long-tems entre les Belges et les Hollandais. L'évêque s'étant approprié la chasse exclusive de la forêt de Merwède et la pêche dans la Meuse et le Wahal, Thierri s'en empara, et pour appuyer ses droits, qu'il disait héréditaires, il fit élever un fort à la jonction de ces deux rivières. La situation de cette place y attira une foule de marchands frisons qui s'y établirent. Tel fut le berceau de Dordrecht, l'une des plus anciennes villes de la Hollande. Après avoir pourvu à la sûreté de ses prétentions, le comte de Frise fit un nouveau pas vers l'indépendance en imposant, sans l'autorisation de l'empereur, des péages pour rançonner les bâtimens marchands qui naviguaient sur le Wahal et sur la Meuse.

Cette nouveauté alarma tous les marchands de la Belgique et particulièrement ceux de Thiel, qui s'adressèrent à l'empereur et lui déclarèrent que « s'il ne déli-
« vrait leur négoce de pareilles entraves, ils ne pour-
« raient plus faire le trajet d'Angleterre, ni engager les
« Anglais à venir commercer dans leur pays, et qu'ils

« seraient bientôt hors d'état de lui payer les impôts « ordinaires. » Ces plaintes, et surtout les réclamations des évêques d'Utrecht, de Trèves, de Cologne et de Liége émurent vivement Henri, et lui firent donner l'ordre à Godefroid d'Eenham de rassembler des troupes et d'aller détruire Dordrecht (1017).

Le duc de la Basse-Lorraine, intéressé à faire rentrer Thierri dans le devoir, se hâta d'expédier des ordres aux comtes et aux seigneurs, et on les vit bientôt arriver au lieu de concentration à la tête de leurs vassaux. Les évêques de Cologne, de Cambrai, de Trèves et d'Utrecht, qui avaient reçu l'ordre de prendre les armes, s'y rendirent également. Celui de Liége, Balderic, représenta vainement à Godefroid que son grand âge et ses infirmités ne lui permettaient pas d'aller guerroyer dans les marais de la Hollande. On n'eut aucun égard à ses réclamations et force lui fut de faire partie de l'expédition. Il mourut dès l'entrée en campagne, au hameau de Herward, le 29 août 1017.

Les préparatifs de guerre étant terminés et l'armée réunie, Godefroid entra dans la Frise, et quoique ses gens fussent plus propres à combattre à cheval que sur l'eau, il en fit embarquer une partie sur une flotte considérable et descendit le Wahal. Il surprit d'abord le pont de Giessen, et s'avançant ensuite sur la Merwe, il prit terre à la vue de Dordrecht, où les habitans des campagnes s'étaient réfugiés avec ce qu'ils avaient de plus précieux. Soit pour rendre l'abord de cette place inaccessible, soit pour faciliter l'écoulement des eaux stagnantes, tout le pays était coupé de canaux, et, au milieu des marais, on voyait çà et là quelques éminences, sur l'une desquelles s'élevait la forteresse, funeste objet de cette guerre. C'est là que les Frisons campés observaient les mouvemens de leurs ennemis dans une sécurité profonde.

Godefroid ne pouvant aller les chercher dans l'endroit où ils s'étaient retirés, chargea un corps de troupes légères d'aller insulter leurs retranchemens, et lui donna l'ordre de se retirer aussitôt qu'il serait attaqué, afin d'attirer l'ennemi en plaine. Cette ruse n'échappa point à la perspicacité de Thierri. Pendant qu'une faible partie de ses troupes échangeait quelques dards avec le corps belge qui s'était imprudemment avancé jusque sous les glacis de Dordrecht, il fait une sortie avec le reste, prend les nôtres en flanc, les attaque avec impétuosité, les enfonce et les met en déroute. Content du succès qu'il venait d'obtenir, le comte de Frise allait rentrer dans Dordrecht, quand il vit les Belges, frappés d'une terreur panique, fuir en désordre vers leur camp et y répandre la consternation. En effet, nos soldats saisis d'une terreur imaginaire, fuyaient à pas précipités, quand une voix inconnue fit entendre le funeste cri de *sauve qui peut!* Ce cri, sorti de la bouche d'un lâche ou d'un perfide, fut tout-à-coup répété de rang en rang et vint encore augmenter le désordre et la confusion. Alors, la déroute devient générale; tout se débande, tout fuit. Thierri, profitant de cet instant, fond sur les Belges qui s'éloignent au pas de course, gagnent le bord du Wahal et s'y précipitent pour se soustraire aux coups des vainqueurs. Tandis que les uns, surchargés du poids de leurs armes, périssent en voulant passer la rivière à la nage, et que les bateaux remplis de fuyards s'engloutissent dans les flots, les autres s'embourbent dans les marais, reçoivent la mort sans pouvoir se défendre, et la flotte fait force de rames pour remonter le courant. Thierri poursuit sa victoire avec ardeur ; il met toutes ses troupes en mouvement, leur fait suivre la trace des Belges et le carnage recommence. Les eaux des rivières et des canaux sont rougies de sang et les chemins jonchés de cadavres. Godefroid et Regnier IV tombèrent au pouvoir de l'ennemi, et la perte des Belges fut si grande que l'évêque Ditmarus ne parle de cette affreuse journée que les larmes aux yeux. Il répète, il accumule les malédictions, et contre Thierri qu'il appelle un homme maudit de Dieu, et contre son pays qu'il nomme une île méprisable, et sur laquelle il lance les mêmes imprécations que David a proférées contre le mont Giboé [1].

Instruit de ce désastre, l'empereur chargea Walbodon, qui fut depuis évêque de Liége, de négocier la paix avec Thierri. Les principales conditions de cette paix furent la reddition de Godefroid et de Regnier, et que Théodoric conserverait le pays dont il s'était emparé, sous la condition qu'il resterait soumis à l'empereur, et qu'il n'inquiéterait ni l'évêque d'Utrecht ni le duché de la Basse-Lorraine.

Quelques différends s'étant élevés entre l'empereur Henri II et Robert, roi des Français, celui-ci, qui voulut les terminer, lui fit demander une entrevue ; mais une vaine dispute s'étant élevée sur la préséance, on craignait de voir rompre les négociations, quand Henri, plus sage et plus grand que Robert, trancha cette frivole querelle d'étiquette, en venant sans cérémonie, avec le duc de la Basse-Lorraine, trouver le roi de France à Ivoi. Cette courtoisie disposa les esprits à la conciliation et la paix ne fut pas troublée (1023). Godefroid d'Eenham mourut la même année.

[1] Les historiens du tems ont cru reconnaitre le doigt de Dieu dans cette déroute épouvantable, qui a été annoncée, disent-ils ingénuement, par une comète couleur de feu.

GOTHÉLON LE GRAND.

Après la mort de Godefroid, l'empereur donna l'investiture du duché de la Basse-Lorraine à Gothélon le Grand, marquis d'Anvers, et frère du duc défunt. Henri II ayant cessé de vivre le 14 juillet de l'an 1024, Conrad fut élevé au trône et couronné à Aix-la-Chapelle selon l'ancien usage; mais le nouveau duc, on ne sait trop pourquoi, refusa formellement de le reconnaître pour son souverain, et se ligua avec les évêques de Verdun, de Liége, de Cologne, de Nimègue et d'Utrecht, ainsi qu'avec Regnier IV, comte de Hainaut, et Thierri III, comte de Frise. Cet acte de rébellion allait attirer encore le fléau de la guerre sur la Belgique quand Conrad parvint enfin à s'entendre avec Gothélon. Les comtes et les évêques imitèrent l'exemple du duc et reconnurent le nouvel empereur.

En l'an 1027, Baudouin à la Belle Barbe, comte de Flandre, fit la paix avec Robert, roi de France, son suzerain, sous la condition que Baudouin de Lille, son fils, épouserait la princesse Adelaïde, fille du roi. Trois ans après, Baudouin de Lille fut nommé tuteur du jeune roi Henri Ier.

Frédéric, duc de la Haute-Lorraine, étant mort sans laisser de postérité, Conrad confia le gouvernement de ce duché à Gothélon qui, à son tour, le remit à son fils Godefroid.

Rodolphe, roi de Bourgogne, mourut sans enfans dans l'année 1032, et laissa ses états à l'empereur Conrad qui avait épousé sa nièce. Eudes, comte de Champagne, neveu de Rodolphe, irrité de se voir écarté du trône, s'empara d'une partie de la Bourgogne pendant que Conrad faisait la guerre en Pologne. L'année suivante ce dernier vint disputer à Eudes la succession de Rodolphe; mais le comte de Champagne, trop faible pour résister aux forces de l'empire, fut contraint de demander la paix et de renoncer à ses prétentions.

Les choses demeurèrent en cet état tant que Conrad fut à portée de tenir le comte en respect; mais un voyage qu'il fit en Italie parut au comte une occasion favorable de recommencer la guerre et de porter même ses vues jusque sur la couronne de Lorraine. Il assembla des troupes, entra dans la Haute-Lorraine et mit le siége devant Bar, se promettant bien, après avoir enlevé cette place, d'aller se faire couronner à Aix-la-Chapelle aux fêtes de Noël. Les projets du comte de Champagne eurent le sort qu'ont ordinairement les projets de cette nature; car Gothélon ne fut pas plus tôt instruit que ce prince avait repris les armes, qu'il rassembla des troupes et marcha sur Bar suivi par Albert II, comte de Namur, et les évêques de Liége et de Metz.

Les deux armées se joignirent le 17 janvier 1037 devant la ville assiégée, et en vinrent aux mains. On se battit de part et d'autre avec une égale fureur. Les seigneurs français, qui avaient épousé la cause du comte Eudes, y firent des prodiges de valeur; mais personne, amis ou ennemis, ne combattit avec plus de courage et d'intrépidité que le comte de Namur. Irrité de la résistance opiniâtre des Français, il attaque avec ses Namurois le centre de l'armée ennemie et le fait chanceler un moment. Eudes s'en aperçoit; il accourt prompt comme la foudre, encourage ses soldats, fait renaître la confiance qu'ils avaient perdue un instant, et défend sa position avec autant de bonheur que de vaillance. Le gain ou la perte de la bataille paraissait dépendre du succès de cette attaque. Déjà les rangs des Français commençaient à s'éclaircir, et ils allaient céder aux efforts prodigieux d'Albert, lorsque ce prince fut étendu sans vie sur la champ du carnage. La mort du comte de Namur, au lieu de démoraliser ses soldats, vint encore enflammer leur ardeur. Ils jurent spontanément d'en tirer une vengeance éclatante, se précipitent sur l'ennemi, l'enfoncent, le culbutent, et immolent une foule de braves aux mânes de leur prince. L'armée du comte de Champagne est mise en déroute, totalement dispersée, et ce prince lui-même tombe percé de mille coups.

La victoire de Bar mit fin à la guerre; mais un fléau beaucoup plus redoutable vint bientôt désoler la France et la Belgique. Des pluies glaciales et continuelles ayant refroidi la terre et fait germer et pourrir les grains, il survint une famine horrible qui détruisit une partie de la population. En proie aux horreurs de la faim, les peuples déterrèrent les morts pour les manger. On les vit poursuivre les enfans, traquer les voyageurs comme des bêtes fauves pour les dévorer, et se disputer, les armes à la main, les restes sanglans de leurs victimes. Grâce aux soins compatissans de Wazon, évêque de Liége, du vertueux Gérard, évêque de Cambrai, d'Oldébert, abbé de Gembloux, et de la plupart des seigneurs belges, ce fléau destructeur ne fut pas à beaucoup près aussi fatal à la Belgique qu'à la France, où l'on vit, à Tournus, un boucher étaler de la chair humaine (1045).

On dit que Gothélon fut tellement affecté de la misère publique qu'il en tomba malade et mourut de chagrin pendant la même année.

GOTHÉLON L'INDOLENT.

Les deux fils de Gothélon le Grand succédèrent à leur père. Grodefroid, l'aîné, reçut l'investiture du duché de la Haute-Lorraine, et le cadet, Gothélon, que l'on a surnommé l'indolent, eut en partage le duché de Lothier (la Belgique) et le marquisat d'Anvers. L'empereur Henri III, ayant ainsi interverti l'ordre de succession, Godefroid réclama contre ce partage et le fit avec tant de hauteur, avec si peu de ménagement, que Henri indigné lui enleva son duché. Peu de tems après il revint sur cette décision, et pour terminer toutes difficultés il donna la Base-Lotharingie et le marquisat d'Anvers à Godefroid, et la Haute-Lorraine à Gothélon.

Ce nouveau partage ne satisfit point encore l'ambition de Godefroid. L'ordre de l'hérédité était rétabli ; mais ce n'était pas assez pour lui dont les prétentions s'étendaient sur la Lorraine toute entière. Il la demanda à l'empereur, et sur le refus positif de celui-ci, l'ambitieux Godefroid leva l'étendard de la révolte. Irrité de la conduite de ce vassal insolent, Henri III le dépouilla de toutes ses dignités, rendit le duché de Lothier à Gothélon, et donna celui de la Haute-Lorraine à Albert d'Autriche. Godefroid chercha à soulever les seigneurs belges en sa faveur ; mais ceux-ci prévoyant bien qu'ils ne pourraient lutter avantageusement contre les forces de l'empire, refusèrent de prendre les armes, et lui conseillèrent, au contraire, d'aller trouver Henri à Aix-la-Chapelle et d'implorer sa clémence. Il lui répugnait de se soumettre; mais abandonné de tous, il fut forcé de céder aux circonstances. Prenant tout-à-coup le parti qu'il croyait le plus sage, il se présente à la cour suivi d'un seul chevalier et se jette aux pieds de l'empereur qui, au lieu de lui pardonner sa rébellion, le fait claquemurer étroitement. Il ne sortit de prison qu'un an après en donnant la personne de son fils pour otage (1046).

Dès les premiers siècles du christianisme, les chrétiens s'étaient plu à visiter avec une sorte de vénération les pays où les grands mystères de la religion s'étaient accomplis. Un pèlerinage si long ne pouvait se faire sans beaucoup de fatigues et de dangers. Peu à peu l'exécution en devint si méritoire, qu'on la regarda comme un moyen d'effacer tous les crimes. Cette effervescence pieuse s'accrut encore vers la fin du dixième siècle par la crainte que chacun éprouvait du jugement dernier qui était annoncé par les prêtres et les moines. Quoique après les mille ans révolus la machine du monde subsistât encore, le zèle des pèlerinages ne s'était pas refroidi; on avait une énorme quantité de péchés à expier et l'on était abruti par la plus stupide ignorance. Les califes mêmes ne s'opposaient pas à ces dangereuses visites; ils n'y voyaient qu'une source de commerce qui enrichissait l'Asie en y faisant couler tous les trésors de l'Europe, tandis que Rome, qui aurait pu partager la dévotion des pénitens en les attirant au tombeau des apôtres, n'offrait qu'un théâtre de licence où la vie des hommes et l'honneur des femmes n'étaient pas même en sûreté. Cet enthousiasme religieux s'empara de l'esprit de Thierri III, comte de Frise, qui partit pour la

Terre-Sainte en laissant le gouvernement de ses états à son fils Thierri.

Baudouin V, comte de Flandre, profitant de l'absence de Thierri, fit une invasion dans la Frise et la mit à feu et à sang. Imitant l'exemple de Baudouin, l'empereur leva des troupes et intima l'ordre à plusieurs prélats de l'accompagner dans cette expédition. On rapporte que Wason, évêque de Liége, peu familier avec les exercices militaires, se fit long-tems attendre; qu'il parut enfin à l'armée, mais que ne voulant pas compromettre sa personne sacrée, il se tint constamment sur les derrières, en punition de quoi il fut condamné à payer une amende de trois cents livres d'argent. Quoiqu'il en soit, les villes de Dordrecht, de Keenenburg et de Vlaardingen tombèrent au pouvoir de Henri qui les donna à l'évêque d'Utrecht.

Gothélon l'indolent, qui avait suivi l'empereur en Frise, mourut en rentrant en Belgique (1046).

FRÉDÉRIC DE LUXEMBOURG.

La mort de Gothélon réveilla les espérances de Godefroid. Il sollicita près de l'empereur le duché de la Basse-Lorraine dont il se croyait injustement dépouillé ; mais ce prince, qui craignait le caractère ambitieux et remuant du comte, rejeta ses demandes réitérées et donna le gouvernement de la Belgique et du marquisat d'Anvers à Frédéric, fils du comte de Luxembourg.

Le jeune comte d'Ardennes, que Henri III gardait comme un otage garant de la soumission de son père, étant mort sur ces entrefaites, Godefroid crut n'avoir plus rien à ménager et se révolta de nouveau. Trop faible pour lutter avec succès contre les armes du duc de Lothier, il s'allia avec Baudouin V, comte de Flandre, Thierri IV, comte de Frise, Herman, comte de Hainaut, et conseilla même à Henri Ier, roi de France, de s'emparer de la Lorraine, pendant que l'empereur était en Italie avec les principales forces de la Belgique.

Pendant que Thierri ravageait les terres du diocèse d'Utrecht et que Godefroid rassemblait des troupes et suscitait des ennemis à l'empereur, l'impétueux Baudouin entra dans le comté de Burbant, situé entre la Dendre et l'Escaut, s'empara du château d'Eenham, le démentela et fit élever sur ses ruines une abbaye de Bénédictins. Plus tard, ce pays fut réuni à la Flandre à titre bénéficiaire, et Alost devint la capitale d'un nouveau comté qui s'étendait jusqu'aux rives de la Durme.

Le comte de Hainaut, de son côté, faisait des préparatifs de guerre et s'apprêtait à seconder ses alliés ; mais un incident auquel il était loin de s'attendre le força à se renfermer dans les bornes d'une stricte neutralité. — Herman n'étant possesseur du comté que par suite de son mariage avec Richilde, fille de Regnier IV, il ne le gouvernait pas en maître et trouva dans le caractère altier et vindicatif de cette princesse un obstacle puissant qui renversa tous ses projets. En effet, Richilde n'ayant pu vaincre l'obstination de son mari, descendit jusqu'à la trahison pour l'empêcher de se révolter contre l'empereur. Abjurant et ses sermens et la foi conjugale, elle envoya secrètement un député à Wason, évêque de Liége, pour l'engager à venir avec des troupes, certain jour et dans certain endroit, enlever Herman qui ne se défiait de rien, et l'envoyer ensuite à l'empereur, chargé de fers. L'évêque rejeta avec horreur les propositions de cette femme infidèle et lui en témoigna toute son indignation. Henri III, moins délicat, réprimanda sévèrement ce vertueux prélat et le regarda dès ce moment comme un sujet déloyal. Wason se vengea noblement de l'injustice de l'empereur. Sachant que le roi de France voulait envahir la Belgique pendant l'absence de Henri, et sans déclaration de guerre, il lui écrivit pour le dissuader de ce projet, et lui fit entrevoir les suites funestes qu'une agression semblable aurait pour sa gloire et pour l'humanité. Voyant que le roi Henri ne tenait aucun compte de cette lettre, il lui en écrivit une seconde remplie d'énergie, de franchise et de dignité, dans laquelle, après lui avoir démontré tout l'odieux de l'entreprise qu'il méditait, il eut la hardiesse de lui dire : « Aux brigands, et non aux rois, « il appartient de surprendre et d'enlever le bien d'au- « trui. Si vous êtes réellement animé par l'honneur et « par l'amour de la justice, attendez le retour de l'em- « pereur pour révendiquer vos droits et soutenir vos « prétentions. Si vous persistez dans une aussi déloyale « agression, songez du moins que la Belgique n'est pas « tout à fait dépourvue de défenseurs et que les habi- « tans de Cologne, de Mayence et de Liége se réuniront « pour s'opposer aux efforts de leurs ennemis. Songez « aussi que vous devenez responsable du sang qui va « être versé dans une guerre injuste. Si l'intérêt de votre « gloire ne vous touche point, pensez au moins à votre « salut; craignez la juste sévérité des jugemens de Dieu, « et épargnez-vous, dès ce moment, en renonçant à une « odieuse agression, les remords et les terreurs qui « vous accableront au lit de mort, quand, désabusé des « chimères de la gloire humaine, vous serez prêt à su- « bir la sentence du souverain juge des rois. »

Les lettres énergiques de Wason ébranlèrent la conscience du roi Henri qui renonça à ses projets ambitieux, et s'écria qu'elles étaient l'œuvre du ministre d'un Dieu de paix. Il en témoigna toute sa gratitude à l'évêque de Liége et conclut un nouveau traité d'amitié avec Henri III dans une entrevue qu'ils eurent dans les environs de Metz (1047).

BAUDOUIN DE LILLE.

La défection du roi de France laissant Baudouin de Lille exposé aux forces et au ressentiment de l'empereur, il appela aux armes tous les nobles de la Flandre, et, pour ne pas laisser d'ennemis sur ses derrières quand la lutte commencerait, il résolut d'enlever le château de Gand dont la garnison était entièrement dévouée à Henri III. Aussitôt ce projet conçu, il mit ses troupes en mouvement, et s'en fut prendre position entre l'Escaut et la Lys, dans une portion de la ville de Gand où il n'existait alors d'autre édifice qu'une simple chapelle consacrée à Saint-Jean, sur les ruines de laquelle s'éleva depuis l'église de Saint-Bavon.

Il fit immédiatement investir la place et poussa le siége avec vigueur; mais les assiégés se défendirent si vaillamment qu'après plusieurs assauts infructueux dans lesquels il perdit beaucoup de monde, Baudouin renonça à s'en emparer de vive force et la fit cerner de manière à la réduire par famine. Pendant qu'il assiégeait cette méchante bicoque, il apprit que l'empereur se disposait à marcher sur la Flandre à la tête d'une puissante armée. A cette nouvelle, Baudouin songea d'abord à lever le siége pour marcher au-devant de l'ennemi; mais persuadé que les troupes qui défendaient le château avaient consommé la majeure partie de leurs provisions et qu'elles seraient bientôt forcées de se rendre, il se décida à continuer le blocus, espérant pouvoir enlever la forteresse avant l'arrivée de l'armée impériale. En effet, les assiégés étaient réduits à la dernière extrémité; mais ayant appris que Henri III venait à leur secours, ils endurèrent les horreurs de la faim avec patience, et usèrent de stratagème pour faire accroire au comte de Flandre que les vivres ne leur manquaient pas. Toutes leurs provisions se réduisaient à la moitié d'un jambon qu'ils coupèrent en tranches très-minces et qu'ils jetèrent sur des troupes légères qui s'étaient avancées jusque sous les glacis de la place, comme s'ils voulaient leur persuader qu'avec des comestibles elle était inexpugnable. Instruit de cette particularité, Baudouin désespéra de prendre par famine des gens qui prodiguaient leurs vivres, et il se disposa à lever le siége sur l'heure. Un de ses officiers, qui avait nom Lambert, ayant surpris une femme qui puisait de l'eau à la Lys, et appris d'elle la détresse des assiégés, promit au comte de lui livrer le fort dans peu de jours s'il voulait attendre la nuit pour se retirer et lui laisser continuer le blocus avec une faible partie de l'armée. Baudouin y consentit et courut au-devant de Henri III qui déjà menaçait les frontières de la Belgique. La garnison capitula le lendemain. Lambert confia la garde du château à un corps de troupes choisies, donna des ordres pour son approvisionnement, et, quelques jours après, il rejoignit le comte de Flandre qui le créa vicomte châtelain héréditaire de Gand (1048).

Pendant que Baudouin volait à la frontière, l'armée impériale, qui avait passé la Scarpe entre Aubigny et Arras, s'était avancée jusque dans le Cambresis, et paraissait prête à fondre sur la Belgique dans la direction de La Bassée. Dans cet état de choses, le comte fit détruire tous les ponts des rivières qui bornaient ses états et courut attendre l'ennemi entre La Bassée et Lens, de manière que sa droite et sa gauche, à la hauteur de ces deux villes, étaient appuyées à la Basse et à la Haute Deulle. — Cette partie de la frontière étant la seule qui ne fût pas défendue par un cours d'eau, il fit creuser un fossé large et profond en avant de sa ligne de bataille, sur une distance de quatre lieues, et réunit ainsi la Haute à la Basse Deulle. Les Flamands travaillèrent avec tant d'ardeur que ce fossé fut achevé en trois jours et trois nuits.

L'empereur, qui s'était amusé pendant plusieurs jours à dévaster le Cambresis, parut enfin. Il campa en présence de l'armée flamande, n'osa attaquer sa position et se retira honteusement. Dès que l'armée impériale fut éloignée, Godefroid et Baudouin enlevèrent Verdun qu'ils livrèrent aux flammes ; puis, trouvant dans Thierri III, comte de Frise, un compagnon de vengeance et d'intérêt, ils marchèrent sur Nimègue, s'en rendirent maîtres, et réduisirent en cendres le palais bâti par Charlemagne.

Le pape Léon IX, Belge de naissance, qui devait son élévation à l'empereur Henri III, touché des maux qui désolaient sa patrie, vint en Belgique en 1049, et parvint, par la persuasion, à faire rentrer le duc Godefroid dans le devoir ; mais il n'en fut pas de même de Baudouin, « au cerveau duquel, dit Oudegherst, ne fut
« oncques possible au Saint Pere d'enfoncer aucune
« volonté de paix ou appoinctement, tant estoit grand
« le mal talent qu'il avoit conceu contre le susdit em-
« pereur. » Henri voulant enfin vaincre l'obstination du

comte, fit de si grands préparatifs de guerre qu'il ébranla son courage et le força à la paix. Il lui laissa toutefois les conquêtes qu'il avait faites.

Thierri IV, qui n'avait pas déposé les armes, retranché au fond des marais de la Hollande, bravait encore le courroux et la puissance de l'empereur. Irrité de tant d'opiniâtreté, Henri entre en Frise avec une partie de son armée, tandis que le reste, monté sur une flotte considérable, descend le cours de la Meuse et porte le ravage sur les bords de cette rivière. Déjà il s'était approché de Rhinsburg et de Vlaardingen, quand la marée rompit une digue de la Meuse et sortit violemment du lit où la main des hommes l'avait resserrée. En un instant tout le pays ne fut plus qu'une vaste inondation sous laquelle le camp et les bagages de l'armée impériale disparurent. L'empereur eut peine à échapper avec ses troupes. Une partie de ses vaisseaux s'engravèrent par leur pesanteur, et les autres, mal dirigés, devinrent la proie des Frisons, qui, montant des bâtimens légers, également propres à l'attaque, à la défense et à la retraite, se jouaient, par des manœuvres habiles, de la fureur d'un élément fatal à leurs ennemis.

Le comte Herman étant mort vers la fin de l'an 1050, Richilde fut recherchée avec empressement par Baudouin de Lille, qui voulut réunir le Hainaut à la Flandre, en unissant son fils Baudouin à la veuve d'Herman. Cette union ne déplaisait point à Richilde, mais comme elle craignait le ressentiment de l'empereur, elle rejeta les propositions du comte, qui se mit en mesure de l'y contraindre. Il entra dans le Hainaut au printems de l'an 1051, assiégea Mons, où Richilde s'était retirée, et prit cette place après quelques jours de tranchée. La comtesse de Hainaut, tombée au pouvoir de Baudouin, eut l'air de céder à la violence et épousa le fils du comte de Flandre, qui, dès ce moment, prit le nom de Baudouin de Mons.

Le duc Godefroid, qui venait également d'épouser Béatrix, veuve de Boniface, marquis de Toscane et de Lombardie, demanda l'investiture de ce pays comme fief de l'empire; mais l'accroissement de puissance que ces deux mariages donnaient à ses ennemis mécontenta l'empereur, qui refusa d'accéder à la demande de Godefroid et se disposa même à le chasser de l'Italie. Irrité de ce refus, il revint en Belgique et s'attacha plus fortement que jamais au comte de Flandre, toujours prêt à reprendre les armes pour satisfaire son ambition.

Leur ligue éclata par la guerre qu'ils déclarèrent à Théoduin, évêque de Liége, partisan zélé de l'empereur. Ils entrèrent sur les terres de l'évêché et y mirent tout à feu et à sang. Pendant que le comte surprenait et incendiait la ville de Thuin, Baudouin de Mons brûlait Huy, menaçait les états des princes voisins du même sort, et Robert, autre fils du comte de Flandre, enlevait l'île de Walcheren, défendue par les troupes impériales (1053).

La guerre civile qui désolait la Belgique, les plaintes réitérées de l'évêque de Liége et d'Albert III, comte de Namur, déterminèrent Henri III à mettre un frein au génie turbulent de Godefroid, et à réprimer l'audace de Baudouin de Lille, son allié. Il appela aux armes tous les seigneurs de la Lorraine, et quand il eut rassemblé des forces imposantes, il résolut de marcher contre le comte de Flandre. Il s'avança dans le Hainaut, s'en empara sans coup férir, et se mit en mesure de porter la guerre dans les états de Baudouin, qu'il craignait le plus, et qu'il voulait soumettre le premier comme étant vassal du roi de France. Le comte, qui avait pressenti les vues de Henri, s'était préparé, de son côté, à bien le recevoir, et il avait pris position entre Valenciennes et Bouchain, afin d'empêcher le passage de l'Escaut. C'était en effet entre ces deux villes, vers le village de Main, que l'empereur se proposait de le franchir; mais, lorsqu'il y fut, il ne tarda guère à s'apercevoir qu'il lui serait difficile de le faire en présence de l'ennemi, et chercha le moyen de forcer Baudouin à quitter la position qu'il occupait.

Jean de Béthune, avoué d'Arras et châtelain de Cambrai, que le comte de Flandre avait chassé et dépouillé de ses biens, combattait dans les rangs de l'armée impériale. Connaissant parfaitement le pays, il se mit à la tête d'un gros détachement qu'il fit sortir du camp pendant la nuit, et alla passer l'Escaut à Cambrai. Aussitôt que Baudouin apprit que l'empereur était maître des deux rives de cette rivière, il craignit d'être enveloppé et se retira en toute hâte dans l'intérieur de la Flandre, se contentant d'en faire garder les avenues par un petit nombre de troupes. L'empereur, à qui la retraite du comte laissait libre le passage de l'Escaut, fit jeter des ponts et entra sur les terres de Flandre, se dirigeant vers un ruisseau nommé Boullantrieux, qui coule à peu de distance de la petite ville d'Hennin-Liétard, où les Flamands s'étaient retranchés. Là ayant été joint par Jean de Béthune, ce seigneur entreprit de pénétrer en Flandre par cet endroit, qui était coupé de ruisseaux, de fossés et de marécages. Quelque difficile que fût le passage de ce défilé, l'armée parvint à le franchir. L'avoué prit le tems de la nuit et dirigea le corps qu'il commandait avec tant de prudence et de bonheur qu'il tomba sur les derrières des avant-postes de Baudouin, enleva les retranchemens et tailla en pièces les troupes qui les défendaient. Rien n'arrêta plus la marche de l'empereur, il entra dans la plaine de Lille, et enleva cette place. Lambert, comte de Lens, qui venait la secourir, fut battu, tué, et ses troupes dispersées. Henri, poursuivant sa marche victorieuse, vint ensuite assiéger Tournay, qui se rendit par famine. La saison ne lui permettant plus de tenir campagne, il licencia ses troupes et reprit le chemin de l'Allemagne, traînant à sa suite un riche butin et beaucoup de prisonniers (1053).

Les désastres de cette campagne n'abattirent point le courage de Baudouin, qui, profitant de l'éloignement de l'empereur, mit de nouvelles troupes sur pied et hérissa la Flandre de forts et de châteaux (1054). L'année suivante il unit ses forces à celles de Godefroid, et ils coururent tous deux assiéger Anvers, où le duc Frédéric commandait en personne; mais instruit de l'approche d'une armée qui venait au secours de ce prince, il leva le siége et se retira (1055).

L'empereur Henri III étant mort en l'an 1056, Henri, son fils, âgé de cinq ans, lui succéda sous la tutelle de l'impératrice Agnès, sa mère. Cette princesse voulant faire cesser les guerres qui désolaient nos contrées, convoqua une assemblée de grands et d'évêques à Cologne, où, grâce à la sollicitude du pape Victor, Baudouin de Lille et Godefroid furent réconciliés avec la cour impériale. On y convint que Godefroid recevrait l'investiture du duché de Lothier à la mort de Frédéric de Luxembourg, qui n'avait pas d'enfans; que Baudouin de Lille conserverait, à titre bénéficiaire, le château de Gand, le comté d'Alost, les villes de Hulst, d'Axel, de Bouchout et d'Assenède, le pays de Waes et les îles de la Zélande; que le mariage de Richilde avec Baudouin de Mons serait ratifié, et que ce dernier serait reconnu comte de Hainaut.

Frédéric de Luxembourg mourut en 1065, et Godefroid, que l'on surnomma le Hardi, lui succéda dans le duché de la Basse Lorraine.

Le comte de Flandre, craignant qu'après sa mort Baudouin de Mons et Robert, ses fils; ne se disputassent son héritage, déclara, dans une assemblée de seigneurs et de prélats tenue à Audenarde, que Baudouin de Mons hériterait du comté de Flandre, et que Robert, qui avait épousé Gertrude, fille du duc de Saxe et veuve de Florent, comte de Hollande, aurait pour apanage les îles de la Zélande, les quatre métiers, le pays de Waes et le comté d'Alost, à condition qu'il renoncerait au droit d'hérédité, et qu'il n'inquéterait ni son frère, ni ses héritiers. Baudouin mourut quelques mois après ces dispositions, et fut enterré à Lille, ville qu'il avait fait entourer de murs et fortifier (1067).

Godefroid le Hardi ne gouverna la Basse Lorraine que pendant cinq années; il mourut en l'an 1070.

GOUVERNEMENT DE GODEFROID LE BOSSU.

ROBERT LE FRISON.

Godefroid V, fils et successeur de Godefroid le Hardi, que l'on a surnommé le Bossu, cachait sous un corps laid et difforme, l'âme la plus belle et tout le courage et l'expérience d'un guerrier consommé. Ne jugeant ce prince que par son extérieur, les seigneurs s'imaginèrent qu'ils pourraient facilement se soustraire au joug de l'obéissance, supposant qu'un homme d'une complexion si délicate, était incapable de tenir les rênes du gouvernement d'une main ferme et solide. La suite des événemens va nous démontrer combien ils se trompaient.

Baudouin de Mons ne survécut guère à Godefroid IV; il mourut le 17 juillet 1070, laissant le comté de Flandre à Arnould et celui de Hainaut à Baudouin, ses fils, qui étaient tous deux dans l'adolescence.

Dès que Robert apprit la mort de son frère, il se prévalut du testament de Baudouin pour réclamer la régence de Flandre au préjudice de Richilde, mère des jeunes princes; mais les seigneurs flamands, qui savaient jusqu'où s'étendaient ses vues ambitieuses, repoussèrent ses prétentions et déclarèrent la comtesse régente de Flandre et du Hainaut. Irrité de la conduite des Flamands à son égard, il se retira en Hollande où il avait laissé sa femme et contre laquelle les Frisons s'étaient révoltés. Il courut aux armes, marcha contre eux à la tête de quelques braves, et les fit si promptement rentrer dans l'ordre qu'on le surnomma le Frison.

A peine Richilde eut-elle saisi les rênes du pouvoir, qu'elle confisqua le pays de Waes et le comté d'Alost qui étaient le domaine légitime de Robert. A cette nouvelle, celui-ci la fit sommer de lui restituer son apanage, et lorsqu'il vit qu'elle était sourde à ses représentations, il s'en plaignit à Philippe Ier, son cousin, roi de France, qui lui promit de lui faire rendre les terres qu'on lui avait enlevées. Richilde, de son côté, recourant aussi à Philippe, lui promit une somme de quatre mille livres d'or, s'il voulait la soutenir et rompre avec Robert. Le roi, séduit par cet appât, eut la bassesse de vendre son appui et de trahir la foi jurée ainsi que les lois de l'équité. Le comté de Hollande et les îles de la Zélande restaient encore à Robert, mais un surcroît de malheur, auquel il était loin de s'attendre, vint encore aggraver sa position.

Guillaume, évêque d'Utrecht, qui craignait la valeur, l'ambition et la fermeté de Robert le Frison, saisit l'instant où ce prince venait de perdre son apanage, pour céder à Godefroid le Bossu, duc de Lothier, ses droits, fondés ou non, sur les possessions du comte de Hollande, à condition qu'il lui déclarerait immédiatement la guerre. Le duc accepta, rassembla des troupes, fondit sur la Frise, battit Robert, dispersa son armée et le força lui-même à se retirer à la cour du duc de Saxe, son beau-père. Godefroid porta partout ses armes victorieuses. Il pénétra jusque dans la Frise orientale, ravagea le pays, et s'empara d'Alkmaar, où les Frisons, revenus de leur première épouvante, le bloquèrent pendant neuf semaines. Il était réduit aux dernières extrémités, quand l'évêque Guillaume vint à son secours. On dit que les soldats du prélat tombèrent avec tant d'impétuosité sur les assiégeans qu'ils en tuèrent huit mille et mirent le reste en déroute. Le duc de la Basse-Lorraine ne trouvant plus d'ennemis, resta paisible possesseur de la Frise et de la Hollande (1071).

Pendant le cours de ces événemens, Richilde, asservie aux volontés de deux seigneurs français, de Mailly et de Couchy, établissait sa domination en Flandre par la terreur et accablait le peuple d'impôts [1] et de vexations. Une députation composée des principaux habitans d'Ypres étant allée la trouver dans la petite ville de Messines à l'effet de lui faire quelques représentations, elle les fit arrêter et décapiter avec leurs domestiques qui étaient au nombre de soixante. Non contente de cette sanglante exécution, cette furie fit incendier Messines afin de punir quelques bourgeois qui avaient pris la liberté grande de désapprouver cette rigueur atroce. Jean de Gavre, grand baron de Flandre, eut aussi la tête tranchée pour s'être apitoyé sur le sort de tant de braves gens, victimes d'une odieuse tyrannie. Des députés de Bruges et de Gand qui étaient venus supplier la comtesse de faire cesser les murmures du peuple en abdiquant le pouvoir, allaient également périr, si Gérard du Bucq, châtelain de Lille, n'avait eu le courage de les enlever à la fureur de l'implacable Richilde.

Tant d'horreurs et d'atrocités indignèrent les Fla-

[1] Les auteurs des chroniques se récrient beaucoup contre l'avarice de la comtesse Richilde, et ce, à propos d'un impôt de *quatro deniers* sur chaque ménage! Autre tems, autres mœurs.

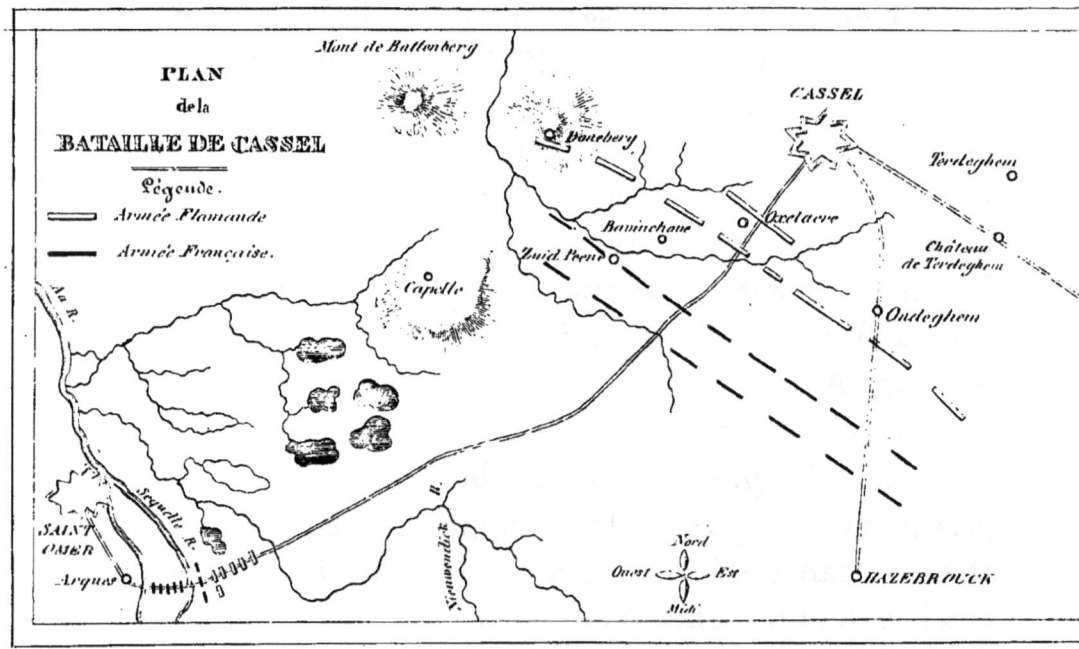

mands et les décidèrent à secouer le joug humiliant qui pesait sur eux. Ils envoyèrent des députés à Robert le Frison, pour l'engager à revenir en Flandre, l'assurant qu'ils l'aideraient de tout leur pouvoir à chasser Richilde et ses enfans, et à reconquérir le patrimoine de ses pères.

Une semblable proposition ne pouvait déplaire à Robert, qui, désireux de faire fortune et de se signaler, avait jadis été combattre les Maures d'Espagne, et guerroyer dans l'Orient contre les Turcs, genre d'héroïsme ou de brigandage que la fortune des chevaliers normands avait mis à la mode. Charmé de pouvoir encore recommencer sa vie aventureuse, il parut bientôt en Flandre avec quelques troupes et fit son entrée à Gand, où il fut reçu comme un libérateur. Après avoir reçu le serment des grands, du clergé et du peuple, il courut vers Ypres qu'il emporta d'emblée, et marcha sur Lille, dont le château lui fut remis par Gérard du Bucq. Le Français Demailly avait mis la ville en état de défense, et voulait la conserver à Richilde qui s'était retirée à Amiens, mais le peuple, qui avait en horreur cet odieux favori, se souleva, s'empara de sa personne et la mit en lambeaux. Robert ne rencontrant plus aucun obstacle soumit toute la Flandre jusqu'à Cassel.

VICTOIRE DE CASSEL.

Dès son arrivée à Amiens, la comtesse Richilde somma le roi Philippe Ier de remplir ses engagemens. Il le fit en effet et la prit sous sa protection, ainsi que ses enfans.

Entraîné par les conseils de Godefroid, évêque de Paris, et d'Eustache, comte de Boulogne, il appela les Français aux armes et se montra bientôt dans la Picardie à la tête d'une armée formidable, que grossirent encore les peuples du Hainaut, du Cambresis et de l'Artois, restés fidèles à la cause de leurs princes.

Pendant que toutes les forces de la France, conduites par le roi lui-même, marchaient contre l'aventureux Robert, celui-ci, qu'aucun sentiment de crainte ne pouvait ébranler, attendait fièrement ses ennemis dans Cassel. Son armée était peu nombreuse, il est vrai, mais elle ne laissait rien à désirer sous le rapport de la discipline; elle était exercée aux manœuvres de guerre et animée de cet enthousiasme qui crée des héros.

Le roi Philippe, qui avait l'intime conviction que les Flamands fuiraient à son approche, marcha sur Cassel et parut devant cette ville le 20 février 1071. Aussitôt que Robert le Frison aperçut l'armée française, il résolut de l'intimider par une attaque imprévue, et de ne pas lui donner le tems de prendre du repos. Faisant alors sortir ses gens de la ville, il les rangea en bataille, fit déployer sa cavalerie sur les ailes, plaça les archers flamands au centre, tint les Saxons et les Frisons en réserve, et s'avança à la rencontre de l'ennemi jusqu'en deçà du village d'Oxelaere, où il trouva son avant-garde, composée des troupes du Hainaut et commandée par la comtesse Richilde.

Surpris de l'audace des Flamands, le roi fit immédiatement déployer ses masses à hauteur de Zuid-Peene, et vint promptement au secours des soldats de Richilde qui soutenaient un combat inégal; de manièreque les deux armées étaient en ligne entre ce dernier endroit et Oxelaere, et séparées par le village de Bavinchove. A peine

celle de Philippe fut-elle déployée que Robert, la montrant aux siens, leur dit d'une voix assurée : « Voilà
« l'ennemi que vous attendiez avec tant d'impatience ;
« il vient de faire une marche longue et pénible, le dés-
« ordre qui règne dans ses rangs vous est un sûr garant
« de la victoire. En avant! rappelez-vous que vous com-
« battez pour votre liberté, pour celle de votre patrie,
« et songez que la mort frappe aussi bien le lâche qui fuit
« le combat que le brave qui le soutient. » Les Flamands
répondirent à la courte harangue de leur chef par un
cri perçant et se précipitèrent ensuite sur l'ennemi avec
une fureur difficile à décrire. La lutte fut longue, opiniâtre, et la mêlée affreuse. On fit de part et d'autre
des efforts surnaturels pour fixer la victoire ; on combattit avec acharnement ; mais cette bataille, semblable
à toutes celles du moyen âge, ne fut qu'un horrible massacre, où le courage et la force corporelle prirent la
place du génie. Là, point de ces manœuvres hardies,
de ces inspirations sublimes qui forcent la fortune à se
déclarer et qui font le destin des empires. Les deux
partis s'attaquent, se heurtent, se froissent, jusqu'à ce
que le plus nombreux ou le plus courageux anéantisse
ou disperse l'autre.

Vers quatre heures du soir, Robert s'étant aperçu que
le comte de Boulogne faisait chanceler sa gauche, il y
court promptement, se précipite au milieu des bataillons ennemis, y sème l'épouvante et la mort, les culbute, les met dans une déroute complète, et les poursuivant ensuite avec plus d'audace que de prudence,
s'éloigne des siens et se trouve tout-à-coup seul au milieu des Français. Le comte Eustache, qui s'en aperçoit,
ranime le courage des siens, fait volte face, entoure
l'intrépide Robert et le presse si vivement qu'il le force

à lui remettre son épée après une résistance aussi longue qu'inutile. Charmé de cette capture importante, le comte de Boulogne se retire précipitamment avec son prisonnier, et prend la route de Saint-Omer où il croit pouvoir le mettre en sûreté.

Les soldats de l'armée du comte Robert voyant la droite des Français totalement dispersée, s'élancèrent sur le centre et l'aile gauche avec tant d'impétuosité, que, ne pouvant résister à ce choc terrible, ils furent enfoncés de toutes parts et obligés de prendre la fuite, laissant le champ de bataille couvert de vingt-deux mille morts, au nombre desquels gisait le jeune comte Arnould, que l'on surnomma le malheureux [1], et le seigneur de Couchy, l'un des indignes favoris de Richilde.

Le roi Philippe, qui s'était tenu sur les derrières pendant toute la durée de l'action, voyant son armée en fuite, se sauva dans la Picardie, et augmenta la honte de sa défaite en ne cherchant point à la venger. Au contraire, nous le verrons bientôt abandonner lâchement la cause de Richilde et laisser son second fils, Baudouin, sans protection.

Pendant que l'armée française fuyait épouvantée devant un ennemi beaucoup moins nombreux qu'elle, les Flamands, qui s'enquéraient de ce que Robert pouvait être devenu, apprirent qu'il avait été fait prisonnier et conduit à Saint-Omer. Soudain, ils poussent des cris de rage, et jurent de périr ou de délivrer leur prince. Un corps de cavalerie part bride abattue sur la route qu'a suivie le comte de Boulogne, attaque près d'Ar-

---

[1] L'infortuné Arnould fut enterré au monastère de Saint-Bertin. Robert le Frison lui fit élever un tombeau sur lequel il est représenté dans l'attitude où il reçut la mort; ou, comme le dit Oudegherst « en escarmouçant et ayant « une espée en sa main. »

ques un détachement ennemi qui veut s'opposer à son passage, le culbute, le met en fuite, le poursuit l'épée dans les reins, entre pêle-mêle dans Saint-Omer avec les fuyards, délivre Robert, fait le comte Eustache prisonnier, et rentre ensuite triomphant dans Cassel.

Après cette victoire, Robert le Frison fut reconnu comte de Flandre au détriment du jeune Baudouin, à qui ce comté revenait légitimement. Le roi de France se déclara d'abord le défenseur de ce prince, et mit une nouvelle armée sur pied pour le soutenir. Il entre dans Saint-Omer par la trahison du commandant de cette place, venge son honneur outragé sur une population sans défense, exerce des cruautés inouies sur des vieillards, des femmes et des enfans, mais, aussi lâche que cruel, il est saisi tout-à-coup d'une terreur soudaine, et fuit vers ses états en abandonnant ses équipages, ne laissant à Baudouin, son neveu, qu'un faible corps de troupes pour se défendre. La simple apparition de Robert avait suffi pour éloigner ce monarque pusillanime.

Baudouin, plus brave et plus courageux que Philippe, osa se mesurer avec son oncle. Il l'attaqua dans les environs de Saint-Omer, où il fut battu et forcé de se réfugier, avec sa mère, à la cour de Théoduin, évêque de Liége.

La comtesse Richilde, abandonnée par le roi de France et par la plupart de ses sujets, ne perdit pourtant pas courage. Voulant se venger, à quelque prix que ce fût, elle proposa à Théoduin de lui vendre la suzeraineté du comté de Hainaut pour une assez forte somme. L'évêque accepta, et ce comté fut acquis à perpétuité par l'église de Liége en vertu d'un acte passé à Fosses, près de Namur, le 11 mai 1071.

A l'aide de cet argent, Richilde leva des troupes, reçut des secours de Godefroid le Bossu, duc de Lothier, de Henri, comte de Louvain, d'Albert III, comte de Namur, de l'évêque Théoduin, et de plusieurs autres seigneurs, et se disposa à reconquérir la Flandre. Mais Robert, loin de paraître craindre ces nouveaux ennemis, alla au-devant d'eux, et les attaqua à Broqueroie, près de Mons. Après un combat également opiniâtre et sanglant, la comtesse de Hainaut et ses alliés furent contraints de céder le champ de bataille aux Flamands. Il y eut tant de sang répandu dans cette journée, que l'on donna à cet endroit le mon de *Haye des Morts*, qu'il a conservé depuis. Telle fut la conclusion de cette guerre. Robert resta paisible possesseur de la Flandre, et Richilde fut obligée de se contenter du Hainaut. Si cette princesse tira peu d'avantage d'avoir soumis ses états à l'église de Liége, l'hommage du Hainaut ne fut pas non plus d'une grande utilité à cette église. Il lui en coûta des sommes immenses, dit le jésuite de Marne, pour acquérir un frivole honneur; et après quelques reliefs infructueux, faits de tems en tems par les comtes de Hainaut, le comté secoua enfin cette ombre de servitude sous les derniers comtes de la maison de Bourgogne.

Une paix fut conclue en l'an 1075 par la médiation de l'évêque de Liége. Richilde et Baudouin abandonnèrent le comté de Flandre à Robert et à ses successeurs, sous la condition qu'il leur paierait certaine somme; il fut convenu également que Baudouin épouserait une nièce de Robert, et que la ville de Douai demeurerait au comte de Flandre jusqu'à ce que ce mariage fût consommé. On conduisit la jeune princesse au comte de Hainaut, mais il la trouve si vilaine qu'il préféra perdre

Douai que d'unir son sort à celui d'une femme laide et difforme.

Dès que Robert n'eut plus rien à craindre de la part de son neveu, il songea à reconquérir la Hollande dont Godefroid s'était emparé. Mais au moment d'entrer en campagne, ce dernier fut assassiné à Anvers le 20 février 1076, dans le tems qu'il satisfaisait aux besoins de la nature. L'assassin parvint à se soustraire au glaive de la justice, mais la voix publique accusa Robert le Frison d'être l'instigateur de ce crime. Ainsi mourut Godefroid le Bossu, le prince le plus accompli de son tems et dont tous les historiens font un éloge pompeux.

Robert profitant de la mort de Godefroid, entra en Hollande et s'en empara facilement. Le fort d'Ysselmonde, seul, fit quelque résistance et tomba cependant au pouvoir du comte, après seize jours de siége. C'est ainsi que Thierri V, fils de Florent le Gros, premier mari de Gertrude, épouse de Robert le Frison, recouvra le patrimoine de ses aïeux (1076).

CONRAD.

LE TRIBUNAL DE PAIX.

Godefroid le Bossu n'ayant pas d'enfans avait institué pour son héritier son neveu Godefroid, fils de la comtesse de Boulogne, sa sœur. Quoiqu'il réunît dans sa personne toutes les qualités qui peuvent rendre un prince recommandable, l'empereur Henri IV n'approuva pas ce testament, et donna le duché de Lothier à Conrad, son fils aîné, ne laissant au jeune Godefroid que le marquisat d'Anvers, et la terre de Bouillon (1077).

Albert III, comte de Namur, l'archevêque de Reims et l'évêque de Verdun voulurent enlever quelques terres qu'il avait dans le diocèse de Reims, et s'emparer de Bouillon. Ils vinrent assiéger cette ville; mais quoique Godefroid n'eût alors que dix-sept ans, il la défendit si bien que ses ennemis furent contraints à la retraite. Ce fut pendant ce siége que Godefroid fit l'essai des talens et des vertus militaires qui le rendirent plus tard un des plus grands hommes de son siècle.

Les guerres de seigneur à seigneur, les meurtres, les pillages, les incendies qui en étaient la suite inévitable; les haines de famille à famille, les nobles qui, par une vile cupidité, détroussaient les passans et dévastaient les terres de leurs voisins, avaient fait de nos contrées un théâtre d'horreur et d'anarchie. Albert III, comte de Namur, touché des malheurs du peuple, chercha les moyens d'introduire en Belgique une institution établie en France depuis l'an 1041, et connue sous le nom de *trève de Dieu*; mais la grande difficulté était d'amener la noblesse à renoncer au droit de brigandage qu'elle considérait comme la plus précieuse de ses prérogatives. Albert s'employa si fortement auprès de Henri de Verdun, évêque de Liége et des autres princes ses voisins, qu'ils se réunirent à Liége pour concerter les mesures les plus propres à atteindre ce but salutaire. Là, se trouvèrent les ducs Godefroid de Bouillon, Guy d'Ardennes, Henri de Limbourg; les comtes de Luxembourg, de Looz, de Louvain, de Viane, de Salm, de Juiliers, de Gueldre, de Namur, de Hainaut, de Montaigu, de Moha, de Clermont, de Laroche, et une infinité d'autres seigneurs. Après avoir long-tems discuté sur l'objet en délibération, ils convinrent que du premier dimanche de l'Avent au jour de l'Épiphanie, du dimanche de la Septuagésime à l'octave de la Pentecôte, ainsi que tous les jours fériés de l'année, nul ne pourrait prendre les armes, ni se rendre coupable de brigandage, d'incendie, de meurtre, de vol, de dévastation, sous peine, pour les hommes libres, d'être privés de leurs biens, emplois, et bannis à perpétuité, et pour les serfs, d'avoir la main coupée et d'encourir l'excommunication (1088).

Après avoir précisé les délits et déterminé les peines, l'assemblée décréta que l'exécution des réglemens que l'on venait d'établir serait commise à l'évêque de Liége, et que l'on érigerait dans cette ville une chambre de justice qui connaîtrait, à l'exclusion de tout autre juge, des contraventions aux nouvelles lois. La juridiction de cette chambre, à laquelle on donna le nom de Tribunal de Paix, devait s'étendre dans les états mêmes des princes voisins qui, en cette circonstance, se dépouillèrent, en faveur de l'évêque, du droit naturel qu'ils avaient sur leurs sujets [1].

L'entêtement de Henri de Namur, comte de Laroche, faillit renverser cette sage institution à sa naissance. Il avait, comme les autres, reconnu la nécessité d'établir le Tribunal de Paix; mais il refusa obstinément d'y astreindre ses sujets, sous le prétexte que l'assemblée en avait dispensé ceux du comte de Namur. Il fallut, pour le contraindre à changer de sentiment, en venir à une guerre ouverte, et il fut assez téméraire pour la soutenir seul contre tous. Il leva des troupes et entra en campagne. Après quelques affaires qui ne méritent pas même le nom d'escarmouches, il fut forcé de se retirer dans le château de Laroche qu'il avait fait aprovisionner. On courut l'y assiéger, mais ce château était si bien fortifié qu'il brava pendant sept mois la majeure partie des forces de la Belgique. Les munitions de bouche tirant à leur fin, le comte de Laroche eut recours à la ruse pour donner le change à ses ennemis. Un jour, il fit manger une grande quantité de grain à un gros porc, et puis le fit précipiter du haut des remparts pendant la nuit, afin de faire accroire aux assiégeans qu'il en était tombé accidentellement. Ce stratagème grossier eut tout le succès que le comte en espérait;

[1] Ceux qui étaient traduits au tribunal de paix pouvaient demander que leurs différends fussent terminés par un jugement ou par un duel. Dans ce dernier cas, les champions devaient, dans l'espace de six semaines, descendre avec des armes rouges dans un cirque de vingt pieds carré. Si le sort des armes les favorisait, ils étaient déclarés innocens. On raconte que Henri de Verdun autorisa plus de 400 duels pendant la première année.

car à l'aspect de ce monstrueux animal rempli d'un pur froment, ils s'imaginèrent que les provisions ne manquaient pas à la garnison du château et désespérèrent de le réduire par famine.

La saison d'hiver approchant, les confédérés traitèrent avec Henri, et la paix fut conclue sous la condition que les habitans de Laroche et de la banlieue ne seraient pas soumis au Tribunal de Paix (1090). Ainsi le comte put impunément continuer le cours de ses brigandages.

ORIGINE DES CROISADES.

Après la destruction de Jérusalem par Titus, le paganisme devint la religion dominante de cette cité ; mais au quatrième siècle la bannière de la croix triompha du polythéisme : La piété des empereurs chrétiens éleva des églises sur les ruines des temples païens, et le christianisme régna à Jérusalem jusqu'au moment où parut l'étoile de l'islanisme.

Dès les premiers tems de l'église, une curiosité religieuse avait porté les chrétiens à aller visiter tous les lieux que leur divin rédempteur avait sanctifié par sa présence. On adorait jusqu'à la poussière de la Palestine, et celui qui en possédait quelques grains se croyait à l'abri des embûches de l'esprit des ténèbres.

Vers le quatrième siècle, on publia que la croix sur laquelle Jésus-Christ avait répandu son sang pour le salut du genre humain venait d'être découverte à Jérusalem. Les fidèles accoururent en foule. Chacun donna son argent et reçut un morceau du bois sacré. On avait beau mutiler cette croix, elle restait toujours entière. Au bout de quatre cents ans, la superstition rassasiée de cette espèce de relique, chercha un nouvel aliment. Alors, le clergé latin de la Palestine annonça que la veille de Pâques, aussitôt que les grandes lampes de l'église de la Résurrection étaient éteintes, elles se rallumaient au souffle de Dieu même. Des troupes de dévots vinrent du fond de l'Occident pour voir ce miracle et pour recueillir une étincelle de cette flamme divine qui avait la propriété de guérir toutes les maladies de l'âme et du corps. Des hommes tourmentés de remords se persuadèrent qu'en allant offrir l'expiation de leurs prières dans un pays favorisé de Dieu, ils obtiendraient plus facilement le pardon de leurs crimes. Ceux qui entreprenaient ce voyage recevaient de leur pasteur le bourdon et la gourde; à leur retour ils venaient déposer sur le grand autel de leur paroisse le rameau de palmier qu'ils avaient rapporté de Jérusalem.

La plupart de ces voyages avaient encore le négoce pour motif. Souvent le caractère de pèlerin et celui de marchand se confondaient dans la même personne, et les hôpitaux que la charité avait fondés sur la route servaient aussi de lieux de repos pour les caravanes. Vers la fin du dixième siècle, le bruit de la fin du monde donna un nouvel essor au zèle des pèlerins. L'affluence à Jérusalem fut si grande que les Musulmans songèrent à en profiter en augmentant le tribut annuel payé par les chrétiens. De tolérans qu'ils avaient été d'abord, les disciples de Mahomet devinrent avides et persécuteurs; le tombeau du Christ fut insolemment outragé et les chrétiens massacrés.

Dès que les pèlerinages devinrent dangereux, les Européens les entreprirent avec plus d'ardeur, et l'on vit bientôt les chefs des plus nobles maisons aller se ranger sous les étendards de l'empereur de Constantinople pour visiter les saints lieux et combattre les mécréans qui s'en étaient emparés.

S'il est certain que la religion fut le premier objet des croisades, il est aussi très-vraisemblable que la politique a dû concourir à ces expéditions lointaines. Les

Musulmans, devenus rédoutables, menaçaient déjà l'empire de Byzance; après l'avoir renversé ils pouvaient se répandre dans la Germanie, envahir la France, et Charles Martel n'était plus là pour les en expulser. D'un autre côté, la royauté a dû en profiter pour porter la première atteinte à la féodalité qui commençait à marcher sa rivale; et les peuples gémissant sous la glèbe dûrent aussi y voir un moyen d'acheter leur indépendance. Ce que du moins on ne peut nier, c'est que la renaissance de l'industrie, des arts et des sciences, en fut le précieux résultat.

Forcé de lutter sans cesse contre les Musulmans qui lui avaient déjà enlevé une grande partie de ses états, l'empereur Alexis Comnène, tremblant sur le trône de Constantinople, implorait à grands cris les secours des chrétiens. Ce prince alimentait leur haine contre les infidèles en leur faisant le récit des persécutions qu'ils souffraient journellement; il animait leur courage en leur faisant entrevoir l'espérance de reconquérir la cité sainte, et les enflammait d'une pieuse ardeur en les assurant que leur valeur pouvait les conduire sur les bords du Jourdain dans lequel ils laveraient la souillure de leurs péchés.

PIERRE L'ERMITE.

Un pèlerin, nommé Pierre, que les uns disent né à Amiens, et les autres dans les environs de Liége, fut conduit en Palestine par le désir de visiter les saints lieux. Là, voyant les horreurs et les persécutions auxquelles les chrétiens étaient livrés, il se prosterne devant le tombeau du Sauveur, se met en prières, et bientôt son imagination exaltée lui fait entendre la voix du Christ qui le charge d'appeler aux armes tous les peuples de la chrétienté et d'arracher Jérusalem aux infidèles.

Rempli de cette idée, il quitte la Palestine et se rend à Rome en l'an 1095, où le pape Urbain II, goûtant les projets d'un homme qu'il croit inspiré de l'esprit de Dieu, le charge de prêcher la croisade en Europe. Pierre, vêtu d'un froc d'ermite et monté sur un âne, parcourt l'Italie, remplit les villes et les campagnes de ses gémissemens, engage les peuples à se croiser pour reconquérir la Terre-Sainte, et leur fait une si triste peinture des maux qui accablent leurs frères, qu'il émeut toutes les âmes et les remplit d'une sainte ferveur.

Dans le dessein de seconder ce nouveau prophète, le pape réunit à Plaisance un concile nombreux où les ambassadeurs d'Alexis Comnène y exposent les périls dont Jérusalem est menacée; mais les Italiens divisés n'ayant pu s'entendre, Urbain en convoqua un nouveau à Clermont en Auvergne, où se trouvèrent tous les prélats de la cour romaine, c'est-à-dire treize archevêques, deux cent vingt-cinq évêques, quatre mille ecclésiastiques, et trois cent mille laïques. La ville devient trop étroite pour contenir une telle assemblée, et les campagnes voisines sont remplies d'une foule de grands, de prêtres et de peuple.

Le souverain pontife, du haut d'une tribune élevée sur la grande-place, exhorte les seigneurs de cesser leurs querelles particulières, et de suspendre leurs guerres. On déclara les églises asiles inviolables, et l'on plaça les veuves, les orphelins, les commerçans et les laboureurs sous la sauve-garde de la religion.

Pierre l'Ermite, qui obtint ensuite la parole, présenta à l'assemblée un vif et touchant tableau de l'humiliation de la croix, des malheurs des chrétiens et de la profanation des saints lieux. Le pape, à son tour, parla au nom de Dieu dont il se disait l'organe. Il fit une harangue pathétique, exhorta ses auditeurs à marcher contre les Musulmans, et promit la victoire. *Dieu le veut! Dieu le veut!* s'écrie-t-on de toutes parts; on prend la croix à l'envi; seigneurs, évêques, abbés, moines, ouvriers, laboureurs, vieillards, femmes, enfans, voleurs, meurtriers, tous s'enrôlent dans la sainte milice. A la dixième séance du concile, le cardinal Grégoire bénit solennellement l'assemblée que les éloquens discours de Pierre l'Ermite et d'Urbain ont enflammée d'ardeur. L'évêque du Puy, Ademar, reçoit le premier des mains du pape, qui le nomme son légat auprès de l'armée des croisés, le signe distinctif qu'ils doivent tous revêtir; c'est une large croix d'étoffe placée sur la casaque. Les Français la portent rouge; les Anglais blanche; les Allemands noire; les Italiens jaune, et les Belges verte.

S'imaginant que l'inspiration du ciel suffisait pour faire un général comme un prophète, Pierre l'Ermite couvrit son froc d'une armure, prit la lance, ceignit l'épée et conduisit la première croisade en Orient. La foule qui marchait à sa suite, et qui ne s'élevait pas à moins de trois cent mille hommes, ne ressemblait point à une armée. On la vit dévaster les pays qu'elle traversa, se livrer au pillage, violer les femmes, massacrer les Juifs, porter sur son passage l'horreur et l'effroi, et se créer partout de nombreux et puissans ennemis.

Cette troupe fanatique, que l'on doit plutôt considérer comme une agrégation de brigands que comme une armée qui allait combattre pour une cause sacrée, portait en elle-même un germe de destruction, et elle ne pouvait manquer d'être anéantie, sinon par les bandes musulmanes, au moins par l'incapacité, le désordre et l'indiscipline. Cette foule désordonnée, composée de Français, de Belges, d'Anglais, d'Allemands, d'Italiens, se divisa en plusieurs corps pour se mettre en marche. Elle traversa paisiblement l'Allemagne, mais arrivée en Hongrie, elle ne trouva plus que des ennemis. Les Hongrois et les Bulgares, indignés de voir leurs terres ravagées par des guerriers qui se disaient chargés de la vengeance divine, assaillirent un nombreux détachemement commandé par Gauthier-Sans-Argent, gentilhomme bourguignon, et l'anéantirent. Un autre corps de vingt mille Allemands qui marchait sous les ordres d'un prêtre de cette nation, nommé Gostkal, et du comte Émicon, fut également surpris en route et totalement massacré. Le reste de l'armée, conduit par Pierre l'Ermite, homme obscur qui, sous un extérieur repoussant, cachait un esprit ardent, l'énergie d'une volonté forte et puissante et les ressources d'une éloquence naturelle, n'arriva près de Byzance que dans un dénuement complet, dans l'état le plus déplorable.

L'empereur Alexis, qui craignait peut-être plus ces masses indisciplinées que les Mahométans mêmes, se hâta de les éloigner de sa capitale et de les faire transporter au-delà du Bosphore. Il donna des conseils prudens à Pierre et l'engagea de ne commencer les hostilités que quand il aurait donné du repos à ses troupes, et quand les nombreux renforts qui venaient de toutes parts seraient arrivés. Mais ce général improvisé, qui se croyait inspiré de Dieu parce qu'un zèle farouche

l'animait, ne voulut rien entendre. Indocile aux sages exhortations de l'empereur, fier d'être à la tête d'une armée qu'il croyait formidable parce qu'elle était nombreuse, il prend la route de Judée et court attaquer les Turcs dans les environs de Nicée. Ils eurent bientôt défait des troupes affaiblies par une longue marche, divisées par l'anarchie, et dirigées par un chef qui ignorait jusqu'aux moindres notions de l'art de la guerre. Cette armée qui naguère faisait l'orgueil de l'Occident, et qui devait seule reconquérir la Terre-Sainte, ne put soutenir les regards des belliqueux Musulmans : elle fut totalement exterminée. « Ce fut ainsi, dit un auteur
« moderne, que, victimes de l'anarchie et de l'igno-
« rance, trois cent mille Européens périrent dans cette
« Asie que leur funeste secours remplit non d'espé-
« rance, mais de terreur. »

GODEFROID DE BOUILLON.

Godefroid de Bouillon, que nous avons vu, à l'âge de dix-sept ans, défendre avec succès une partie de l'héritage de Godefroid le Bossu, son oncle, contre Albert III, comte de Namur, et l'évêque de Verdun; Godefroid de Bouillon naquit au village de Baizy, près de Genappe, en l'an 1058. Vers l'an 1080, il prit le parti de Henri IV, à qui Rodolphe, duc de Souabe, disputait l'empire. Sa vaillance et son intrépidité lui valurent l'honneur de porter la bannière impériale à la fameuse bataille de Wolksheim, près de Géra, où il tua Rodolphe d'un coup d'étendard. Après avoir triomphé de son compétiteur, Henri marcha contre le pape Grégoire VII, qui s'était renfermé dans Rome. Le siége dura deux ans, et ce fut encore à Godefroid que l'empereur dût la prise de cette ville. Impatienté de la longueur du siége, il s'élance sur le rempart suivi de quelques braves, chasse les soldats qui le défendent, s'empare d'une porte et l'ouvre aux troupes impériales. — Henri ayant fait couronner Conrad, son fils, roi d'Italie, récompensa les services de Godefroid en lui donnant l'investiture du duché de la Basse-Lorraine (1089).

A la suite de cette dernière expédition, Godefroid ayant été frappé d'une maladie grave, fit le vœu d'aller défendre les chrétiens d'Orient. Peu de temps après, les prédictions de Pierre l'Ermite armant tout l'Occident, il prit la croix au concile de Clermont, et, quand il apprit les désastres des premiers croisés, il jura d'aller venger leur défaite dans le sang des infidèles.

Pendant que le fougueux ermite prenait la route de la Palestine, Godefroid vendait son duché de Bouillon à Obert, évêque de Liége, afin de subvenir aux frais de la grande expédition qu'il méditait. Ayant enfin rassemblé une armée de quatre-vingt mille hommes d'infanterie et de dix mille cavaliers, il se mit en marche le 15 août 1096, suivi d'Eustache et de Baudouin, ses frères, de Robert II, comte de Flandre, de Baudouin II, comte de Hainaut [1], et de l'élite de la noblesse belge. Son armée n'était pas, à beaucoup près, aussi nombreuse que celle qui venait d'être anéantie dans la Bulgarie et dans les plaines de Nicée ; mais elle était soumise au frein de la discipline, et elle avait une confiance aveugle dans les chefs qui la commandaient.

Godefroid prit la même route que Pierre l'Ermite ; mais ayant fait un traité de paix avec Carloman, roi de Hongrie, il traversa paisiblement les états de ce prince, ainsi que le vaste pays des Bulgares. En arrivant près de Constantinople, il trouva les croisés français et italiens commandés par Hugues le Grand, frère du roi de France ; Raimond, comte de Toulouse ; Robert, duc de Normandie, et Bohémond, prince de Tarente. Embarqués en Italie, ils étaient descendus en Grèce ; mais Alexis Comnène, effrayé de leur nombre et craignant

---

[1] Baudouin II, à l'exemple de Godefroid de Bouillon, vendit le château de Couvin à l'évêché de Liége pour une somme de 50 marcs d'or. Ainsi s'accrurent les richesses et l'autorité du clergé, à qui les nobles vendirent leurs domaines à vil prix pour entreprendre ces expéditions lointaines. Les biens immenses que l'Église acquit achevèrent de corrompre les mœurs de ses ministres.

autant ces orgueilleux croisés que les enfans de Mahomet, s'était emparé du frère du roi de France, qu'il retenait comme otage.

L'empereur grec se trouvait effectivement dans une position difficile, car « il semblait, dit la princesse Anne « Comnène dans la vie d'Alexis son père, que l'Europe, « arrachée de ses fondemens, allait se précipiter de tout « son poids sur l'Asie. » Si ses alliés étaient vaincus, l'empire devenait la proie des musulmans, et si la fortune secondait les armes des croisés, nul doute qu'ils ne se partageassent ses états. Quoiqu'il en soit, le premier exploit de Godefroid fut la délivrance de Hugues le Grand. La sagesse, la fermeté du prince belge, et la discipline sévère qu'il avait établie dans son armée, forcèrent Alexis à poser les armes. Il revêtit Godefroid du manteau impérial, l'adopta pour son fils, et conclut avec lui un traité d'alliance. Ce traité ne fut pas marqué au coin de la sincérité de la part de l'empereur ; mais on aurait mauvaise grâce de lui en faire un reproche, lorsqu'on sait que les croisés l'insultèrent jusque dans son palais pendant une cérémonie publique [1].

Rien n'arrêtant plus la marche des chrétiens, ils donnèrent le commandement de l'armée à Godefroid de Bouillon, passèrent l'Hellespont, battirent les troupes que le sultan Kilidj leur opposa, mirent le siége devant Nicée le 14 mai 1097, et s'en emparèrent le 20 juin suivant.

Le sultan Kilidj revint à la charge de nouveau. Une bataille sanglante eut lieu près de Dorylée et coûta vingt-trois mille hommes aux musulmans. Cette vic-

---

[1] Un Français, dont l'histoire ne dit pas le nom, vint s'asseoir à côté de l'empereur, sur son trône, et dit tout haut : « Voilà un plaisant rustre que ce « Grec, de s'asseoir devant des gens comme nous. »

toire permit à Godefroid d'enlever Édesse, qui devint la première seigneurie féodale de l'Orient.

La présence d'armées si nombreuses avait épuisé les riches contrées de la Bithynie, et la famine commençait à désoler les chrétiens lorsqu'ils s'emparèrent d'Antiochette. Un fléau non moins terrible les surprend au milieu de leur triomphe : la discorde s'allume entre les chefs. Le mont Taurus était franchi ; Artésie, l'ancienne Chalcis, était au pouvoir des chrétiens, qui, de leurs tentes, pouvaient voir Antioche. Tout à coup la garnison de cette ville, fondant à l'improviste sur la garde du camp, l'égorge, et fait un massacre affreux de l'armée des croisés, qui sont surpris sans défense.

Ce revers n'abattit pas le courage des chrétiens. Ils avaient, à diverses reprises, tenté vainement d'emporter Antioche d'assaut ; mais tandis qu'ils la tiennent bloquée, leur constance est mise aux plus rudes épreuves par la peste et par la famine, jointes aux rigueurs de la mauvaise saison. — Avec l'hiver allait cesser la détresse des croisés renfermés dans leur camp retranché. Le calife d'Égypte leur offre la paix à des conditions humiliantes qu'ils repoussent avec indignation, et deux armées turques, qui veulent secourir la place assiégée, sont successivement battues et dispersées par Godefroid qui relève ainsi la fortune des croisés. Antioche ne pouvait leur résister long-tems. Alors Baghisian, son gouverneur, sollicite et obtient une trêve qu'il viole aussitôt qu'il a pu ravitailler la ville ; mais peu de tems après elle est livrée à Bohémond, prince de Tarente, par un des principaux officiers de la garnison nommé Phiroüs, avec qui il était d'intelligence (1098).

La prise d'Antioche excita la fureur des enfans de Mahomet. Ils coururent aux armes, jurèrent par leur prophète de venger leur culte et leur gloire outragés, et s'avancèrent sous les ordres de Korboughah, sultan de Missoul. Effrayé de cet armement immense, le lâche empereur de Constantinople abandonna l'armée des croisés et se retira. Korboughah, qui ne rencontrait aucun obstacle, marche droit à Antioche et force les avant-postes des chrétiens à se replier dans la ville, où bientôt règne une famine affreuse. Alors, ils se virent à leur tour assiégés par des troupes nombreuses, aguerries, et dont le fanatisme redoublait l'ardeur. Pierre Barthélemy, prêtre provençal, releva leur courage par une fraude pieuse. Il parcourt les rangs, raconte aux croisés que dans un moment d'extase il a vu des envoyés célestes qui venaient à leur secours, et qu'ils les verraient eux-mêmes au milieu du combat écraser les musulmans. Dès qu'ils comptèrent sur l'appui de la milice divine, ils se crurent invincibles. Quoique l'armée des infidèles fût forte de deux cent mille chevaux et de quatre cent mille hommes d'infanterie, ils l'attaquèrent dans ses positions, en firent un carnage épouvantable, la battirent et la dispersèrent totalement. La citadelle d'Antioche, qui seule résistait aux chrétiens, fut remise en leur pouvoir après cette bataille sanglante où quatre-vingt mille Sarrasins et quatre mille croisés trouvèrent le trépas (1099).

PRISE DE JÉRUSALEM.

Après cette victoire éclatante, Godefroid donna quelque repos à ses troupes, résolu de marcher ensuite sur Jérusalem ; mais bientôt une maladie épidémique fit des ravages horribles dans le camp des chrétiens : cinquante mille soldats ou pèlerins y périrent, et le légat du pape, Adémar de Monteil, fut au nombre des victimes.

Dans ces circonstances pénibles, et avant d'entreprendre de nouvelles conquêtes, Godefroid voulut rappeler l'empereur Alexis à ses sermens, et le sommer de lui fournir les secours qu'il devait aux chrétiens en vertu de la foi jurée. Il chargea Hugues le Grand, et Baudouin, comte de Hainaut, d'aller lui prescrire d'accomplir ses promesses s'il voulait que, de leur côté, les croisés gardassent les leurs ; mais jamais ambassade ne fut plus malheureuse, car, attaquée par un parti musulman dans les environs de Nicée, elle fut anéantie. Le comte Baudouin, qui fut sans doute pris ou tué dans l'action, ne reparut plus. Hugues le Grand, beaucoup plus heureux, échappa par la fuite à la fureur des infidèles ; il se rendit à Constantinople où il vit l'empereur, et, abandonnant la cause sacrée pour laquelle il avait combattu, il retourna en France, sans motiver son départ ni cette étrange défection.

Quoique Godefroid fût réduit à ses propres ressources,

il ne désespéra pas de la victoire. Il se mit en marche et sa route fut une suite continuelle de succès. Le sultan d'Alep et l'émir de Tripoli furent défaits dans deux batailles sanglantes ; le comte de Flandre arbora la bannière de la croix sur les remparts de Marra ; Laodicée, Ptolemaïs, Saint-Jean-d'Acre, Lydda, Ramla, Bethléem tombèrent au pouvoir des chrétiens, à qui il fut enfin permis de contempler la ville sainte. A l'aspect de cette antique cité qui leur rappelait tant de pieux souvenirs, ils se prosternèrent avec humilité, offrirent des actions de grâces au Rédempteur du monde, et jurèrent de ne poser les armes que quand ils auraient planté l'étendard de la foi sur le temple de Jérusalem.

L'armée chrétienne, réduite à vingt mille hommes harassés de fatigue, mais aguerris par une longue suite de siéges et de combats, investit la cité sainte défendue par de solides remparts et par cinquante mille combattans. La faiblesse de leur nombre ne découragea pas les croisés. Animés par la voix de leurs chefs, par celle de leurs prélats et de Pierre l'Ermite, ils attaquèrent la ville avec la plus inconcevable confiance, bien persuadés que l'odieux croissant des infidèles ne pourrait soutenir l'aspect du signe de la rédemption qui les couvrait de son ombre. Cependant un égal fanatisme animait les belliqueux musulmans. Sûrs de la protection de leur prophète, que nous devons compter parmi les grands hommes si nous ne voulons être forcés d'en réduire beaucoup le nombre, ils se défendirent avec fureur, firent usage de tous les moyens que le désespoir leur suggéra et soutinrent avec succès deux assauts meurtriers.

Le siége durait depuis cinq semaines. Irrités de la

défense des Sarrasins, les croisés se décident à donner à la ville un troisième assaut. Le 14 juillet 1099, ils s'en approchent couverts de leurs boucliers, franchissent les fossés, escaladent les remparts, massacrent les musulmans qui les défendent, se précipitent dans la place et jonchent les rues des cadavres sanglans de leurs ennemis. Les infidèles se défendent courageusement dans les mosquées, dans les places, dans les carrefours, mais les chrétiens, qui se croient guidés par l'ange exterminateur, les attaquent avec furie, les serrent dans leurs derniers retranchemens, les emportent et immolent à leur rage tout ce qui leur tombe sous la main. Vainqueurs, ces guerriers fanatiques se répandent de toutes parts. Les flots de sang coulent dans les rues [1]; mais ils n'en sont pas rassasiés; les vieillards, les femmes, les enfans tombent sous leurs coups; ils foulent sous leurs pieds les corps palpitans de ces innocentes victimes; ils arrachent des enfans des entrailles de leur mère; ils entassent cadavres sur cadavres, ils s'abreuvent de sang et se souillent de crimes au nom d'un Dieu qui abhorre le meurtre et qui détourna sans doute ses regards de cet épouvantable et vaste carnage.

L'aspect du saint temple et le sépulcre du Sauveur mit un terme à ce massacre affreux. Soudain, le cri d'une conscience justement alarmée se fait entendre à ces guerriers féroces : les armes leur tombent des mains, ils se jettent à genoux, ils élèvent vers le ciel leurs mains ensanglantées, ils fondent en larmes, ils implorent la clémence divine, ils demandent au Dieu de miséricorde le pardon de leurs crimes, et s'humilient enfin devant le temple sacré qu'ils viennent d'arracher aux infidèles.

---

[1] Un auteur moderne dit que le sang s'éleva dans les rues jusqu'aux jarrets des chevaux.

ROYAUME DE JÉRUSALEM.

La bannière de la Croix flottait sur les remparts de la sainte cité ; mais il fallait un chef pour gouverner le pays que l'on venait de conquérir et le défendre contre les attaques des musulmans. Personne mieux que l'immortel Godefroid ne méritait cet honneur. Les chefs des croisés, qui furent unanimes pour le lui décerner, le proclamèrent roi de Jérusalem. Élu par ses frères d'armes, il eut la modestie de refuser la couronne royale, « ne croyant pas qu'on pût en décorer sa tête « dans le lieu même où Jésus-Christ avait porté sur la « sienne une couronne d'épines. » Il ne voulut prendre que le titre de baron et de défenseur du Saint Sépulcre (22 juillet 1099). Ainsi, après avoir fourni des rois à la France et à la Germanie, la Belgique avait encore la gloire de voir un de ses enfans relever les murs de Jérusalem et régner sur le berceau du monde.

A peine les croisés eurent-ils relevé le trône de David, qu'ils durent courir aux armes pour combattre le soudan d'Égypte qui s'avançait vers eux à la tête d'une armée de quatre cent mille hommes. Godefroid ne voulut pas l'attendre dans les murs de sa capitale. Il courut au-devant des musulmans qu'il rencontra dans les plaines d'Ascalon. Le 14 août, au lever de l'aurore, Arnould, ancien chapelain du duc de Normandie qui venait d'être nommé patriarche de la Terre-Sainte, célébra le sacrifice de la messe en présence de l'armée chrétienne dont la renommée faisait disparaître l'inégalité du nombre. Après s'être préparés au combat par une fervente prière, ils s'élancèrent contre les Sarrasins et les attaquèrent avec la plus grande impétuosité. Étonnés de voir une poignée d'hommes venir à eux avec tant d'audace, les Turcs s'effrayèrent et ne purent soutenir le premier choc. Le soudan chercha vainement à les rallier; saisis d'une terreur panique, ils s'enfuirent à pas précipités et laissèrent le champ de bataille couvert de leurs morts.

Rentré à Jérusalem, Godefroid la repeupla en y appelant les chrétiens disséminés dans la Palestine, convoqua dans cette ville une assemblée des hommes les plus éclairés, et soumit à leur sanction des lois propres à assurer l'ordre et la félicité publiques. Le recueil de ces lois a été imprimé en 1690, sous le titre de *Livre des assises et des bons usages du royaume de Jérusalem.*

La plupart des croisés quittèrent la Palestine vers l'automne de cette année (1099), et regagnèrent leur pays pour y jouir d'un repos justement mérité. Leur retour dans leur patrie fut considéré comme un miracle. Ceux de Bruxelles y rentrèrent, dit-on, le 19 janvier de l'an 1100, jour que l'on appelle encore en cette ville la Soirée des Dames, et dont on célèbre toujours la commémoration, comme un souvenir de l'accueil que les femmes des croisés firent à leurs maris.

Le départ de tant de braves guerriers laissa Godefroid entouré de si peu de monde, que les Turcs auraient infailliblement recouvré la Palestine si les succès de la première croisade n'avaient excité de nouveaux croisés à courir en Orient combattre les infidèles. Ils s'y rendirent en foule suivis de leurs femmes et de leurs enfans, et beaucoup d'entre eux s'y établirent.

Instruit que Tancrède, à qui il avait donné la ville de Caiphas et la principauté de Tybériade ou de Galilée, était fortement menacé par le prince de Damas, Godefroid se hâta de marcher à son secours. Il dispersa les Sarrasins; mais au retour de cette expédition, ayant accepté des fruits de la Palestine que lui offrit l'émir de Césarée, il tomba malade et fut transporté à Jérusalem, où il mourut le 18 juillet 1100; on soupçonna qu'il avait été empoisonné. Son tombeau, placé au pied du Saint Sépulcre, fut arrosé des larmes de ses sujets, et par celles des chrétiens que la dévotion et l'amour de la gloire attirèrent dans la Terre-Sainte, et son épée conservée très long-temps à Jérusalem par les religieux de Saint-François.

Baudouin, frère de Godefroid de Bouillon, qui lui succéda, prit le titre de roi de Jérusalem, et abandonna à Baudouin du Bourg le comté d'Édesse qu'il avait acquis par un crime. Ce prince, qui fut toujours en guerre avec ses voisins, ajouta par ses conquêtes plusieurs villes à son royaume.

HENRI DE LIMBOURG.

Pendant que la valeur des chrétiens fondait un nouveau royaume dans l'Orient, Conrad, le fils aîné de l'empereur Henri IV, celui-là même qui avait été duc de la Basse-Lorraine et couronné roi d'Italie, s'était révolté contre son père. Le pape Urbain II, abusant de son pouvoir et ne consultant que la haine dont il était animé contre Henri, avait appuyé les projets de ce fils rebelle, et excommunié l'empereur; c'est-à-dire que, conformément à une bulle de Grégoire VII, et contrairement au respect dû à l'autorité royale, il avait défendu aux sujets de ce prince de communiquer avec leur souverain. Vaincu par son père, Conrad fut renfermé dans une prison où il mourut, et Henri, second fils de l'empereur, proclamé roi d'Italie dans une diète tenue à Aix-la-Chapelle.

Aussitôt que Henri, comte de Limbourg, apprit la mort de Godefroid de Bouillon et l'avènement de Baudouin au trône de Jérusalem, il profita de l'éloignement d'Eustache de Boulogne, et des querelles qui divisaient l'empire et la cour pontificale, pour forcer Henri IV à lui donner, ou plutôt à lui vendre la Basse-Lotharingie et le marquisat d'Anvers (1100).

L'empereur croyait avoir étouffé l'hydre de la rébellion et ramené la tranquillité dans ses états, quand

le roi des Romains, au mépris du serment qu'il avait prêté entre les mains de son père, gagné par les légats de Pascal II, successeur d'Urbain, leva une armée, convoqua une nouvelle diète à Mayence en 1106, y fit venir le vieil Henri, le fit arrêter hors la ville et enfermer dans le château de Bingenheim. La diète se déclare pour le fils perfide contre le père malheureux, et celui-ci est dépouillé de tous les ornemens impériaux dont se revêt à l'instant l'usurpateur.

Trompant enfin la vigilance de ses gardes, cet infortuné prince s'échappe de sa prison, et se trouve bientôt en proie à toutes les horreurs de la misère. Pauvre, errant et fugitif, ne sachant où reposer sa tête, il fait prier l'évêque de Spire de l'admettre dans son église en qualité de chantre, mais il n'obtient pas même la triste grâce qu'il sollicite. Poursuivi par la haine d'un fils dénaturé et par l'anathème que l'indigne Pascal a fulminé contre lui, Henri vint confier ses malheurs et sa personne à la loyauté des Belges. L'évêque Obert et les Liégeois, touchés de ses longues infortunes, le reçurent dans leur ville et promirent de le défendre contre les persécutions du monstre qui s'acharnait à sa perte.

Lorsqu'il se vit entouré d'un peuple fidèle, l'empereur recouvra son ancienne énergie. Il écrivit au roi de France et à tous les princes et évêques de la Germanie et des deux Lorraines, des lettres dans lesquelles il leur fit une peinture touchante des trahisons et des persécutions qu'il avait essuyées, des violences et des outrages qu'il avait soufferts, quand, le poignard à la main, Henri V le força de renoncer à l'empire, comme si un fils pouvait jamais punir les fautes dont son père a pu se rendre coupable ; il terminait enfin par implorer l'appui de tous les princes de l'Europe dont la majesté était violée en sa personne. Il écrivit également au pape, l'assura qu'il était prêt à se réconcilier avec le Saint-Siége et à lui rendre ce qui lui était dû, si celui-ci, de son côté, se rabattait de ses exigences, et s'il avait pour lui les égards que l'on doit à une tête couronnée. Il finissait par déclarer à Pascal que s'il persistait dans sa haine et dans ses persécutions inouies, il en appellerait au jugement de Dieu.

Toutes ces lettres étant restées sans réponse, les Liégeois et Henri de Limbourg se préparèrent à la guerre. Effrayé de la résolution des Belges et des suites qu'elle pouvait avoir pour son usurpation, Henri V rassembla des troupes, vint à Aix-la-Chapelle, et feignit de vouloir se rapprocher de son père. Il en prévint l'évêque Obert à qui il fit dire qu'il désirait passer les fêtes de Pâques à Liége dans l'espoir d'y voir l'auteur de ses jours et d'en obtenir son pardon; mais les Liégeois, qui connaissaient son astuce, et qui se doutaient qu'il leur tendait un piége, lui répondirent qu'ils ne reconnaissaient d'autre empereur que Henri IV, et que lui seul était autorisé à séjourner dans leur ville, non-seulement pendant les fêtes de Pâques, mais tant qu'il le désirerait.

La réponse courageuse des Liégeois irrita ce fils rebelle qui jura d'en tirer une vengeance éclatante. Soudain, il se dispose à marcher sur Liége, et donne l'ordre à un corps nombreux de cavalerie d'aller s'emparer du pont de Vizé. Mais le duc de Lothier, qui fut informé de ce mouvement, chargea son fils Henri, comte de Limbourg, d'aller au-devant des troupes impériales.

Ce jeune prince s'acquitta de cette mission avec beaucoup d'intelligence. Il fit immédiatement occuper la position menacée, embusqua des troupes dans un défilé situé sur la rive gauche de la Meuse, dans les environs du village de Harcourt, et attendit tranquillement l'ennemi qui ne tarda point à paraître. La cavalerie impériale voyant le pont gardé par un faible détachement, l'attaqua avec vigueur et vit bientôt les Belges abandonner ce poste important. S'imaginant qu'ils fuyaient, elle les poursuivit imprudemment et s'engagea dans le défilé. Alors les soldats du comte de Limbourg firent volte face, et, secondés par ceux qui étaient embusqués dans ce passage difficile, ils l'enveloppèrent de toutes parts et en firent un affreux carnage. La plupart des cavaliers impériaux furent mis en pièces, et le reste, poursuivi vivement par le comte de Limbourg, reprit la route de Visé à toute bride. Serrés de près par les Belges, ils se précipitèrent sur le pont avec tant d'impétuosité qu'il s'écroula sous eux. Ils trouvèrent tous la mort dans les flots. — Honteux de cette défaite, Henri V reprit la route de l'Allemagne et revint ensuite assiéger Cologne.

Henri IV ne profita pas de cette victoire, il mourut à Liége le 7 août 1106, en appelant, selon les uns, la vengeance du ciel sur la tête de son fils, et, selon les autres, en lui pardonnant son crime.

L'évêque fit faire au malheureux Henri des funérailles dignes du rang qu'il avait occupé dans le monde, et prévint Henri V de ce fatal événement. La haine de ce monstre n'étant pas éteinte par la mort de son père, son corps fut exhumé par ses ordres, ou plutôt par ceux du pape, et porté à Spire où il resta encore cinq ans dans une cave privé de sépulture.

Le duc Henri craignant d'être accablé par toutes les forces de l'empire, songea à se réconcilier avec Henri V. Il courut se jeter à ses pieds à l'effet d'implorer sa clémence; mais au lieu de lui pardonner, ce prince, implacable dans sa haine, le dépouilla de sa dignité et le fit jeter en prison.

On croit que ce fut en 1106, pendant son séjour à Liége, que l'empereur Henri IV fit fortifier et entourer de murs la hauteur de Sainte-Walburge et le couvent de Saint-Barthélemy.

LES DUCS DE BRABANT.

GODEFROID PREMIER, DIT LE BARBU.

Lorsque Henri V qui, selon un écrivain célèbre, fut un fils dénaturé, un hypocrite sans religion, un voisin inquiet et un mauvais maître, se vit tranquille possesseur de l'empire, il récompensa les services des seigneurs qui avaient pris les armes pour lui contre son père. Godefroid le Barbu, comte de Louvain et de Bruxelles, qui avait été un des plus chauds partisans de ce monstre couronné, fut créé duc de la Basse Lotharingie et marquis d'Anvers. C'est ainsi que ce duché passa des comtes d'Ardennes aux comtes de Louvain qui, depuis cette époque, prirent le titre de ducs de Brabant et de Lothier (1106). En donnant la Basse-Lorraine à Godefroid et à ses héritiers, l'empereur s'en réserva la suzeraineté; mais bientôt les ducs n'étant plus contenus par la présence des empereurs qui n'habitaient plus nos contrées, ils considérèrent la Belgique comme leur propriété et se contentèrent de rendre un vain et puéril hommage à l'empire.

Quelques amis fidèles ayant tiré Henri de Limbourg de sa prison pendant que des occupations sérieuses retenaient Henri V au fond de l'Allemagne, il parcourut les villes et les campagnes, attacha plusieurs seigneurs à sa cause, rassembla des troupes et surprit Aix-la-Chapelle. Aussitôt que le duc de Brabant fut instruit de cet événement, il résolut de ne pas donner le tems au comte de Limbourg de consolider sa puissance. Il rassembla autant de forces qu'il put, traversa la Meuse, et parut devant Aix au moment où on l'y attendait le moins. Il s'empara de cette ville après quelques jours de siége et fit prisonniers tous les seigneurs qui la défendaient, à l'exception de Henri, qui s'enfuit avec ses fils, laissant sa femme au pouvoir du vainqueur. Godefroid n'abusa pas de la victoire, il traita ses captifs avec tant de générosité qu'ils lui prêtèrent tous foi et hommage en sa qualité de duc de Lothier. Après avoir mis le comte de Limbourg dans l'impossibilité de continuer la guerre, il lui renvoya sa femme sans avoir porté la moindre atteinte à son honneur (1107).

Ce fut vers cette époque qu'un Anversois, nommé Tanchelin, parvint à introduire les plus hardies et les plus absurdes réformes dans la religion. Il prêcha son étrange doctrine dans la Hollande, dans la Flandre et surtout à Anvers, où il trouva un grand nombre de sectateurs, malgré le scandale public de ses mœurs, et la dépravation dont il se faisait un titre de plus auprès de ses prosélytes. Cet impudent hérésiarque « avait commencé, dit M. Dewez, par s'attacher les « femmes qui, fascinées par ses artifices séduisans, et « se croyant honorées de l'amour du prétendu pro- « phète, se livraient sans pudeur et sans remords au « plus honteux libertinage. Les filles se prostituaient « en présence de leurs mères, les femmes aux yeux de « leurs maris, et Tanchelin leur assurait que c'était « une œuvre spirituelle. Son luxe et sa cruauté, ajoute

« le même auteur, égalaient son impiété et ses désor-
« dres ; il avait l'habillement, l'équipage et la pompe
« d'un roi ; il ne paraissait en public qu'escorté de trois
« mille satellites armés qui assassinaient impitoyable-
« ment ceux qui osaient lui résister. Tout cet appareil
« séduisait un peuple stupide qui l'écoutait comme un
« homme inspiré. Le respect que ses partisans lui por-
« taient était poussé à un tel excès de démence, qu'ils
« buvaient l'eau dans laquelle il s'était lavé et la conser-
« vaient comme une liqueur sacrée. » Cet audacieux
brigand, qui tuait ceux qu'il ne pouvait persuader, partit
pour Rome afin d'attaquer la religion dans son sanctuaire même, et ne put réussir. A son retour, après
avoir été arrêté et emprisonné par l'archevêque de Cologne auquel pourtant il échappa, il fut tué par un
prêtre catholique dans le cours d'une navigation.

BAUDOUIN A LA HACHE.

La fermeté de Godefroid le Barbu et la sévérité de
Baudouin à la Hache, comte de Flandre, ainsi nommé
parce qu'il était toujours armé d'une hache, ou doloire,
dont on se servait dans certaines exécutions criminelles,
et qui ne pesait pas moins de trente livres, laissèrent
respirer un moment les peuples de la Belgique, ruinés

par des guerres sans cesse renaissantes, et asservis par la noblesse. Ce dernier, dit Oudegherst, fut le premier souverain de la Flandre « qui s'avança de chastoyer et
« faire justice des nobles, faisants outrages aux pau-
« vres gens du pays, et renouvella la coustume par
« laquelle n'estoit loisible à personne, de quelque qua-
« lité ou condition qu'il fut, de prendre aucune chose
« sans payer, ou despouiller quelque païsan ou aultre,
« ny mesmes en tems de guerre, et ce soubs peine de
« fourfaire la vie, sans aucun respit ny miséricorde. »

Dès que ce prince eut succédé à Baudouin VII, son père, il fit convoquer tous les seigneurs flamands au château de Winendaele. Là, il leur fit promettre sous serment de ne point opprimer le peuple, leur déclara qu'il le prenait sous sa protection, et qu'il punirait sévèrement ceux qui se permettraient à l'avenir le moindre acte de brigandage. L'effet suivit de près la menace. Instruit que Pierre, seigneur d'Oostcamp, un de ses chevaliers, avait dérobé deux vaches à une pauvre femme de la campagne, Baudouin se le fit amener, et, sur l'aveu de ce honteux larcin, il le fit jeter vêtu, armé et éperonné dans une chaudière d'eau bouillante sur la grand'place de Bruges, en présence du peuple assemblé (1111).

En l'an 1112, Henri de Calloo, et neuf seigneurs de ses amis, ayant assassiné et dépouillé trois marchands orientaux qui se rendaient à la foire de Thourout, Baudouin les fit arrêter et conduire à Bruges où ils périrent du même supplice que le seigneur d'Oostcamp.

Les châteaux étant devenus des repaires de brigands où les seigneurs cachaient le fruit de leurs rapines, et d'où ils bravaient impudemment l'autorité des lois, Baudouin en assiégea plusieurs, qu'il prit et qu'il fit démolir après avoir fait pendre aux arbres qui bordent les grandes routes ceux qui les défendaient.

Dès que Baudouin fut parvenu à faire régner la justice dans ses états et à inspirer une terreur salutaire à la noblesse, il tourna ses armes contre Henri Ier, roi d'Angleterre, qui avait dépouillé Guillaume Courte-Cuisse de son duché de Normandie. Il entra dans cette province pendant que Henri faisait la guerre au roi de France Louis le Gros, enleva plusieurs villes et châteaux aux Anglais, et s'avança, avec cinq cents chevaux et une nombreuse infanterie jusqu'à Rouen, où Henri venait de se renfermer. Il le somma d'en sortir pour combattre en plaine ; mais le roi d'Angleterre lui ayant fait répondre qu'il ne voulait pas se commettre avec un écervelé, il ravagea les environs de Rouen et parvint à faire rentrer une grande partie de la Normandie sous l'obéissance de Guillaume. Tombé dans une embuscade que les Anglais lui dressèrent dans les environs de la ville d'Eu, il les battit et les mit en déroute ; mais les ayant poursuivis imprudemment, il reçut une forte blessure à la tête qui le mit hors de combat. Ses soldats le relevèrent et le ramenèrent dans ses états. En arrivant à Roulers, il sentit sa fin approcher et convoqua immédiatement les états de Flandre dans cette ville, et leur fit reconnaître Charles de Danemarck, son cousin, pour son héritier. Après avoir assuré la souveraineté de la Flandre, il expira revêtu de l'habit de moine le 15 juin 1119.

GUERRE DE L'ÉLECTION.

La mort d'Obert, évêque de Liége, qui survint cette année, tira la Belgique de l'état de tranquillité où elle était depuis l'avènement de Godefroid le Barbu. A peine ce prélat eut-il les yeux fermés qu'on s'aperçut que le choix de son successeur ne se ferait pas sans troubles. Alexandre, fils du comte de Juiliers, l'un des plus distingués du chapitre par ses talens et par les dignités dont il était revêtu, briguait ouvertement l'évêché. Mais désespérant d'avoir la pluralité des voix, qu'il voyait assez qu'on destinait à Frédéric de Namur, il s'adressa à l'empereur Henri, et il obtint l'investiture pour la somme de sept mille livres d'argent qu'il lui compta.

Les partisans qu'Alexandre avait encore dans le chapitre furent révoltés en apprenant de quelle voie il s'était servi pour gagner l'empereur. Le peuple l'abandonna comme un simoniaque, et le clergé, à l'exception des églises de Saint-Paul et de Huy, dont il était prévôt, se sépara de sa communion.

De pareilles dispositions dans ceux dont Alexandre voulait être le pasteur, auraient dû lui faire perdre l'envie de le devenir ; mais les pas qu'il avait déjà faits, loin de l'épouvanter, l'enhardirent à aller en avant. Au défaut des suffrages du clergé et du peuple de Liége, il compta sur la protection du duc de Brabant, du comte de Duras, de Lambert comte de Montaigu, et sur l'affection de la noblesse de Hesbaye, qui lui était entièrement dévouée.

Frédéric de Namur avait vu tout ce manége avec les sentimens d'indignation qu'une conduite si criminelle devait naturellement exciter dans une âme vertueuse ; il n'ignorait pas que les vœux de tous les gens de bien étaient pour lui ; mais content de la place qu'il occupait dans l'église, il attendait tranquillement la suite de cette affaire.

Elle faisait trop de bruit pour ne pas réveiller le zèle du métropolitain. Frédéric, archevêque de Cologne, ayant appris ce qui se passait à Liége, cita Alexandre à comparaître devant lui pour rendre compte de sa conduite, et manda en même tems les chanoines de Liége, afin de se concerter avec eux sur les moyens qu'il convenait de prendre pour empêcher le progrès du mal. La plupart se rendirent à Cologne, où Alexandre n'eût garde de les suivre. Son absence détermina l'archevêque à faire procéder à une nouvelle élection. Frédéric de Namur y réunit toutes les voix en sa faveur, et fut sacré peu après à Reims par le pape Calixte, durant la tenue d'un concile où Alexandre et ses adhérens furent excommuniés (1119).

Cette nouvelle fut un coup de foudre pour l'intrus. Mais s'il en fut consterné, il n'en persista pas moins dans la résolution de soutenir par les armes l'investiture qu'il avait reçue de l'empereur. Il donna avis à ses amis du parti qu'il venait de prendre ; après quoi s'étant retiré à Huy, où il se croyait le plus fort, il y leva hautement l'étendard du schisme.

Frédéric de Namur, sans avoir d'ambition, ne manquait pas de fermeté. Il crut que le bien de son église demandait de sa part des mesures aussi vigoureuses que celles que prenait son concurrent, et que puisque Alexandre faisait armer les princes de son parti, afin d'appuyer une mauvaise cause, il était tems qu'il opposât, de son côté, la force et la violence pour le soutien de la bonne.

Godefroid Ier, comte de Namur, avait prévu qu'il faudrait en venir là et s'y était préparé. Il fit avancer ses troupes, que joignirent bientôt après celles du comte de Limbourg, du seigneur de Fauquemont, de la ville de Liége, et des abbés du diocèse, tous partisans zélés de Frédéric. L'évêque alla se présenter avec ces forces devant la ville de Huy. Les bourgeois reconnurent la voix de leur pasteur et lui ouvrirent leurs portes; mais il n'en fut pas de même du château, où Alexandre s'était renfermé. Il fallut en faire le siége, et veiller en même tems sur l'armée de Godefroid le Barbu, qui venait par la Hesbaie, pendant que celle du comte de Montaigu s'avançait du côté du Condros, dans le dessein d'attaquer les assiégeans par ces deux endroits, et de se placer de manière à leur couper la retraite (1120).

Ce projet aurait réussi si Alexandre eût encore été maître du pont de Huy. Mais le comte de Namur s'en était emparé en prenant la ville, ce qui obligea le duc de Brabant à rester de l'autre côté de la rivière, spectateur de la défaite du comte de Montaigu.

Comptant sur la diversion que le duc devait faire, Lambert s'était avancé par les hauteurs qui aboutissent au château. Dès que les alliés de Frédéric le virent engagé de manière à ne pouvoir plus éviter le combat, ils s'avancèrent en bon ordre et l'attaquèrent de toutes parts. Le comte de Namur commandait en chef. D'aussi loin qu'il aperçut celui de Montaigu, qui était son vassal, il lui cria : « Eh quoi, comte, est-ce ainsi que vous « gardez la foi que vous me devez? » — « Puisque vous « me reprochez vos bienfaits, lui répondit Lambert, je « vous les remets et ne vous regarde plus que pour mon « ennemi. » Le comte de Namur répliqua à cette fière réponse par un coup de lance dont il perça le comte de Montaigu. Ce seul coup décida la victoire. Les gens de Lambert le voyant blessé et entre les mains de ses ennemis, prirent la fuite.

Pendant qu'Alexandre perdait de ce côté toute apparence de secours, un corps de Brabançons passait la Meuse à la nage. Mais ceux qui étaient chargés d'en défendre les bords, ne lui donnèrent pas le tems de se former; ils l'attaquèrent au moment où il atteignait la rive droite et le rejetèrent dans la rivière. Tout ce qui voulut passer fut tué ou noyé.

Irrité de la perte d'une partie de son armée, le duc de Brabant se retira en ravageant le pays qu'il parcourut, et Alexandre, épouvanté d'une semblable défaite, se soumit et céda l'évêché à Frédéric, qui ne jouit pas long-tems de la victoire. Il mourut empoisonné en l'an 1122. Ainsi se terminèrent ces troubles à qui l'on a donné le nom de guerre de l'élection.

DESTRUCTION DE GEMBLOUX.

Un événement qui n'avait rien que de très-simple en lui-même, ralluma le feu de la guerre en l'an 1123. Anselme, abbé de Gembloux, étant mort, des démêlés assez vifs eurent lieu entre les habitans et les moines au sujet de l'élection de son successeur. Le duc de Brabant et le comte de Namur, déjà irrités l'un contre l'autre, prirent parti dans cette discussion, et le dernier courut assiéger cette ville, avant que le duc Godefroid ne pensât à entrer en campagne.

La place était mal fortifiée ; mais le courage de ceux qui la défendaient suppléa à la faiblesse des remparts, et les assaillans furent repoussés avec perte partout où ils se présentèrent. Le comte de Namur qui était doué d'un caractère violent et opiniâtre, fut tellement irrité de la résistance qu'on lui opposait, qu'il se décida à brûler cette malheureuse ville. Voici de quelle manière il fit exécuter ce projet aussi fatal à sa gloire qu'aux habitans de Gembloux : On appliqua, par ses ordres, une grande quantité de matières combustibles contre des maisons qui touchaient aux remparts. En un moment elles furent embrasées, et, à la faveur d'un vent impétueux, le feu se communiqua bientôt à la ville qui fut réduite en cendres. Ce terrible incendie releva le courage des assiégeans au lieu de l'abattre, et ils se défendirent avec tant d'acharnement que le comte Godefroid, désespérant d'enlever la place, leva le siége et ramena ses troupes à Namur, plus piqué d'avoir échoué devant cette bicoque que touché du sort de tant de malheureux qu'il venait de réduire à la dernière extrémité. Huit jours après, le comte de Hainaut, gendre de Godefroid, étant venu le trouver avec toutes les forces de cette province, ils se mirent en marche et parurent inopinément devant Gembloux, bien décidés à la détruire totalement et l'ensevelir sous ses ruines.

L'état où cette ville était réduite paraissait devoir la rassurer contre la crainte d'une nouvelle agression. Les habitans étourdis encore de leur désastre, ne se gardaient point, et ils n'avaient pas même pensé à réparer les brèches faites à leurs remparts. Les assaillans ne rencontrant pas d'opposition les escaladèrent pendant la nuit, se répandirent dans la place, et massacrèrent tout ce qui leur tomba sous la main.

Plusieurs seigneurs liégeois s'étant plaints à l'empereur que Goswin, comte de Fauquemont, détroussait les passans, exerçait des violences inouïes sur ses voisins et se livrait à un brigandage continuel, Henri V donna l'ordre à Godefroid le Barbu de rassembler des troupes et de détruire ce repaire odieux. Le château de Fauquemont assiégé par le duc de Brabant, fut enlevé et totalement démantelé.

C'est à Albéron Ier, évêque de Liége, et successeur de Frédéric de Namur, que l'on doit l'abolition de l'odieux droit de main-morte [1] dans ce pays. Une nuit

---

[1] Le fils qui héritait de son père, le frère de sa sœur, le mari de sa femme, etc., etc., était obligé de donner au seigneur le meuble le plus précieux de l'héritage. On rachetait ce droit odieux en coupant la main droite du défunt et en la présentant au seigneur comme un gage de servitude.

qu'il était en prières, il entendit des cris perçans. C'étaient ceux d'une femme qui se plaignait non-seulement d'avoir perdu son mari, mais encore de l'obligation où elle se trouvait de devoir donner à l'évêque le lit sur lequel elle venait de voir expirer son époux. Touché des larmes de cette femme, le prélat abolit le droit de mainmorte dans son diocèse.

L'empereur Henri V, qui voulait déclarer la guerre à la France, s'étant rendu à Utrecht pour en presser les préparatifs, y mourut le 22 mai 1125, atteint de la maladie contagieuse qui désolait l'Europe à cette époque.

Après la mort de ce prince, l'archevêque de Mayence fit convoquer une diète dans cette ville pour procéder au choix d'un nouvel empereur. Les sentimens y furent partagés; les Belges donnèrent leur suffrage à Conrad, neveu de Henri V, et les Allemands, beaucoup plus nombreux, à Lothaire, duc de Saxe. Celui-ci ayant été proclamé, il se vengea de Godefroid en le dépouillant du duché de Lothier qu'il donna à Waleram, comte de Limbourg; mais Godefroid ayant refusé de se soumettre, la Basse-Lorraine fut divisée. Waleram gouverna le pays situé sur la rive droite de la Meuse, et le reste obéit à Godefroid qui jura, dès ce moment, de laisser croître sa barbe jusqu'à ce qu'il eût reconquis son duché. C'est cette circonstance qui le fit surnommer le Barbu.

L'institution de l'ordre des Templiers remonte à l'an 1118. Il tire son nom de son premier hospice situé près du vieux temple à Jérusalem, et il n'eut d'abord d'autre but que de protéger les pèlerins et de leur rendre plus facile l'accès des saints lieux. Accru promptement par la ferveur des fidèles, l'ordre des Templiers qui ne se soutenait d'abord qu'à l'aide d'aumônes, finit par acquérir d'immenses richesses, et il est naturel de penser qu'en perdant leur pauvreté, ils se dépouillèrent aussi des vertus chrétiennes qui réprouvent le luxe et la mollesse. La plupart des chevaliers du temple, qui s'illustrèrent par une longue suite de combats, étaient Français et Belges, et dès l'an 1128 ils eurent des établissemens dans nos contrées. Le cours des événemens nous conduira bientôt à la terrible catastrophe qui les anéantit sous Philippe-le-Bel.

TROUBLES DE FLANDRE.

Pendant que Charles de Danemarck, que l'on a surnommé le Bon, et qui par ses vertus mérita aussi le titre de *vénérable*, régnait sur la Flandre, une horrible famine désola la Belgique. Ce prince, l'ami des pauvres, leur ouvrit ses greniers, vida ses trésors pour venir à leur secours, et força les seigneurs ses vassaux à vendre au peuple, à un prix qu'il fixa lui-même, le blé qu'ils avaient accaparé. Irrités de ce que le comte les empêchait de s'enrichir des dépouilles du peuple, les seigneurs formèrent une vaste conspiration à la tête de laquelle se plaça la famille Van der Straeten, de Bruges, dont le chef était chancelier de Flandre. Ils assaillirent le vertueux Charles au moment où il était occupé à prier dans l'église de Saint-Donat à Bruges et le massacrèrent. Son cadavre resta pendant trois jours dans cette église sans qu'on osât lui rendre les derniers honneurs. Après avoir commis ce meurtre, les conspirateurs immolèrent à leur rage tous les officiers de la maison du comte, pillèrent son palais et se retirèrent ensuite au bourg où ils se fortifièrent. Leur crime ne resta pas long-tems impuni. Servaes Van Praet se mit à la tête du peuple, les assiégea dans le bourg qu'il enleva, les fit périr par la main du bourreau et rasa leurs maisons.

Guillaume de Loo, vicomte d'Ypres, Thierry d'Alsace, qui descendaient tous deux de Robert le Frison, et Arnold le Danois, neveu de Charles le Bon, se disputèrent son héritage. Guillaume de Loo ne perdit pas de tems. Il se fit proclamer comte de Flandre à Ypres, marcha contre Arnold qui s'était renfermé dans Saint-Omer, enleva la place, fit Arnold prisonnier et le contraignit à renoncer à ses droits. Il allait tourner ses armes contre Thierry, quand Louis le Gros, venu à Bruges à la tête d'une nombreuse armée, fit valoir son titre de suzerain, en donnant arbitrairement le comté de Flandre à Guillaume Courte-Cuisse, duc de Normandie, son beau-frère (1128).

Guillaume de Loo, résolu à soutenir ses droits les armes à la main, livra bataille au roi de France et au duc dans les environs d'Ypres; mais, trahi par la fortune, il fut vaincu, fait prisonnier, et ne recouvra sa liberté que quand il eut reconnu la suzeraineté du duc de Normandie. Aussitôt qu'il fut libre, il se retira à la cour de Henri Ier, roi d'Angleterre, pour se soustraire à la vengeance de son concurrent.

Dès que Guillaume Courte-Cuisse fut maître de la

Flandre, il irrita ses sujets par des taxes nouvelles, en abolissant les priviléges des villes et en vendant les offices. Abhorré des Flamands qui ne pouvaient supporter sa tyrannie, il se vit bientôt obligé de les combattre. La ville de Lille donna la première le signal de l'insurrection. Les habitans fermèrent leurs portes au comte, adressèrent leurs plaintes au roi de France et appelèrent à leur secours Thierry d'Alsace qui s'avança avec cinq mille Allemands, et entra dans Lille aux acclamations du peuple.

Les villes de Bruges, de Gand, d'Ypres et de Courtray ayant également secoué le joug, Guillaume de Loo profita de ce moment pour tenter le sort des combats. Il parut sur les côtes de la Flandre avec une flotte que lui avait fait équiper Henri Ier, et se présenta devant la ville de Dam, qui, à cette époque, était forte et puissante, et pouvait recevoir un grand nombre de navires dans son port. Mais il y trouva le comte, et force lui fut de se retirer en Angleterre sans avoir pu opérer une descente.

La Flandre étant en pleine insurrection, Guillaume Courte-Cuisse se retira à Saint-Omer et invoqua le secours de Louis le Gros, qui se déclara pour lui et s'avança jusqu'à Arras avec des forces nombreuses. Thierry d'Alsace, enfermé dans Lille, brava d'abord les menaces du roi de France; puis, impatient de se mesurer avec son rival, il lui livra bataille à Mespelaer, et se fit battre complètement (1129).

Après cette défaite, Thierry se sauva à Alost suivi par Ivan, comte de cet endroit, et par Daniel, seigneur de Termonde. Guillaume le poursuivit, et, renforcé par les troupes de Godefroid le Barbu, il vint investir Alost. Il attaqua vigoureusement la place; mais les assiégés se défendirent avec tant de courage, que le comte, désespérant de les vaincre, s'approcha des remparts et engagea les habitans à se saisir de la personne de Thierry, leur promettant le pardon de leur rébellion s'ils remettaient ce prince en ses mains. Pour toute réponse, un arbalétrier, nommé Nicaise, lui décocha une flèche qui le blessa mortellement. Il mourut cinq jours après, et son armée effrayée se débanda, laissant ses munitions et ses équipages à Thierry d'Alsace qui fut bientôt reconnu comte de Flandre.

Guillaume de Loo, espérant de vaincre son concurrent, se mit en mer avec une flotte considérable, s'approcha des côtes de Flandre et s'empara de Dam; mais Guillaume ne lui donna pas le tems de s'y fortifier. Il rassembla autant de troupes qu'il put, courut l'y assiéger, et le força à se rembarquer et à regagner l'Angleterre.

BATAILLE DE WILDÈRE.

Après la mort du vertueux Albéron, Alexandre, fils du comte de Juillers, celui-là même qui avait disputé l'évêché de Liége à Frédéric de Namur, l'obtint en l'an 1129 par les suffrages du clergé et du peuple, quoiqu'il fût plus propre à commander une armée qu'à régir un diocèse.

Le duché de la Basse-Lorraine, toujours divisé, était

encore gouverné par Waleram, comte de Limbourg, et par Godefroid le Barbu, duc de Brabant, et ce dernier se trouvait l'avoué ou le protecteur naturel de l'abbaye de Saint-Trond, dont Gilbert, comte de Duras, était le sous-avoué. Celui-ci ayant été dépouillé de cette dignité par le comte de Limbourg, recourut à Godefroid qui rassembla des troupes et vengea son vassal en ravageant les terres de l'évêché. Alexandre n'était pas homme à souffrir cette insulte. Il appela les Liégeois aux armes, et, secondé par Waleram, il courut inopinément mettre le siége devant le château de Duras.

Godefroid le Barbu se sentant trop faible pour se mesurer avec ses ennemis, fit alliance avec Thierri d'Alsace, comte de Flandre, et s'avança ensuite pour secourir la place assiégée. Aussitôt que l'évêque fut instruit de l'approche du duc, il laissa un faible corps devant le château de Duras, marcha à la rencontre de l'armée Brabançonne, et lui livra bataille le 20 juillet 1130. L'action fut sanglante, et l'on se battit de part et d'autre avec tant d'acharnement que la victoire qu'obtinrent les Brabançons et les Flamands fut peu décisive. Cependant l'évêque, affaibli par les pertes de cette journée, ne put continuer le siége et fut contraint à la retraite.

L'armée du duc de Brabant ayant également beaucoup souffert, il la renforça par de nouvelles levées, s'avança ensuite dans le pays de Liége et fit proposer à Alexandre, par un héraut d'armes, de terminer leurs différends dans une bataille rangée. Le duc de Limbourg l'accepta au nom de l'évêque et ils convinrent qu'elle aurait lieu le 7 août dans les plaines de Wildère, village situé à quatre cinquièmes de lieue à l'ouest de Saint-Trond. L'évêque implora le secours du ciel en faisant publier dans toute l'étendue de son diocèse un jeûne de trois jours, et en ordonnant des prières publiques.

Le jour fixé, au lever de l'aurore, les deux armées étaient en présence. D'un côté on distinguait celle de Godefroid, composée de Brabançons et de Flamands, au centre de laquelle on voyait, sur un char magnifique traîné par quatre bœufs, le grand étendard du Brabant, ouvrage artistement travaillé, qui avait été donné au duc par sa fille, Alix de Louvain, femme de Henri Ier roi d'Angleterre. De l'autre on apercevait les troupes du Limbourg dirigées par Waleram; celles de Liége commandées par Alexandre et groupées autour de l'étendard de Saint-Lambert, et les habitans de Huy qui obéissaient aux ordres du brave Arnoul, comte de Looz, qui, à lui seul, valait une armée.

Les trompettes ayant donné le signal du combat, les deux armées s'ébranlèrent et se ruèrent l'une contre l'autre. Les Liégeois ne purent résister à la violence du choc. Repoussés sur toute la ligne, ils allaient être vaincus sans combattre, et forcés de fuir, quand le comte de Looz, que l'on avait placé en réserve, s'avança hardiment et soutint l'effort des assaillans. Les soldats de Waleram et d'Alexandre, encouragés par la valeur du brave Arnoul, se rallièrent et revinrent à la charge avec une nouvelle audace. Les Flamands et les Brabançons opposèrent à leur furie une opiniâtre résistance, et la terre fut bientôt couverte de cadavres. Pendant que, des deux côtés, on faisait des prodiges de valeur, que l'on combattait corps à corps, et qu'une foule de soldats succombait, le comte de Looz, suivi des siens, s'élança dans les bataillons ennemis, renversa tout ce qui s'opposait à son passage et parvint jusqu'auprès de l'étendard de Godefroid. Là, il fait de nouveaux efforts;

il attaque, presse les braves qui le défendent, leur fait mordre la poussière et s'empare de ce glorieux trophée. Cet instant décide la victoire; les Brabançons et les Flamands s'enfuient épouvantés et laissent le champ de bataille couvert de morts et de blessés.

Alexandre rentra dans Liége précédé de l'étendard du Brabant. Il y fut précieusement conservé, et, pour perpétuer cette victoire, les Liégeois le portèrent pendant plusieurs siècles dans les processions des rogations.

Saint Bernard et le pape Innocent II étant venus en Belgique pour prier Lothaire de prendre la défense de ce dernier contre l'anti-pape Anaclet qui l'avait chassé de Rome, ils parvinrent à réconcilier le duc avec l'évêque et à leur faire contracter un traité de paix.

L'empereur Lothaire mourut en l'an 1138, et Conrad qui lui succéda rendit à Godefroid le duché de la Basse-Lotharingie que le premier lui avait enlevé. Il ne jouit guère de cet honneur, car la mort le frappa le 25 janvier 1140.

GODEFROID II.

—

Après la mort de Godefroid le Barbu, Godefroid II, qui avait, ainsi que l'empereur Conrad, épousé une princesse de Luxembourg, succéda à son père par droit d'hérédité (1140).

A peine eut-il saisi les rênes du pouvoir qu'il fut contraint de courir aux armes. Henri de Limbourg, fils et successeur de Waleram, ne pouvant digérer l'affront fait à sa famille par l'empereur en la dépouillant de la Basse-Lotharingie, rassembla quelques troupes et fit des courses sur le territoire du Brabant. Irrité de ce procédé, le duc se mit à la tête de ses vassaux et courut assiéger la ville de Saint-Trond dont Henri prétendait être l'avoué, quoique cette qualité fût attachée à celle du duc de Lothier. Le siége fut de courte durée. Serrée de près par les Brabançons, la place capitula, et les habitans furent contraints de donner à Godefroid des otages qui devinrent les garans de leur fidélité.

Profitant de la terreur que ses armes avaient inspiré, il s'avança vers la Meuse. Le duc de Limbourg en gardait les bords; mais ne se croyant pas assez fort pour lutter contre son ennemi, il abandonna la défense de cette rivière et se retira au fond de ses états. Godefroid ne rencontrant plus d'obstacles, passa la Meuse au-dessus de Maestricht, et dirigea sa marche sur Aix-la-

Chapelle qui lui ouvrit ses portes. Après avoir reçu le serment de fidélité des habitans, il promena sa fureur dans le Limbourg et se vengea des prétentions de Henri en pillant et dévastant les terres de ses sujets.

Accablé par une maladie de langueur qui le conduisait lentement au tombeau, le duc de Brabant confia la tutelle de son fils aîné à Jean de Bierbeke, à Henri de Diest, à Gérard de Wesemale et à Arnoul de Wemmel, seigneurs qui jouissaient de toute sa confiance. Mais cette mesure qu'il croyait propre à éviter des troubles devint précisément la cause d'une guerre funeste. En effet, la famille des Berthold, riche et puissante, fut si jalouse de l'honneur que Godefroid faisait à ces quatre seigneurs en leur donnant la régence, que Gérard et Gauthier, seigneurs de Malines et de Grimberghe, rompirent les liens qui les attachaient au duc et se déclarèrent indépendans.

Succombant enfin à ses maux, Godefroid II mourut le 13 juin 1141, laissant trois fils en bas âge.

GODEFROID III, DUC DE BRABANT.

SIÉGE DE BOUILLON.

Aussitôt que le duc de Brabant fut mort, son fils, Godefroid III, qui n'était âgé que d'un an, lui succéda dans sa dignité, et l'empereur Conrad, son oncle, lui donna la Basse-Lotharingie. Ses quatre tuteurs ne perdirent pas de temps; ils lui firent prêter serment de fidélité par les seigneurs ses vassaux, à l'exception de ceux que les Berthold avaient attirés dans leur parti, qui s'y refusèrent obstinément. Cet incident amena une guerre cruelle qui dura pendant dix-huit années et dont nous commencerons le récit en suivant le cours des événemens qui ont ensanglanté nos contrées.

Henri Ier, dit l'Aveugle, avait quarante ans lorsqu'il hérita du comté de Namur. Tout faisait espérer que ses sujets trouveraient une ère de bonheur sous le gouvernement d'un prince qui avait dû acquérir de la sagesse et de la prudence; mais, loin de là, il n'y eut pas de règne où les peuples souffrirent autant que sous le sien. Il aimait la guerre, et la fit toujours malheureusement. Plus puissant qu'aucun de ses prédécesseurs, il ne se servit de sa puissance que pour se faire autant d'enne-

GODEFROID III.

mis qu'il avait de voisins, et rompit souvent avec eux pour les prétextes les plus frivoles. C'est ainsi, par exemple, que sans aucune raison plausible il s'allia avec Albéron II, évêque de Liége, contre Renauld le Borgne, comte de Bar.

Sept ans auparavant, Renauld s'était emparé de la ville de Bouillon, qu'il gardait sous le prétexte que cette ville lui appartenait en sa qualité de descendant de Mathilde de Toscane. Albéron opposait à ces prétentions la vente que Godefroid de Bouillon en avait fait à l'évêché; mais le comte de Bar traitait Godefroid d'injuste possesseur, et soutenait que la vente était nulle, ou du moins qu'il lui était libre de reprendre l'objet en litige en remboursant le montant de l'achat à l'église de Liége.

Les prétentions du comte n'étaient peut-être pas aussi dénuées de fondement que Chapeauville et Gilles d'Orval ont pu le croire, car le pape lui avait laissé la liberté de soutenir ses droits par la force des armes. Albéron, qui avait fait plusieurs voyages à Rome pour intéresser le Saint Siége en sa faveur, ne l'ignorait pas, mais rebuté de partout, il n'en était pas moins décidé à réclamer ce qu'il croyait devoir lui appartenir et à tenter le sort de la guerre pour faire valoir ses droits.

Ce prélat était revenu à Liége dans cette disposition, plus irrité que jamais contre Renauld qui ne cessait de ravager les terres de l'évêché. Il venait même d'enlever la ville de Fosses par surprise, de la livrer aux flammes et de passer tous les habitans au fil de l'épée. Cet acte de barbarie indigna l'évêque qui résolut d'en tirer une vengeance éclatante. L'occasion ne pouvait être plus favorable. Épuisé par une longue guerre contre l'évêque de Verdun, le comte de Bar manquait d'hommes et d'argent, et telle était sa sécurité qu'il n'avait même pas pensé à faire approvisionner Bouillon.

Albéron qui avait fait en secret tous ses préparatifs et qui s'était assuré du comte de Namur, son parent, se mit en marche le 17 août 1141, avec une armée que quelques écrivains ont fait monter à cent mille hommes de pied et à trois mille chevaux [1]. Il traversa les Ardennes et arriva devant Bouillon, accompagné du comte de Namur. La garnison ne s'attendait point à être assiégée. Elle n'apprit même l'entrée en campagne des Liégeois que par le retour précipité des deux fils du comte de Bar qui, étant sortis pour aller en course, avaient été rencontrés par l'avant-garde et poussés vivement jusqu'aux portes de Bouillon.

La bonté de cette place et la hauteur des remparts firent qu'au lieu de l'attaquer de vive force, on pensa d'abord à l'affamer. A cette fin, les Liégeois conçurent le projet d'emporter un moulin fortifié, le seul d'où les assiégés pouvaient tirer leurs farines. Ce moulin était placé sous le château au milieu de la Semoy dont il défendait le passage, nécessaire d'ailleurs pour arriver au pied des remparts. Cette rivière n'était pas profonde en cet endroit, mais au moyen d'une digue qui la coupait vers le milieu, on avait détourné un volume d'eau suffisant pour le jeu du moulin, et pour rendre le trajet de la rivière assez difficile. Ce fut par l'attaque de cette digue que les assiégeans commencèrent leurs opérations.

Le comte de Namur, dont la bravoure était connue, fut chargé de la conduite de cette attaque. Charmé d'avoir cette occasion de se signaler, il se mit à la tête

---

[1] L'exagération conduit à l'absurdité.

d'une troupe de braves et marcha fièrement à la digue défendue par l'élite des troupes assiégées. Henri ayant été reconnu à la richesse de ses armes, on fit pleuvoir sur lui une grêle de pierres et de traits. Atteint d'une flèche à la cuisse, il fut renversé dans la rivière et se serait noyé, s'il n'avait été promptement secouru.

Soit que sa chute, jointe à l'eau qu'il avait bue, l'eût étourdi, soit qu'emporté par une fureur aveugle il se crût environné d'ennemis, on le vit tout-à-coup sortir de l'eau l'épée à la main et charger ceux qui l'environnaient. Un de ses officiers pensa être tué d'un coup qu'il lui porta. Heureusement son casque le garantit de la rage du comte à qui l'on eut assez de peine à faire comprendre qu'il était au milieu des siens. Rentré dans sa tente, il fit panser sa blessure, retourna au combat, et ne se retira que quand il eut vu la digue entièrement détruite. On ne parvint cependant pas à s'emparer du Moulin.

Les Liégeois qui avaient cru pouvoir prendre le château de Bouillon par famine, manquèrent bientôt eux-mêmes de plusieurs choses nécessaires à la vie, dans un pays où il n'était pas facile de se les procurer. Il y avait trop de monde, et peut-être trop peu de soldats dans cette grande armée. La disette y amena le découragement, et l'on ne jeta bientôt plus les yeux qu'avec effroi sur ces hautes tours si difficiles à aborder. La plupart des assiégeans désespéraient déjà du succès du siége ; et sans la résolution que l'évêque prit de faire venir au camp le corps de saint Lambert, cette entreprise si heureusement commencée courait risque d'échouer. Dès que les assiégeans surent que les reliques du patron de Liége allaient arriver, le courage leur revint et ils se crurent invincibles.

En attendant ce secours, ils ne négligeaient cependant aucun des moyens ordinaires pour accélérer la reddition de la place. Ils construisirent une tour de bois, montée sur des roues, qu'ils espéraient conduire jusqu'au pied du rocher sur lequel la place était bâtie. Ils la revêtirent de peaux de bêtes fraîchement écorchées, pour la garantir du feu, et ils y mirent les meilleurs archers, afin que lançant continuellement des traits, ils pussent balayer les remparts et permettre à l'armée d'en approcher.

Le succès ne répondit pas à la grandeur du travail et à l'espérance qu'on en avait conçue. Dès les premiers efforts les traits se rompirent, et cette lourde machine demeura exposée aux coups des ennemis, qui l'eurent bientôt mise en pièces. Sur ces entrefaites le saint corps arriva au camp avec une escorte nombreuse et une immense quantité de provisions.

Les Liégeois reçurent le corps de leur patron avec des cris d'allégresse, et les assiégés, qui commençaient à manquer de vivres, ne l'apprirent pas sans inquiétude. Il arriva même, à l'un des fils du comte de Bar, un accident que nos crédules aïeux regardèrent comme un effet de la vengeance de saint Lambert. Au moment où les reliques arrivaient, ce jeune seigneur, considérant du haut du château ce qui se passait dans le camp, fut tout-à-coup saisi d'une espèce d'étourdissement qui le fit tomber à la renverse. Il reprit connaissance quelques heures après; et croyant qu'il y avait quelque chose de surnaturel dans cet événement, il assembla les principaux officiers et leur représenta la nécessité de rendre la place. Son frère s'y opposa, et l'on n'obtint de lui que la permission d'envoyer un exprès au comte de Bar pour lui faire connaître l'état dans lequel la place se trouvait.

La maladie du jeune comte devenant tous les jours plus sérieuse, ceux qui lui étaient particulièrement attachés entrèrent dans ses vues et parlèrent encore de capituler ; mais la plupart des autres s'y refusèrent obstinément. Cette diversité de sentimens ayant mis la dissension parmi les assiégés, les Liégeois en furent informés, et en profitèrent. Ils attaquèrent de nouveau le moulin qui fut enlevé et brûlé.

Le siége durait depuis près d'un mois, lorsque, le 17 septembre, jour de la fête de saint Lambert, les assiégeans se déterminèrent à attaquer une tour de bois appelée la tour de Beaumont. Les soldats y coururent à l'envi chargés de matières combustibles ; mais ceux qui la défendaient lancèrent sur eux une si grande quantité de traits et de pierres qu'ils les forcèrent à la retraite. Le comte de Namur se distingua particulièrement dans cette attaque. En grimpant de rochers en rochers, il était parvenu avec un petit nombre de braves à la hauteur de la tour, fort embarrassé de se tirer de là, car la plupart des assaillans s'étaient déjà éloignés des remparts. Sa hardiesse et la bonne contenance qu'il affecta le sauvèrent dans cette occasion. Les soldats qui gardaient la tour, frappés de trouver dans un homme de ce rang une bravoure si téméraire, et craignant de s'exposer aux suites que sa mort pourrait avoir, le prièrent de se retirer et le laissèrent descendre sans l'inquiéter.

Henri de Salm, neveu du comte de Bar, qui était venu au camp des Liégeois, obtint de l'évêque la permission d'entrer dans le château pour y voir le jeune comte, son cousin, dont il avait appris la maladie. Il le trouva dans une fâcheuse position, et la garnison réduite à la dernière extrémité. Il eut pitié de tant de braves gens et se chargea d'en prévenir Renauld. Celui-ci voyant qu'il ne pourrait conserver la place, chargea Henri des articles de la capitulation. La garnison en sortit sans être molestée, et le château et la ville furent remis à l'évêque.

Immédiatement après ce siége, le comte de Namur renouvela les contestations qu'il avait avec Adalbéron, archevêque de Trèves, au sujet de l'abbaye de Saint-Maximin; mais ce prélat, plus prudent que Henri, avait battu ses troupes. Celui-ci n'occupant plus que la ville de Luxembourg, et désespérant d'y rétablir ses affaires, fit sa paix avec Adalbéron et se retira dans ses états.

BATAILLE DE RANSBEECK.

Pendant que les Liégeois assiégeaient Bouillon, les tuteurs de Godefroid III n'épargnaient rien pour consolider la puissance du jeune duc, à qui ils donnèrent le titre de « Godefroid, par la grâce de Dieu, duc de Lor-« raine et de Brabant, troisième héritier de cette di-« gnité et de ce nom. » Les Berthold et leurs adhérens ayant refusé de lui prêter foi et hommage, ils les firent déclarer traîtres à la patrie, et se préparèrent à la guerre.

Bien loin de se laisser prendre au dépourvu, les seigneurs de Grimberghe et de Malines appelèrent leurs

vassaux aux armes, et portèrent le fer et le feu sur les terres des seigneurs qui soutenaient le parti du duc. Les tuteurs ne se sentant pas assez forts pour lutter contre les rebelles appelèrent à leur secours Thierri d'Alsace, comte de Flandre, qui leur envoya quelques troupes. Aidés de ce renfort, ils marchèrent à l'ennemi; mais la victoire, trahissant la cause la plus juste, vint encourager la rébellion. L'armée du jeune Godefroid, beaucoup plus faible que celle des Berthold, fut totalement anéantie (1141).

Ce funeste événement, qui mit le duc à deux doigts de sa perte, força ses tuteurs à redemander des secours au comte de Flandre; mais celui-ci, profitant du désastre de ses alliés pour augmenter sa puissance, ne consentit à leur fournir de nouvelles forces que sous la condition que Godefroid le reconnaîtrait pour son suzerain lorsqu'il serait en majorité. Assaillis de tous côtés par les seigneurs de Grimberghe et de Malines, et par l'insurrection, qui faisait tous les jours des progrès effrayans, ils souscrivirent à cette honteuse condition, et virent bientôt leur parti renforcé par toute la noblesse de la Flandre.

La ville de Bruxelles, assignée pour point de concentration, ne tarda guère à voir arriver dans ses murs une foule de seigneurs qui venaient à la tête de leurs vassaux se ranger sous l'étendard du Brabant. Aussitôt que l'armée fut réunie, elle entra en campagne et débuta par piller et dévaster les terres des seigneurs de Grimberghe et de Malines. Ces derniers, qui avaient de leur côté fait d'immenses préparatifs, marchèrent au-devant des Brabançons, et ils les rencontrèrent dans les plaines de Ransbeeck, près de Vilvorde, à peu de distance des Trois-Fontaines.

Les deux armées restèrent en présence toute la nuit, et le lendemain, au lever du soleil, elles étaient rangées en bataille. Avant d'en venir aux mains, les tuteurs envoyèrent des députés à Gérard et à Gauthier, leur firent proposer des moyens de conciliation, et les engagèrent à remettre la décision de leurs différends à une assemblée de grands qui serait convoquée à cet effet. Mais ceux-ci, blessés dans leur amour-propre, aveuglés par la colère, leur firent répondre que la voie des armes seule pouvait terminer leur querelle, et qu'ils devaient se préparer au combat pour le lendemain.

Décidés à livrer bataille, les tuteurs, sur l'avis du seigneur de Gaesbeeck, firent venir le jeune Godefroid au camp, le mirent dans son berceau qu'ils suspendirent à un saule en présence de toute l'armée, et confièrent ce dépôt sacré à la valeur des Brabançons et des Flamands. La vue de ce noble enfant enthousiasma les chefs et les soldats; ils jurèrent spontanément de mourir pour sa défense, et, sans attendre le signal du combat, ils se précipitèrent sur leurs ennemis, qui soutinrent ce choc impétueux avec la plus rare audace. On combattit des deux côtés avec une fureur égale, et, des deux côtés, on fit des prodiges de valeur. La nuit sépara les combattans; mais, au lever de l'aurore, l'action recommença plus vive et plus terrible. Après trois jours de carnage et de massacres, la victoire favorisa enfin la cause la plus juste. L'armée des rebelles fut culbutée, mise dans une déroute complète, et ses chefs allèrent cacher leur honte dans le château de Grimberghe, qui passait alors pour une forteresse inexpugnable (1141).

Si la défaite des Berthold ne termina pas la guerre, elle les mit du moins dans l'impuissance de tenter rien de sérieux. En effet, ils se bornèrent, depuis lors, à quelques expéditions qui n'eurent d'autre but que le pillage, et qui ne leur rapportèrent que peu de profit et beaucoup de honte.

DÉGRADATION DES MOEURS.

Pendant qu'une partie de la Belgique respirait en paix, l'indolence et la faiblesse d'Albéron II, évêque de Liége, firent plus de mal à ce pays que n'en eût fait une guerre sanglante. Les Liégeois n'étant plus retenus par le frein de la religion et des lois, leurs mœurs se corrompirent et devinrent plus tyranniques que les lois mêmes, car celles-ci sont le produit des circonstances ou de la raison, tandis que celles-là sont nées de la corruption ou de l'habitude.

Au douzième siècle, les mœurs étaient à Liége dans un état complet de dégradation. Là, tout était au prix de l'or. On faisait un infâme trafic des places et des bénéfices; les prêtres vendaient au peuple jusqu'aux secours de la religion qui étaient devenus pour eux des moyens de corruption; et les sommes immenses qu'ils extorquaient à la crédulité du vulgaire servaient à alimenter leurs impudiques débauches, et à enrichir une foule de citoyens de toutes classes qui leur prostituaient jusqu'à leurs femmes et leurs filles. « Le clergé et le
« peuple, dit le père Bouille, le sacré et le profane

« étaient confondus sans distinction et sans retenue ;
« chacun allait impunément où la passion et l'intérêt
« le menait, et les voleurs et les assassins, par bandes
« nombreuses, portaient le trouble et la confusion en
« tous lieux. »

Vers l'an 1143, un terrible incendie dévora une partie de Liége, « et les gens sensés, dit l'historien Bouille,
« regardèrent l'incendie de la ville comme un châtiment
« que Dieu envoyait pour purifier par les flammes les
« excès de ses habitans[1]. »

Pour surcroît de malheur, un orage épouvantable vint encore fondre sur cette ville infortunée et la réduire aux abois. En l'an 1144, vers neuf heures du matin, un nuage couleur de feu couvrit toute l'étendue de cette cité, et parut la menacer d'un embrasement total. Ce phénomène effrayant dura pendant le reste de la journée, et glaça les habitans de crainte et de terreur. Vers le soir, il sembla se dissiper un instant ; mais il fut bientôt remplacé par de sombres nuages qui firent faire au peuple un retour sur lui-même, et qui le persuadèrent que cette nuit fatale était l'instant marqué pour la destruction du monde, qui leur aurait été si souvent annoncée par des prêtres imposteurs. Alors, une pluie abondante et subite vint inonder la terre ; le fluide électrique s'ouvrit un passage à travers les nues qu'il sillonna dans tous les sens ; les craquemens horribles du tonnerre se firent entendre, une grêle épaisse tomba violemment et détruisit les moissons dont la terre était couverte, et un vent impétueux, dans son énergie destructive, déracina les arbres et renversa des maisons. Tout, enfin, dans cette nuit affreuse, sembla

---

[1] Si non è vero, è bene trovato.

menacer la nature d'un bouleversement général.

Les Liégeois effrayés de ce funeste spectacle, se précipitèrent dans les églises, et se placèrent sous la protection de saint Lambert; mais quand l'orage se dissipa, la ferveur se refroidit et ils se plongèrent de nouveau dans la débauche. On les vit alors mêler aux cérémonies du culte des innovations aussi profanes qu'elles étaient scandaleuses. Ils créèrent la *Reine de Pâques ou de la Pentecôte*. « C'est, dit M. Dewez, la
« dénomination que l'on donna à une femme de mau-
« vaise vie qu'on décorait de magnifiques habits de
« pourpre, ayant le visage couvert d'un voile et la tête
« ceinte d'un diadème, et qu'on élevait au milieu de
« l'église sur une espèce de trône; tout le monde,
« les prêtres comme le peuple, chantait pendant la du-
« rée du jour, autour de la reine, à laquelle on avait
« l'air de rendre un culte idolâtre. »

Henri de Leyen, prévôt de Saint-Lambert, ne pouvant supporter plus long-tems l'indolence et la faiblesse de l'évêque au milieu de tant de désordres, entreprit le voyage de Rome et s'en plaignit au pape qui prescrivit au prélat de venir se justifier devant son tribunal. Albéron se mit en mesure d'obéir aux ordres d'Innocent II; mais arrivé à Ortine, il fut attaqué de la fièvre et y mourut en mars 1146.

DEUXIÈME CROISADE.

Baudouin II, cousin de Baudouin Ier, lui succéda d'abord à la souveraineté d'Édesse, et ensuite au royaume de Jérusalem où il fut couronné en l'an 1118. Il combattit les musulmans avec quelque succès ; mais la fortune s'étant lassée de le favoriser, il fut défait et pris dans une bataille. Délivré par Josselin de Courtenay, il régna pacifiquement sur ses sujets, et remit le sceptre à Foulques d'Anjou, son gendre, après un règne de douze ans.

Vers l'an 1138, Thierri d'Alsace, comte de Flandre, prit la croix avec trois cents chevaliers belges et français, et partit pour la Terre-Sainte. Il reprit aux Sarrasins quelques places qu'ils avaient enlevées aux chrétiens, et s'y « comporta si vertueusement et si magni-
« fiquement, dit Oudegherst, que Foucault (Foulques),
« roi de Hierusalem, lui accorda et donna en mariage
« madame Sybille sa fille. » Rentré dans ses états, Thierri les trouva en proie à la guerre civile, et comprima, du moins pour quelque tems, par son énergie et sa sévérité, les partis des Blaumontins et des Ingrekins qui se faisaient une guerre acharnée, et qui promenaient leur fureur d'un bout à l'autre de la Flandre.

Après quarante années de combats et de batailles, les chrétiens s'étaient affermis dans l'Asie, où ils possédaient le royaume de Jérusalem, la principauté d'Antioche, le comté d'Édesse et celui de Tripoly. Baudouin III avait succédé à Foulques, son père ; mais, sous son règne, les princes chrétiens se désunirent et affaiblirent l'état par des troubles intestins. Josselin de Courtenay, comte d'Édesse, aussi lâche et tracassier que son père avait été brave et paisible, déclara la guerre à Raimond de Poitiers, prince d'Antioche, sous les prétextes les plus frivoles. Sanguin, soudan de Missoul, habile à profiter de leurs discordes, vint tout à coup fondre sur le comté d'Édesse et s'en empara par la force des armes. Le soudan ayant été assassiné par ses eunuques, Josselin profita des troubles qui suivirent cet événement pour reprendre sa capitale et une partie de ses états. Il n'en jouit pas long-tems ; le célèbre Noradin, fils et successeur de Sanguin, marcha contre lui, l'attaqua, le défit, lui tua trente mille hommes dans une seule bataille, et le fit lui-même prisonnier. Ce prince efféminé fut conduit à Alep, où il mourut de misère et d'ennui après quelques années de servitude.

Les victoires des musulmans portèrent la terreur parmi les chrétiens. Au lieu de se réunir pour combattre et faire tête à l'orage, ils s'enfuirent de toutes parts et se réfugièrent dans le royaume de Jérusalem qui, malheureusement, était alors gouverné par un enfant et par une femme, incapables d'opposer une digue au torrent dévastateur qui menaçait de tout renverser.

Les succès de Noradin furent un coup de foudre pour le roi de Jérusalem, qui prévit qu'il serait bientôt attaqué lui-même s'il n'appelait l'Europe à son aide. Dans cet état de choses, une députation, partie de cette ville par ses ordres, vint solliciter l'intervention du Saint-Siége, pour obtenir à la nouvelle Sion le secours des chrétiens de l'Occident. Eugène III, qui occupait alors le trône pontifical, consultant plus les intérêts apparens de l'Église que ceux de l'Europe, chargea saint Bernard, abbé de Clairvaux, l'oracle et le flambeau de la chrétienté, de prêcher une nouvelle croisade, et le nomma son légat apostolique dans la Terre-Sainte.

Quelques années avant, le roi de France, Louis le Jeune, s'était emparé de la ville de Vitry, et il avait fait périr dans les flammes treize cents habitans qui s'étaient réfugiés dans une église. Saint Bernard lui reprocha ce crime, éveilla des remords dans son âme, et l'amena par ses exhortations à ne voir que dans une nouvelle croisade le moyen d'effacer la tache qu'il avait imprimée à son nom. Décidé à aller guerroyer dans la Palestine malgré l'abbé Suger, son ministre, qui le lui déconseillait fortement, il convoqua une assemblée à Vezeley, petite ville de Bourgogne, afin d'obtenir l'assentiment de la nation. L'affluence des prélats, des seigneurs et des chevaliers fut la même qu'elle avait été à Clermont cinquante ans avant. Saint Bernard y lut une lettre du pape qui promettait force indulgences à ceux qui prendraient la croix, et prononça un discours remarquable par sa force et par son éloquence, et que nous donnons ici comme un monument des mœurs de l'époque.

« Chrétiens, s'écria-t-il, toute la terre frémit et trem-
« ble en apprenant que Dieu craint de perdre la terre
« qu'il chérit. Sion vous appelle aux armes ; le Seigneur
« veut s'immoler une seconde fois pour vous. La Jéru-
« salem céleste vous ouvre ses portes ; elle attend de
« nouveaux martyrs.

« Ce siècle est un tems de crimes et de châtimens.
« L'infernal ennemi du genre humain répand partout
« le souffle de la corruption ; les brigands lèvent de tous

« côtés leurs têtes impunies; les lois sont impuissantes
« contre le débordement des mœurs; les méchans
« triomphent; l'hérésie usurpe la chaire de la vérité;
« Dieu va maudire son sanctuaire : prêtez donc l'oreille
« à ma voix.

« Hâtez-vous donc d'apaiser le courroux céleste. Il
« ne s'agit plus de vous couvrir du cilice, mais de vos
« boucliers; ce ne sont plus de vains gémissemens qui
« peuvent calmer la colère divine; les travaux, les fa-
« tigues, les périls, la guerre enfin, voilà les expiations
« que Dieu vous demande! lavez vos fautes dans le sang
« des infidèles, et faites éclater votre repentir en déli-
« vrant le tombeau du Seigneur.

« Hésiteriez-vous à prendre les armes si vous appre-
« niez qu'un ennemi féroce a porté le feu dans vos cités,
« la dévastation sur vos terres, enlevé vos filles, ou-
« tragé vos femmes, et profané vos saints temples? Eh
« bien! tous ces malheurs et de plus terribles encore
« tombent sur la ville sainte, sur la famille du Seigneur.
« N'est-elle plus la vôtre? Supporterez-vous en silence
« tant d'outrages? Laisserez-vous les Sarrasins se bai-
« gner dans le sang des chrétiens et se rassasier de leurs
« larmes? Leur exécrable triomphe, douleur éternelle
« des siècles, sera pour vous un immortel opprobre.

« Je vous parle au nom du Dieu tout-puissant. Il châ-
« tiera sévèrement les lâches qui refuseront de le dé-
« fendre. Enflammez-vous donc d'une sainte colère;
« courez aux armes et répétez avec moi ces paroles du
« prophète : *Malheur à celui qui n'ensanglante pas*
« *son épée*[1].

---

[1] On voit, d'après cette citation, que MM. du clergé ont plus d'une corde à leur arc; car tout le monde sait que Jésus-Christ a dit à Saint-Pierre : *Quiconque se servira de l'épée périra par l'épée.*

« Dieu, sans doute, n'aurait pas besoin de vos fai-
« bles bras ; il pourrait d'un seul mot faire apparaître
« douze légions d'anges, et ses ennemis seraient réduits
« en poudre ; mais son ineffable bonté [1] pour vous veut
« confier à vos armes la vengeance de sa gloire et de
« son nom profané. Il vous a donné sa vie ; sacrifiez-
« lui la vôtre, précipitez-vous avec ardeur dans ces il-
« lustres combats où le triomphe promet la gloire, où
« la mort même assure la vie éternelle. Nobles cheva-
« liers, illustres soutiens de la croix, montrez-vous di-
« gnes de vos pères ! Jérusalem conquise a gravé leurs
« noms dans les cieux ; arrachez-vous à un lâche repos ;
« méprisez des biens périssables ; cherchez des palmes
« immortelles, et méritez votre part d'un royaume qui
« n'aura point de fin. »

Ce discours remplit d'un saint enthousiasme tous ceux qui l'entendirent ; ils se jetèrent à genoux les larmes aux yeux, et ils applaudirent aux paroles de l'éloquent ministre des autels par les cris de *Diex el volt!* (Dieu le veut !) la croix ! la croix ! Le roi de France et la reine Éléonore, sa femme, se décorèrent les premiers du signe de la Rédemption, devenu le signal de la guerre et du carnage. Thierri d'Alsace, comte de Flandre, et une foule immense de seigneurs français et belges imitèrent cet exemple. Saint Bernard, après avoir distribué les croix qu'il avait apportées, fut contraint de déchirer ses habits et d'en distribuer les lambeaux pour satisfaire aux désirs impatiens de la multitude. Ainsi, l'Europe soulevée allait encore une fois fondre sur l'Asie, et renouveler cette longue série de crimes et de vertus, de croyances ardentes, de faits héroïques, de souvenirs merveilleux, d'inutiles sacrifices, d'effroyables revers

---

[1] Merci bien de la bonté.

et d'immenses résultats matériels et moraux, scientifiques et politiques. La deuxième croisade allait, comme la première, faire diversion à ce despotisme journalier qui n'engendrait que honte et injustice; car, sans doute, un instinct de liberté entraînait les peuples dans les lieux saints. En se jetant imprudemment à travers les aventures et les dangers, ils espéraient, dit M. Mullié, échanger les chaînes du présent contre les promesses plus riantes de l'avenir.

Saint Bernard ne se contenta pas de prêcher la croisade en France et en Belgique, il se rendit en Allemagne pour y accomplir sa mission, triompha par un prodige d'éloquence de la tiédeur qu'avait d'abord montrée l'empereur Conrad III, et bientôt les états de ce prince se soulevèrent à la voix du saint légat.

Pendant que l'armée royale se concentrait à Metz, celle de l'empereur, composée de plus de cent mille combattans, s'acheminait vers Constantinople; mais elle n'y arriva qu'après avoir éprouvé déjà la perfidie de Manuel Comnène qui régnait alors en Orient. Ce prince, qui craignait plus les croisés que les musulmans, fit secrètement avec ces derniers une trêve de douze années, leur communiqua les plans de Conrad, et envoya même dans la Thrace une armée qui fut chargée de surveiller celle des croisés allemands.

Conrad arriva sans obstacle jusqu'à Philippopolis; mais là, son arrière-garde fut attaquée et ses bagages pillés par les Grecs: il s'en vengea en exterminant les troupes qui s'étaient rendues coupables de cette trahison. L'astucieux Manuel désavoua ses généraux, et sachant que l'empereur Conrad voulait laisser reposer ses troupes sous les murs de Constantinople, il parvint à l'engager à passer de suite le Bosphore, en lui inspirant la crainte de se voir enlever l'honneur de délivrer la Terre-Sainte par Louis le jeune. Trompé par celui qu'il croyait son allié, Conrad franchit le détroit, traverse la Bithynie, la Licaonie et s'égare enfin dans les déserts de la Capadoce. Manquant de vivres, harcelé sans cesse par les musulmans, il échappe à un danger pour tomber dans un autre, et son armée est bientôt assaillie dans son camp par une multitude de barbares. Il leur livre bataille; mais, vaincu, percé de deux flèches, il est forcé de prendre avec ses faibles débris la route de Nicée, où il espérait de trouver un asile.

Les croisés français, qui s'étaient réunis à Metz, formaient une armée aussi considérable que celle de Germanie, et elle avait été renforcée par une foule de seigneurs belges, conduits par Thierri d'Alsace, comte de Flandre, au nombre desquels on distinguait Arnoul, neveu de ce prince, Lambert de Montaigu, Thierri de Dixmude et Henri de Wulfregem. Enthousiasmés de l'éloquence de saint Bernard, ils avaient songé d'abord à le choisir pour chef de la croisade, mais, sur le refus de celui-ci, qui s'était rappelé les désastres de Pierre l'Ermite, ils en avaient chargé le roi de France.

Roger, roi de Sicile et de la Pouille, chargea des ambassadeurs d'aller offrir aux croisés des vaisseaux et des vivres pour les conduire en Palestine; le souvenir des perfidies d'Alexis Comnène devait faire accepter cette proposition avec empressement; mais soit qu'ils fussent trop fiers pour recourir aux services de Roger, soit que les embarras d'une longue navigation les épouvantassent, ils eurent l'imprudence de refuser, et cette première faute eut de funestes résultats.

L'armée étant rassemblée, le roi se mit en marche et n'eut d'abord à lutter que contre la turbulence des grands et l'indiscipline des soldats. Arrivé en Hongrie, un seigneur du pays, nommé Bolric, neveu de l'empereur Manuel, lui proposa de ravir la couronne impériale à son oncle; mais Louis, indigné, le fit arrêter au moment où il cherchait à tenter la cupidité de quelques seigneurs français (1148).

Dès qu'il eut foulé le sol de l'empire d'Orient, il éprouva, comme Conrad, la perfidie de Manuel; les vivres que celui-ci avait promis de fournir n'arrivèrent point, et il fut harcelé dans sa marche par des troupes de brigands soudoyés par l'empereur grec, ce qui ne l'empêcha cependant pas d'arriver sous les murs de Constantinople. Impatient d'achever sa sainte entreprise, Louis passa le détroit, et attendit sur les rives du Bosphore les renforts qui lui arrivaient de France; mais dès qu'il fut éloigné de Byzance, Manuel arrêta les transports de vivres, et, pour exciter la jalousie du roi, il fit répandre le bruit que Conrad venait de remporter de grandes victoires sur les musulmans.

Louis se plaignit hautement de la violation du traité; mais l'empereur, qui ne voyait plus les croisés aux portes de sa capitale, déclara qu'il ne leur fournirait des vivres que quand ils lui auraient prêté foi et hommage. Le roi soumit à un conseil de guerre les exigences de Manuel. L'opinion de l'évêque de Langres fut de ne point se soumettre à cette action qu'il considérait comme une lâcheté, de retourner vers Byzance, de l'enlever, et de détrôner le prince qui trahissait la cause sainte pour laquelle ils avaient pris les armes; mais la plupart des grands s'y opposèrent et déclarèrent qu'ils s'étaient armés pour secourir Jérusalem et non pour renverser Constantinople. Ils fléchirent le genou devant Manuel qui, alors, leur envoya des vivres.

DÉSASTRES DES CROISÉS.

Rien ne retenant plus les chrétiens, ils levèrent le camp et s'enfoncèrent dans l'Asie. Ils trouvèrent près de Nicée le malheureux Conrad dont l'armée était réduite à quelques milliers d'hommes. Les deux souverains s'engagèrent par un serment solennel à accomplir ensemble leur pieux pèlerinage; ce qui n'empêcha pourtant pas l'empereur de se rendre peu de tems après à Constantinople avec les misérables débris de ses troupes. S'avançant néanmoins à travers la Phrygie, les croisés arrivent sur les bords du Méandre où ils trouvent l'armée musulmane décidée à en défendre le passage. Ne consultant que leur courage, ils se jettent dans le fleuve; ils le franchissent malgré la nuée de traits que leur lancent les barbares; ils enfoncent les infidèles et les forcent à se retirer après avoir couvert la terre de leurs morts.

Quoique battus, il restait d'immenses ressources aux Sarrasins. Ils fuient; mais se rassemblant bientôt dans les défilés qui séparent la Phrygie de la Pysidie, ils cherchent l'occasion de surprendre les chrétiens et de venger l'honneur de leurs armes. Elle ne tarde guère à se présenter. Geoffroi de Rançon, qui commande l'avant-garde des croisés, s'empare des hauteurs qui dominent ces défilés, et par une imprudence inconcevable, il en descend pour établir son bivouac dans la plaine. Les Turcs s'en aperçoivent, laissent passer l'avant-garde, occupent les positions que Geoffroi vient d'abandonner, et se mettent en mesure d'écraser l'armée chrétienne dans les gorges profondes qu'elle doit traverser. Elle s'avançait dans une fatale sécurité. Se croyant éclairée par son avant-garde, elle marchait en désordre ; la plupart des soldats avaient jeté leurs armes sur les voitures qui cheminaient au milieu des colonnes. Soudain on voit des troupes sur tous les points culminans ; on s'imagine que ce sont les soldats de Geoffroi ; on entre dans le défilé, et bientôt les Sarrasins se précipitent sur les chrétiens en faisant retentir l'air de hurlemens horribles. Entourés d'ennemis, ils se défendent courageusement ; mais écrasés par des pierres qui tombent sur eux du haut des monts, assaillis de toutes parts, percés de traits, ils ne peuvent plus avancer ni reculer. Tandis qu'une foule de braves succombe sous le cimeterre des musulmans, et qu'un petit nombre d'autres se fait jour à travers l'ennemi l'épée à la main, le roi de France, adossé contre un rocher, voit tomber à ses pieds trente seigneurs qui lui font un rempart de leurs corps. Resté seul, il se défend avec la plus rare intrépidité ; il fait mordre la poussière à ceux qui osent l'attaquer, et se retranche derrière leurs cadavres sanglans. La nuit vint encore ajouter à l'horreur de sa position. Environné de ténèbres, éloigné des siens, il se dispose à vendre chèrement sa vie si les infidèles reviennent à la charge, quand un détachement français, envoyé à sa recherche, vient lui annoncer la retraite des Turcs et le massacre d'une partie de ses troupes. Aussitôt qu'il fut délivré, il rejoignit son avant-garde, à laquelle les débris de l'armée s'étaient déjà réunis.

Après cet épouvantable désastre, Louis reconnaissant lui-même que la valeur est une des moindres qualités que doive posséder un général, se démit lui-même du commandement en chef, en faveur d'un simple chevalier, nommé Gilbert, à qui les croisés adjoignirent Évrard des Barres, grand-maître des Templiers, qui venait de quitter Jérusalem pour courir au-devant des chrétiens avec ses chevaliers.

Ces deux chefs expérimentés s'appliquèrent d'abord à faire régner la discipline dans l'armée, et la conduisirent ensuite sous les murs d'Athalie, où ils espéraient lui donner du repos et des vivres. Mais, loin de là, le gouverneur de cette place, digne lieutenant du perfide Comnène, refusa de leur en ouvrir les portes et leur vendit des munitions de bouche au poids de l'or. Exténués de fatigue, accablés de maladies, en proie aux horreurs de la disette, les croisés sont forcés de s'embarquer pour gagner les côtes de la Cilicie, et de laisser leurs malades et une partie de leurs soldats à la discrétion des Grecs, sous les ordres du comte de Flandre et d'Archambaud de Bourbon.

Le gouverneur d'Athalie s'était engagé à fournir des vaisseaux pour le transport des malades et du reste de l'armée, et il en avait reçu le prix d'avance. Au lieu de tenir sa promesse, il fit connaître aux musulmans la pénible situation dans laquelle ils se trouvaient, et l'on vit bientôt les Turcs assaillir en foule le camp des chrétiens. Ceux-ci résistèrent d'abord avec quelque succès ; mais Archambaud et Thierri d'Alsace ayant sacrifié l'honneur à la crainte, et pris la fuite sur un navire que le gouverneur avait mis à leur disposition, leur départ jeta la consternation parmi les soldats. Sept mille des plus braves, divisés en deux corps, tentèrent de se faire jour à travers l'ennemi et périrent les armes à la main. Le reste devint la proie des musulmans.

Après une navigation de trois semaines, l'armée prit terre dans le port de Saint-Siméon à l'embouchure de l'Oronte. En butte aux attaques des nombreux escadrons turcs, le roi parvint néanmoins à conduire ses troupes devant Antioche ou régnait Raimond de Poitiers, à qui la reine Éléonore inspira un coupable amour. Les intrigues de Raimond et d'Éléonore hâtèrent le départ de Louis. Il enleva sa femme pendant la nuit et prit le chemin de Jérusalem où il fut reçu par Baudouin III avec tous les égards dûs à son rang et au malheur. Il avait perdu, depuis son départ de France, les trois quarts de son armée, qui était réduite à vingt-cinq mille hommes.

L'empereur Conrad, qui arriva également à Solyme, sur ces entrefaites, avec les débris de ses troupes, assista à une assemblée que Baudouin III venait de convoquer à Ptolémaïs. Le siége de Damas y ayant été décidé, les armes réunies de Louis, de l'empereur et du roi de Jérusalem, se dirigèrent vers les sources du Jourdain. Au midi et à l'est, la place était garnie de fossés larges et profonds, et munie de hautes murailles; mais au nord et à l'ouest, elle n'avait pour défense que des retranchemens palissadés auxquels on arrivait par une longue suite de jardins coupés de fossés. La principale force des Turcs occupant ces jardins, les croisés les attaquèrent, les enlevèrent les uns après les autres, et finirent par se loger dans le faubourg.

S'imaginant que la chute de Damas était certaine, les croisés s'en disputèrent la possession. Thierri d'Alsace, comte de Flandre, beau-frère de Baudouin, obtint la majorité des suffrages, et dès ce moment la discorde éclata parmi les seigneurs et les barons. On ne s'entendit plus ; on combattit avec tiédeur ; on attribua à l'intrigue la décision récente prise à l'égard du comte de Flandre, et on lui reprocha même, non sans quelque raison, d'avoir été la cause du massacre des chrétiens devant Athalie, en quittant le commandement qui lui avait été confié, et en les abandonnant au cimeterre des infidèles. Informés des dissensions qui existaient dans le camp des croisés, les Turcs les alimentèrent en y envoyant des émissaires qui, sous le prétexte de parlementer, firent naître la méfiance entre les chrétiens d'Orient et ceux d'Occident. Vingt mille Turcomans, profitant d'un faux mouvement fait par les assiégés, s'étant jetés dans la place, en doublèrent la garnison, et firent perdre aux chrétiens l'espoir de l'enlever. Apprenant ensuite que les sultans d'Alep et de Missoul venaient avec des forces considérables au secours de Damas, ils levèrent le siége, abandonnèrent la Palestine et regagnèrent l'Europe après avoir laissé plus de deux cent mille morts sous le ciel brûlant de l'Asie.

Le retour des croisés ouvrit momentanément les yeux des Français, des Belges et des Allemands : ils se rappelèrent les promesses de saint Bernard. Passant alors de l'enthousiasme à la haine, ils l'accusèrent d'être l'auteur de tant de maux, et le considérèrent comme un imposteur. Il voulut se justifier ; mais sa voix ne fut pas écoutée, et le pape lui-même, en apprenant les désastres de la Palestine, ne put s'empêcher de s'écrier : « Faut-il donc qu'un moine seul décide de si grandes « destinées, et que les princes de la terre ne puissent « diriger leurs conseils et gouverner leurs peuples que « d'après ses ordres ! »

C'est de l'époque des croisades que date l'origine des

armoiries. Les guerriers qui revenaient de la Terre-Sainte, ne manquaient pas de se faire grand honneur de cette expédition, et, pour en réveiller perpétuellement le souvenir, ils plaçaient les bannières sous lesquelles ils avaient combattu dans les endroits les plus apparens de leurs châteaux, comme des monumens de gloire. En s'alliant, les familles se communiquèrent ces signes d'illustration et les fondirent les uns dans les autres. Les dames les brodaient sur leurs meubles, sur leurs habits, sur ceux de leurs époux ; les demoiselles sur ceux de leurs chevaliers ; les guerriers les faisaient peindre sur leurs écus ; mais comme les étendards entiers n'auraient pas pu tenir dans de petits espaces, on abrégeait, pour ainsi dire, la représentation des hauts faits qu'ils devaient retracer à la mémoire. Au lieu du pont que le chevalier avait défendu, on mettait une arche; au lieu de la tour, on mettait un créneau, un heaume au lieu de l'armure complète qu'il avait enlevée à l'ennemi; le fond de l'écusson était ordinairement de la couleur de la bannière primitive, et les domestiques s'en montraient chamarrés dans les cérémonies. Ainsi, on peut dire que le blason a été, dans le principe, une espèce de langue qui faisait reconnaître les droits à l'estime publique et les alliances.

GUERRES FÉODALES.

COMBAT D'ANDENNES.

Pendant que l'Asie dévorait des armées nombreuses, les querelles de seigneur à seigneur continuaient à désoler nos riches contrées. Henri l'Aveugle, comte de Namur, se brouilla avec les comtes de Looz et de Dasbourg et leur fit une guerre acharnée. Ceux de Laroche et de Montaigu y prirent une part active; mais on ne connaît ni les suites ni les motifs de cette guerre; ce que l'on peut assurer, c'est que leurs peuples en soutinrent le fardeau, et en furent les victimes (1148).

L'année suivante, ils suspendirent les hostilités à la sollicitation de Wibalde, abbé de Stavelot; mais après une trève de quelques mois, le comte de Namur s'empara de la terre de Tourine qui appartenait à l'abbaye de Stavelot, et la guerre recommença avec une nouvelle ardeur. Henri de Leyen, évêque de Liége, qui aurait dû réconcilier les esprits, se mit lui-même de la partie, et se joignit au comte de Montaigu contre celui de Namur. Celui-ci, ne consultant que sa fureur, ravagea les terres de l'évêché, et surprit la ville de Ciney qu'il pilla et livra aux flammes. L'évêque s'en vengea en excommuniant Henri et en dévastant, avec le comte de Montaigu, les comtés de Namur et de Laroche (an 1149).

Combat d'Andenne

Sclain

Andenne

Armée Namuroise

Meuse

Ria.

Armée Liégeoise

N

Ces brigandages, car ces guerres ne méritent pas d'autre nom, furent le prélude d'une guerre plus cruelle qui s'éleva entre l'évêque de Liége et le comte de Namur, pour un sujet qui n'aurait eu aucune suite, si les esprits n'avaient été fortement aigris de part et d'autre. Henri avait prêté à l'évêque Albéron II une somme de cent marcs d'argent pendant qu'il assiégeait Bouillon. Il la redemanda à son successeur qui, sans refuser de reconnaître la dette, prétendit qu'une pareille demande ne devait se faire qu'en représentant le billet d'obligation de son prédécesseur. Le comte ne voyant que de la mauvaise foi dans la réponse de l'évêque, fit arrêter et emprisonner deux marchands liégeois amenés à Namur par des affaires de commerce. A cette violence, Henri en ajouta une autre plus propre encore à irriter le prélat. Sachant qu'il était à Hollogne dans une maison de campagne avec peu de monde, il chargea quelques soldats de l'enlever et de le conduire à Namur. Peu s'en fallut que l'entreprise ne réussît au gré de ses souhaits; l'évêque fut arrêté, mais il eut le bonheur de s'évader et de se sauver à Liége.

Cet acte de violence équivalant à une déclaration de guerre, on courut aux armes des deux côtés. Quoique l'on fût au cœur de l'hiver, le comte de Namur marcha sur Huy, et l'évêque, trop irrité pour attendre que son ennemi entrât sur ses terres, s'avança à sa rencontre avec des troupes levées à la hâte. Les armées se joignirent dans la plaine d'Andennes sur la fin du mois de janvier de l'an 1150. Celle de l'évêque était beaucoup plus faible; mais le ressentiment de l'affront fait au prélat, et la présence du corps de saint Lambert que l'on avait amené de Liége, animaient puissamment ceux qui la composaient. Comptant sur leur supériorité, et sur la fleur de la noblesse du pays qu'ils avaient à leur tête, les Namurois ne montraient pas moins d'ardeur : avec de pareilles dispositions on ne tarda guère à en venir aux mains, mais ce fut avec un succès bien différent de ce que les apparences semblaient le promettre.

Aussitôt que les armées furent en présence, on prit de part et d'autre les dispositions nécessaires au combat. Les Liégeois occupaient toute l'étendue de la plaine ; leur droite était appuyée à la Meuse, et leur gauche à la chaîne de montagnes qui se prolonge jusqu'à Liége. Le corps de saint Lambert, gardé par une troupe d'élite, se trouvait au centre et derrière la ligne de bataille. Le comte de Namur ne pouvant étendre son front dans un espace si resserré, plaça une partie de son infanterie en première ligne, et massa le reste au centre en avant de sa cavalerie qui lui devint plutôt nuisible qu'utile. Violemment attaquée par les Liégeois, son infanterie lâcha le pied à la première charge et fut culbutée et mise en déroute. La cavalerie voulut se déployer, mais la plaine était tellement couverte de fuyards qu'elle ne put s'ébranler. Enveloppée de tous côtés par les vainqueurs, elle fit une longue et terrible résistance, et finit enfin par succomber. Quatre cent trente chevaliers et plusieurs centaines de soldats mirent bas les armes et furent faits prisonniers.

Les Liégeois, qui attribuèrent cette victoire à la présence miraculeuse du corps de saint Lambert, se livrèrent aux excès les plus répréhensibles. Ils ruinèrent le pont qui était bâti sur la Meuse en face d'Andennes, pillèrent et brûlèrent cette petite ville et n'épargnèrent pas même le couvent des chanoinesses qui devint la proie d'une soldatesque effrénée.

Après cette malheureuse journée, Henri se retira à

Namur où il chercha les moyens de venger sa défaite, et l'évêque honteux des excès qu'il avait ordonné ou permis, fit rebâtir l'église d'Andennes, et renonça pour lui et pour ses successeurs au droit d'être défrayé par le chapitre lorsqu'il passerait et s'arrêterait dans cet endroit.

Henri de Leyen ayant été appelé en Italie, le comte de Namur reprit les armes et fit des courses sur les terres de l'évêché. Le comte de Duras, maréchal des troupes de Liége, résolu de l'en punir, assembla secrètement autant de troupes qu'il put, et vint mettre le siége devant Namur au moment où l'on s'y attendait le moins. La prévoyance n'était pas la vertu de Henri. Après un blocus de quinze jours, il s'aperçut que tout manquait dans la place et qu'il serait bientôt réduit aux plus tristes extrémités. Il fut assez sage pour demander la paix, et le comte de Duras assez modéré pour l'accorder et se retirer.

GUERRES DE FLANDRE ET DE HAINAUT.

Pour se défendre des insultes continuelles de Thiérri d'Alsace, comte de Flandre, qui ne cessait de ravager le Hainaut, Baudouin IV s'était allié avec les comtes de Saint-Paul et de Boulogne. Au moyen de cette alliance, il put, à son tour, dévaster le territoire de son ennemi, jusqu'à ce qu'une trève vint enfin mettre un terme à des actes de brigandage dont les peuples avaient toujours à souffrir.

En partant pour la Palestine, Thierri avait laissé la régence de Flandre à la comtesse Sibylle, sa femme. Baudouin profitant de l'absence de ce prince, rassembla des troupes et ravagea les environs d'Arras, qu'il parcourut le fer et la flamme à la main. Aussitôt que la comtesse fut informée de la violation de la trève, elle appela les Flamands aux armes, entra dans le Hainaut, et se vengea de la déloyauté de Baudouin par de terribles représailles. A cette nouvelle il abandonna la Flandre et courut défendre ses états. Cette guerre aurait sans doute eu des suites funestes si Samson, archevêque de Rheims, n'eût interposé sa médiation et obtenu de l'un et de l'autre parti une suspension d'armes de six mois.

A son retour de la Terre-Sainte, vers l'an 1150, Thierri voulut faire sentir au comte Baudouin combien il était sensible à l'affront qu'il lui avait fait en maltraitant ses sujets pendant qu'il faisait la guerre aux infidèles. La trève étant finie, il promena sa fureur dans le Hainaut et enleva, d'un coup de main, la petite place de Raucourt, située entre Arleux et Péquencourt; mais il ne la conserva pas long-tems, car Baudouin l'ayant attaquée à l'improviste, la reprit et tua Rasse de Gavre à qui Thierri en avait confié le commandement.

Le comte de Hainaut prévoyant bien qu'il ne pourrait résister à la puissance de Thierri, appela l'évêque de Liége et Henri l'Aveugle à son secours. Renforcé par les troupes de ces princes, il courut au-devant de l'armée flamande, et lui livra bataille, on ne sait quand, ni dans quel endroit. Elle fut meurtrière, et Thierri victorieux força Baudouin à lui demander la paix. Marguerite, veuve de Raoul, comte de Vermandois, et

Laurette, fille du comte de Flandre, furent les gages de cette réconciliation. La première épousa l'héritier du Hainaut et la seconde Henri l'Aveugle, comte de Namur.

Baudouin profitant de la paix qu'il venait de conclure, fit fortifier Binche et le Quesnoy, augmenta les fortifications de Mons, bâtit des châteaux à Raismes et à Bouchain, entoura de murailles cette dernière place, fit élever un palais à Valenciennes, acheta la ville d'Ath de Gilles de Trasegnies, et étendit ses possessions jusqu'à Braine-le-Comte qu'il acheta également. Le nombre d'édifices qu'il fit élever dans ses états lui fit donner le nom d'édificateur.

DESTRUCTION DU CHATEAU DE GRIMBERGHE.

Lorsque Godefroid III, duc de Brabant, eut atteint sa quinzième année, ses tuteurs conçurent le projet de mettre un terme aux longues dissensions qui existaient entre les maisons de Louvain et de Limbourg, en mariant ce prince avec Marguerite, fille de Henri, duc de Limbourg. Celui-ci ne demandant pas mieux, il donna sa fille au jeune duc qui lui apporta en dot l'avouerie de Saint-Trond et le château de Rolduc. Après la mort du père de sa femme, il devait en outre hériter de la moitié de ses états. Cette union, en rapprochant des peuples faits pour s'estimer, augmenta la puissance de Godefroid qui, dès cet instant, fut à même de faire respecter son autorité, et de soumettre ses sujets rebelles, (1155).

Le jeune duc, qui s'était signalé dans plusieurs actions contre les Berthold, et qui avait fait son apprentissage dans la carrière des armes en combattant ses sujets révoltés, voulut enfin mettre un terme à la guerre affreuse qui désolait et ruinait le Brabant depuis plus de dix-huit ans. En l'an 1159, il ordonna aux seigneurs qui lui étaient restés fidèles de venir le joindre à la tête de leurs vassaux. Quand il eut rassemblé des forces imposantes, il courut assiéger le château de Grimberghe que l'on croyait imprenable, et où les Berthold avaient entassé le fruit de leurs brigandages. Après une infinité de combats, et une résistance opiniâtre de la part des assiégés, ce repaire odieux tomba enfin au pouvoir de Godefroid qui, d'abord, le livra aux flammes, et le fit ensuite démanteler. La chute de cette forteresse importante força les seigneurs de Grimberghe et de Malines à se soumettre. Ils demandèrent la paix, et le duc la leur accorda sous la condition qu'ils le reconnaîtraient pour leur souverain et qu'ils lui prêteraient foi et hommage; qu'ils tiendraient leurs possessions du duc à titre de bénéfice; que les cadets passeraient avant les aînés dans la succession des biens situés sur le territoire de Grimberghe, et qu'enfin le château ne pourrait être rebâti, afin que ses ruines soient un munument de la justice des ducs de Brabant.

Thierri d'Alsace se rappelant qu'il n'avait jadis secouru les tuteurs de Godefroid qu'à condition que celui-ci lui ferait hommage de son duché quand il serait en majorité, exigea que le duc exécutât cette promesse. Godefroid ne pouvant s'abaisser jusqu'à cette humiliation, supplia le comte de l'en dispenser; mais le voyant sourd à ses observations, il alla lui-même le trouver dans l'espoir qu'il parviendrait par sa présence à le faire désister de ses prétentions. Désespéré de ne pouvoir vaincre l'obstination de Thierri, ce jeune prince tira son épée et la lui présentant : « Prenez ce fer, dit-il, et me « percez le sein, car je préfère mourir de votre main « que de vous faire hommage de mon duché. » Ce trait de courage et de fermeté désarma le comte de Flandre, qui se contenta de l'hommage de la terre de Termonde qui appartenait au Brabant.

La Belgique respirait enfin après tant d'années de guerres et de troubles, Thierri d'Alsace se disposa à faire un troisième voyage en Palestine où Baudouin III venait d'essuyer des revers. Son fils Philippe ayant épousé Elisabeth de Vermandois, il abdiqua l'autorité en sa faveur, et, accompagné de Sibylle sa femme et de quelques milliers de braves, il partit pour la Terre-Sainte.

Le roi Baudouin, battu par Noradin, paraissait prêt à être renversé du trône quand le comte de Flandre arriva à Jérusalem. Le secours inattendu des croisés belges ranima le courage des chrétiens ; ils marchèrent contre les musulmans, les battirent en plusieurs rencontres et finirent par s'emparer de Césarée. Le sultan de Damas, qui voulut venger la défaite du croissant, traversa rapidement le Liban et chercha à surprendre les défenseurs de la Croix ; mais Thierri, averti de son arrivée, courut au-devant de lui, et anéantit son armée près du lac de Génésareth.

Après ce dernier exploit, Thierri laissa sa femme à Jérusalem où elle prit le voile au couvent de Saint-Lazare, et revint en Flandre recruter de nouveaux soldats, avec lesquels il reprit la route de Judée. Lorsqu'il arriva à Jérusalem, Baudouin III venait de mourir empoisonné, et le sceptre était passé dans les mains d'Amaury, son frère. Il ne fit, cette fois, rien d'extraordinaire en Palestine, si ce n'est qu'il parvint à tirer de captivité le prince d'Antioche qui était tombé au pouvoir de Noradin.

Il revint en Europe en 1165, et se retira à l'abbaye de Guastine. Sentant sa fin approcher, il se fit transporter à Gravelines où il mourut en l'an 1169.

PRISE DE LA FLANDRE ZÉLANDAISE.

A peine Philippe d'Alsace eût-il saisi les rênes du pouvoir, qu'il fut contraint de réprimer la tyrannie de Simon d'Oisy qui ravageait les terres de ses voisins, et rançonnait les marchands qui passaient sur ses terres. Il assiégea le château d'Inchy qui servait de repaire à ce noble brigand, le prit, le brûla et mit ce seigneur hors d'état de continuer le cours de ses brigandages.

Profitant des guerres qui troublaient la Belgique, les Frisons, suivant la coutume de leurs barbares aïeux, infestaient nos côtes à l'aide de bâtimens légers, et, remontant le cours des rivières, ils venaient porter la terreur jusque dans la Flandre et le Brabant septentrional. Touché des plaintes de ses sujets, Philippe fit équiper une flottille, et poursuivit les pirates avec tant de persévérance qu'il en purgea nos parages. Chassés de toutes parts, ils se portèrent en masse du côté de Harlem ; mais les habitans ayant pris les armes, ils les attaquèrent, en tuèrent neuf cents, et dispersèrent le reste.

Florent III, comte de Hollande, avait gagné la confiance de l'empereur Fréderic qui lui avait donné souvent des marques d'affection ; mais de toutes celles qu'il reçut de ce prince, nulle ne lui attira plus de désagrémens et d'ennemis que la permission d'établir un péage à Geervliet, sur la Meuse.

Cette place était située sur le territoire de Putte, et séparée du pays de Voorne par un bras de mer. Ce même passage divisant aussi la Hollande d'avec la Zélande, les environs de Voorne étaient considérés comme placés sous une juridiction particulière, ou faisant partie de la dernière de ces provinces.

Ce nouveau péage incommodait d'autant plus les Flamands que leur commerce croissait tous les jours, et qu'en se rendant en Hollande par Geervliet ils évitaient la douane de Dordrecht. Les Hollandais, de leur côté, commençant à avoir quelques forces navales, une concurrence jalouse les animait contre leurs voisins, et déjà leurs armateurs, qui infestaient l'Océan, avaient causé des pertes considérables au commerce des Flamands. Irrité du tort que ce péage faisait à ses sujets, Philippe d'Alsace fit équiper une flotte militaire et rassembla des troupes de terre pour attaquer les Bataves, ou plutôt pour les chasser de l'Escaut et du pays de Waas qu'ils possédaient alors. Peu de jours lui suffirent pour mettre ce projet à exécution ; pendant que sa flotte pille et disperse les navires hollandais qui naviguaient sur ce fleuve, il entre dans le pays de Waas, enlève le château de Beveren, s'empare de toutes les places fortes, et, après avoir fait prononcer aux barons une sentence qui déclare la Flandre zélandaise confisquée à son profit, il rentre dans ses états chargé d'un immense butin et traînant à sa suite un grand nombre de prisonniers. Florent, qui se disposait à venger cette insulte, avait déjà fait équiper une flotte puissante et s'était allié avec les Frisons, quand des troubles survenus à Groningue le forcèrent à tourner ses armes contre cette ville [1].

BATAILLE DE CARNIÈRES.

Henri l'Aveugle, comte de Namur, devenu vieux, et n'ayant pas d'enfant de Laurette d'Alsace, sa femme, songeait à se choisir un successeur. Ayant vu l'héritier du Hainaut, son neveu, se distinguer dans un tournois à Va-

[1] Oudegherst, et quelques écrivains qui l'ont peut-être copié trop servilement, parlent d'une autre guerre que Philippe d'Alsace eut à soutenir contre Florent III, comte de Hollande, dans laquelle ce dernier fut battu, fait prisonnier, et conduit à Bruges où on le retint jusqu'à ce qu'il eût signé une paix aussi humiliante que désavantageuse pour lui. — En notre qualité de militaires belges, nous avons intérêt à ne passer sous silence aucun fait qui puisse relever l'éclat de notre patrie ; mais notre patriotisme ne descendant pas jusqu'à l'infidélité, nous n'entreprendrons pas le récit de cette guerre démentie par le *Vaderlandsche Historie* de Wagenaar, et par une dissertation profonde de Huidecoper, qui prouve jusqu'à la démonstration que ce récit est un conte fait à plaisir.

lenciennes, il s'était décidé en sa faveur, et l'acte de succession avait été dressé en l'an 1163.

Informé de ce fait, Godefroid III, duc de Brabant, voisin aussi puissant qu'ambitieux, chargea des députés d'aller trouver Henri, et de lui faire connaître que les comtés de Namur et de Luxembourg lui revenaient de droit en sa qualité de duc de la Basse-Lotharingie; mais le comte, qui n'avait rien perdu de son ardeur guerrière, et qui n'était pas homme à se laisser dicter des lois, répondit fièrement aux envoyés du duc « que « les comtes de Namur donnaient des ordres et n'en « recevaient de personne. » Se doutant bien que cette réponse allait lui attirer toutes les forces du Brabant sur les bras, il se mit en mesure de soutenir la guerre et appela à son secours les comtes de Flandre et de Hainaut.

Il n'eut pas besoin de pressantes sollicitations pour engager ce dernier à l'aider dans cette guerre; car Godefroid ayant reçu l'hommage que Hugues, sire d'Enghien, lui avait fait de son château, au préjudice du comte de Hainaut qui regardait ce seigneur comme son vassal, il résolut de profiter de l'occasion qui se présentait pour tirer une vengeance éclatante de la perfidie du sire d'Enghien et de la déloyauté du duc de Brabant; et, à cette fin, il chargea son fils Baudouin d'aller renforcer les troupes du comte de Namur avec un corps de trois mille hommes (1170).

Le pays retentit bientôt du bruit des armes. Le duc de Brabant entra le premier en campagne, et pendant que ses ennemis rassemblaient leurs forces, il courut dévaster leurs terres. L'armée des comtes, dans laquelle on distinguait l'élite de la noblesse flamande, étant réunie, elle s'avança à la rencontre de Godefroid qu'elle trouva en position près de Carnières, village situé sur la Haine, entre Binche et Fontaine-l'Évêque. On ne tarda point à en venir aux mains. Les deux partis se ruèrent l'un contre l'autre avec la plus grande impétuosité. Animés par une fureur aveugle, ils combattirent long-tems sans pouvoir décider la victoire. Godefroid y fit des prodiges de valeur; mais ne pouvant résister aux efforts réitérés du comte de Namur, du jeune Baudouin, de Gauthier et de Gérard de Sotteghem, il fut enfin forcé de céder le terrain et de mettre son salut dans la fuite, laissant plus de deux mille Brabançons étendus sans vie sur le champ de bataille.

Cette victoire, qui ne coûta aux alliés que la perte de cinq chevaliers et de cent soldats, décida des prétentions du duc de Brabant et mit momentanément fin à la guerre.

Quoique Godefroid aspirât après l'instant de venger sa défaite, la politique lui faisait un devoir de cacher ses sentimens jusqu'à ce qu'il eût réparé ses pertes. Il affecta de vivre en paix ; mais il travailla sourdement auprès du duc de Limbourg, son beau-frère, afin de l'engager à se charger de sa querelle, et à faire au comte de Namur tout le mal qu'il pourrait. Le Limbourgeois y consentit, et ne fut malheureusement que trop fidèle à sa parole.

Au commencement de l'an 1171, le duc de Limbourg entra en armes dans le comté de Namur, sans déclaration de guerre, et y mit tout à feu et à sang. Passant ensuite dans le Luxembourg, où il possédait le marquisat d'Arlon qui relevait du comte Henri, il souleva cette province avec tant de promptitude que le comte, qui se trouvait dans les Ardennes, et qui ne s'attendait point à cette aggression déloyale, n'eut que le temps de fuir à toute bride et de se réfugier à Metz. A cette nouvelle, Baudouin V, qui venait d'hériter du Hainaut [1], rassembla à la hâte les troupes avec lesquelles il avait battu les Brabançons à Carnières, et suivi des plus puissans de ses vassaux, au nombre desquels on comptait Jacques d'Avesnes, Rasse de Gavres et Gilles de Saint-Obert, il entra dans le Luxembourg, força les habitans à se soumettre, et assiégea le château de Bretenges où quelques rebelles s'étaient retirés. Il l'attaqua vigoureusement, le prit, le démolit et revint ensuite à Mons couvert de gloire et chargé de butin.

A peine eût-il posé les armes qu'il dut les reprendre de nouveau; car dès qu'il fut rentré dans ses états, le duc de Limbourg recommença le cours de ses brigandages. Alors, unissant ses armes à celles du comte de Namur, Baudouin se vit bientôt à la tête d'une armée que les historiens portent à vingt-trois mille hommes. Il la divisa en trois corps, et tandis que les deux premiers surveillaient les mouvemens du duc de Limbourg, il courut, avec le troisième, ravager les terres de ce prince. La plupart des Limbourgeois en état de porter les armes ayant accompagné le duc à la guerre, le comte de Hainaut ne rencontra aucun obstacle, et peu de jours lui suffirent pour que l'on ne vît plus dans ce pays que des traces d'une affreuse désolation.

Le duc était à Arlon lorsqu'il apprit les terribles représailles que Baudouin exerçait dans le Limbourg. Soudain il expédie des ordres pour concentrer ses troupes qui étaient dispersées dans toute l'étendue du Luxembourg; mais le comte de Hainaut ne lui donne pas le temps de les rassembler. Prompt comme la fou-

---

[1] Baudouin IV, comte de Hainaut, mourut le 8 novembre 1170.

dre, il quitte les rives de la Meuse, s'avance à marches forcées sur Arlon, et paraît devant cette place au moment où le duc l'en croyait bien éloigné.

Baudouin fit d'abord investir la ville, et ensuite il somma le duc de Limbourg d'entrer en accommodement; mais celui-ci, se fiant sur la bonté de ses remparts, lui répondit qu'il ne traitait avec ses ennemis que les armes à la main. Après huit jours de siége, il fut pourtant forcé de changer de ton, car n'attendant aucun secours, et la place manquant de vivres, il ne pouvait espérer de la conserver. Forcé de revenir à des sentimens plus modérés, le duc parlementa, et le comte de Hainaut fut assez généreux pour n'imposer à son ennemi que des conditions équitables. Il se contenta de lui faire payer les frais de la guerre, et de le mettre hors d'état de troubler la tranquillité de ses voisins (1171).

DESTRUCTION DE BRUSTHEM.

Le flambeau de la guerre venait de s'éteindre, mais l'odieuse féodalité ne tarda guère à le rallumer. Les châteaux menaçans dont la Belgique était couverte, les orgueilleux tyrans qui les habitaient et qui n'en sortaient que pour répandre partout l'épouvante et le pillage, opposaient sans cesse à la paix des obstacles insurmontables. En effet, rien ne favorisait tant les révoltes et cette longue série de brigandages que ces châteaux fortifiés. Ils devenaient pour les seigneurs des retraites assurées quand ils étaient hors d'état de tenir la campagne. Souvent, avec une poignée de gens résolus, ils bravaient l'autorité des lois, et pillaient impunément les biens de leurs sujets ou de leurs voisins. C'est ainsi, par exemple, qu'un différend survenu entre Louis, comte de Looz, et Wilric, abbé de Saint-Trond, fut la cause d'une guerre sanglante dans laquelle les Liégeois prirent une part active.

Le comte de Looz possédait la terre de Brusthem; mais l'abbé de Saint-Trond était l'avoué de cette seigneurie dont la souveraineté appartenait à l'église de Liége. Vers l'an 1169, Louis fit entourer ce village de murailles, y éleva un château et y mit garnison. Wilric, qui n'aimait pas d'avoir une place de guerre si près de son abbaye, soutenu, d'ailleurs, par Gilles, comte de Duras, prétendit que le comte de Looz n'avait pas le droit de fortifier Brusthem sans y être autorisé, et exigea que les fortifications fussent démolies. Louis s'y refusa, et l'on courut aux armes. On se fit, de part et d'autre, une guerre acharnée, c'est-à-dire que chaque parti dévasta les terres de ses ennemis, et qu'il leur fit le plus de mal qu'il put. Le comte de Looz étant tombé malade, Gilles de Duras dispersa facilement le peu de troupes qu'il avait sur pied et alla mettre le siége devant Brusthem, qu'il enleva et livra aux flammes. Profitant de la terreur que ce succès avait inspiré à son ennemi, il courut investir Looz où Louis s'était fait transporter; mais craignant que Godefroid, duc de Brabant, qui avait épousé en secondes noces Ismène de Looz, ne vînt au secours de son beau-père, il leva le siége et se retira.

Le comte Louis mourut le 12 août 1171. Gérard, l'aîné de ses fils, qui lui succéda, fit la paix avec le comte de Duras, et la cimenta en lui donnant sa sœur Alix en mariage.

Le comte Gérard voyant sa ville de Looz exposée à devenir la proie de quelque seigneur ambitieux, fit réparer le château de Curenge sur le Démer, et y transféra l'assemblée de ses féodaux. Les sentences de ce tribunal, qui fut appelé *la Salle de Curenge,* ne pouvaient être prononcées qu'en présence du comte de Looz.

A son retour d'une expédition contre son beau-frère Albert, comte de Moha, Gérard tomba malade, et promit, s'il guérissait, de faire le voyage de la Terre-Sainte. Il se rétablit, et, fidèle au vœu qu'il avait fait, il partit pour la Palestine avec le comte de Duras, laissant ses états et sa femme sous la garde de Hugues de Looz, son frère. Mais celui-ci les lui enleva pendant son absence, et il eut même l'impudeur de séduire d'abord, et d'épouser ensuite sa belle-sœur. Profitant de l'éloignement du comte de Duras, il fit relever les fortifications de Brusthem, malgré les réclamations réitérées de l'abbé Wilric. Apprenant bientôt que son frère revenait de la Terre-Sainte, il s'enfuit avec la femme de celui-ci, laissant le comté de Looz à son véritable maître.

Dès que Gérard fut rentré dans ses états, l'abbé de Saint-Trond réclama la démolition du château de Brusthem, et, sur le refus qui lui en fut fait, il s'adressa à Radulphe, évêque de Liége, afin de forcer le comte à se conformer au traité qu'il avait conclu avec Gilles de Duras. Instruit des projets de l'évêque, Gérard marcha sur Tongres, l'enleva par surprise, la pilla et la brûla totalement. Radulphe, furieux, entre en campagne;

il assiége le château de Coëlmont, le prend, le détruit, s'empare de Brusthem, de Looz, de Bilsen qu'il livre aux flammes, parcourt le comté de Looz le fer et le feu à la main, et le livre à la plus affreuse dévastation. Les comtes de Namur et de Juliers, touchés de tant d'horreurs, intercédèrent pour le comte Gérard, et Radulphe lui accorda la paix sous la condition qu'il ne pourrait faire rebâtir les fortifications de Brusthem

PHILIPPE D'ALSACE.

—

Pendant que les petits souverains qui régnaient sur la Belgique s'entre-déchiraient par des guerres continuelles qui décimaient et ruinaient leurs sujets, Philippe d'Alsace, à l'exemple de son père, gouvernait ses états d'une main ferme et vigoureuse, et protégeait le commerce qui, à cette époque, faisait déjà des progrès étonnans dans la Flandre.

Vers l'an 1174, ce prince faisait des préparatifs pour aller au secours des chrétiens de l'Asie, menacés par les Sarrasins, quand un événement qui froissait ses affections particulières le força de suspendre son départ. Robert, prévôt d'Aire, favori de Philippe, homme qui, à beaucoup d'esprit, joignait la plus sordide avarice, fut nommé évêque de Cambrai. Ce prélat s'étant attiré beaucoup d'ennemis pendant la durée de son favoritisme, il sollicita de Baudouin V un sauf-conduit pour pouvoir traverser le Hainaut avec sécurité en se rendant dans son diocèse. Le comte chargea Louis de Frasnes de l'escorter jusqu'à Cambrai. Il se mit en marche; mais en passant par Condé, il fut massacré le 4 octobre 1174, sur le pont de l'Escaut, par des assassins aux gages de Jacques d'Avesnes, seigneur de Condé. Philippe d'Alsace, qui fut outré du meurtre de son favori, s'en vengea en s'emparant de Guise et de toutes les terres que Jacques possédait dans le Vermandois. Baudouin V, également courroucé de ce que ce seigneur avait méconnu son autorité en ôtant la vie à un homme qu'il avait pris sous sa protection, somma le meurtrier de lui remettre le château de Condé. Jacques d'Avesnes s'y étant refusé, le comte de Hainaut lui fit la guerre et exerça d'horribles représailles sur ses sujets. L'archevêque de Reims ayant interposé sa médiation, Jacques se soumit enfin, et remit le château de Condé à Baudouin, qui le fit démanteler.

Rien n'arrêtant plus le départ de Philippe d'Alsace, il assembla à Lille les barons de ses seigneuries, leur fit connaître qu'il allait combattre dans la Palestine, et que, s'il y perdait la vie, il laissait ses états à sa sœur Marguerite, épouse du comte de Hainaut, à qui il confiait la régence de Flandre. Il s'embarqua ensuite avec une armée nombreuse et l'élite de la noblesse flamande, et, après une heureuse traversée, il prit terre à Ptolémaïs, en l'an 1177.

A son arrivée dans la Terre-Sainte, il trouva les affaires des chrétiens en très-mauvais état. Amaury, roi de Jérusalem, était mort, et Baudouin IV, son frère, âgé seulement de dix-sept ans, ne pouvait opposer que son inexpérience et des troupes indisciplinées, au courage et à la valeur des musulmans, dirigés par le célèbre Saladin. A peine eut-il foulé le sol de la Palestine, que le soudan vint l'assaillir. Baudouin et Philippe ne pouvant espérer d'arrêter les hordes mahométanes, se renfermèrent dans Ascalon, où Saladin vint les assiéger. Se croyant sûr de la victoire, il partageait déjà les dépouilles de la Terre-Sainte à ses émirs, quand les chrétiens firent une sortie générale, et attaquèrent son armée avec tant d'impétuosité qu'ils la dispersèrent totalement.

Après cette victoire, Philippe se rendit à Jérusalem, visita le tombeau du Christ, et se rembarqua pour l'Europe. Il rentra dans ses états en l'an 1178.

Philippe d'Alsace et Baudouin V, accompagnés d'une foule de chevaliers belges, assistèrent au couronnement de Philippe-Auguste, qui eut lieu à Reims, le 1er novembre 1179. Quelque temps après, Isabelle de Hainaut, fille du comte Baudouin et nièce du comte de Flandre, ayant épousé le roi de France, Philippe d'Alsace lui donna en dot le comté d'Artois. Ainsi, par cette union, le sang de Charlemagne fut mêlé à celui des Capets, et une province entière fut détachée de la Flandre contre le gré de la population, qui ne voulait pas changer de maître.

La jeunesse du roi rendant une tutelle nécessaire, le comte de Flandre fut déclaré régent du royaume, à l'exclusion de la reine Alix, mère de Philippe-Auguste; mais celle-ci s'étant emparée de l'esprit de son fils, le comte perdit bientôt tout son crédit. Irrité de cette disgrâce, il quitte brusquement la cour de France, rentre dans ses états, rassemble des troupes, et, suivi du cardinal de Reims, du duc de Bourgogne, du comte de Blois, il entre en France, dévaste le pays, enlève Senlis, et porte l'épouvante jusque sous les murs de Paris, où il s'était flatté de planter son étendard. A cette nouvelle, le roi se met à la tête d'une armée réunie à la hâte, marche à la rencontre du comte, rabaisse l'orgueil de ce dernier en le forçant à se retirer et en assiégeant le château de Bove, près d'Amiens. Philippe d'Alsace accourut au secours de cette place et défia le monarque au combat; mais les manœuvres de son souverain l'intimidèrent. Au lieu de livrer bataille, il continua sa retraite si précipitamment qu'elle ressembla à une fuite (1182). Les seigneurs français qui avaient pris le parti du régent s'étant ralliés à celui du roi, le comte de Flandre lui demanda la paix, et il l'obtint, sous la condition qu'il céderait à la France Amiens, le Vermandois et le comté de Sancerre. (Traité de Crépy.)

La reine Isabelle ayant montré beaucoup de prédilection pour les Flamands pendant cette guerre, le roi voulut la répudier; mais l'évêque de Senlis l'en dissuada en lui en démontrant l'injustice, le scandale et le danger.

GUERRE DE HAINAUT.

Godefroid III, duc de Brabant, qui avait eu le tems de réparer les pertes qu'il avait essuyées à Carnières, et qui ne cherchait qu'un prétexte pour recommencer la guerre, s'empara du château de Wanasche, enclavé dans le Brabant, propriété du comte de Hainaut, et y mit garnison. Dès que le comte de Hainaut fut instruit de cette déloyauté, il se mit à la tête d'une troupe de braves, et s'avança jusqu'à Braine-la-Wilote, où il attendit une foule de seigneurs qui vinrent, avec leurs vassaux, se ranger sous ses étendards; puis il enleva le château de Tubise, qui appartenait au duc, et fit fortifier le village de Lembeke, qu'il venait d'acheter de

Gossuin d'Enghien, son vassal. Godefroid n'aimant pas de voir une nouvelle forteresse s'élever sur ses frontières, somma Baudouin de suspendre ces travaux, et sur le refus de ce dernier, il marcha sur Lembeke avec des forces nombreuses. Les armées étaient en présence et la guerre allait sans doute éclater, quand Philippe d'Alsace, qui favorisait secrètement le parti du duc de Brabant, voyant les troupes du Hainaut plus nombreuses que celles de son ennemi, conseilla à Baudouin de consentir à ce que les hostilités fussent suspendues jusqu'au retour du duc, qui avait fait le vœu de visiter la Terre-Sainte; lui promettant d'ailleurs qu'il se rangerait de son côté si, à l'expiration de la trève, Godefroid voulait continuer la guerre. Malgré les pressantes sollicitations du comte de Flandre, son beau-frère, Baudouin s'obstinait à guerroyer, et il ne consentit à la la trève proposée que sur la menace qu'il lui fit de joindre ses armes à celles du duc (1182).

Baudouin, profitant de cet instant de repos, alla trouver à Luxembourg le comte de Namur, son oncle, qui venait de perdre la vue. Charmé de cette marque d'affection, Henri l'Aveugle fit reconnaître le comte de Hainaut pour son successeur, et lui fit prêter le serment de fidélité.

Le trève conclue entre Baudouin et Godefroid devant expirer le 1er août 1185, le comte de Hainaut se rendit à Arras, où Philippe d'Alsace se trouvait momentanément, et réclama le secours qu'il lui avait promis. Ce dernier s'étant engagé dans une guerre contre la France, et soupçonnant son beau-frère de s'être lié avec Philippe-Auguste par un traité secret, l'engagea à faire la paix avec·le duc et à se joindre à lui contre leur ennemi commun. Sourd aux propositions de Philippe, Baudouin rompit brusquement la conférence, et se rendit le 1er août à Tubise, où ses forces venaient de se concentrer. Jacques d'Avesnes, qui arriva au camp le lendemain, conseilla au comte de renouveler la trève, parce qu'il était assuré, disait-il, que Philippe d'Alsace soutiendrait la cause du duc de Brabant. Baudouin ne pouvant espérer de lutter avec succès contre de si puissans ennemis, chargea Jacques d'entrer en négociations avec Godefroid. Il se rendit à Hal, où l'armée de ce prince était réunie ; mais pendant qu'ils étaient en pourparlers, Hellin de Waurin, sénéchal de Flandre, qui venait de joindre les troupes brabançonnes avec un corps nombreux, enleva Lembeke et le réduisit en cendres. Irrité de cette perfidie, Baudouin se disposa à franchir la Senne ; mais il trouva l'armée du duc prête à lui disputer le passage de cette rivière. L'affaire de Lembeke coûta au duc de Brabant, ou à son allié, une perte de trois cent quarante chevaux. Jacques d'Avesnes, qui revint au camp le lendemain, apporta au comte un traité qui suspendait les hostilités pendant deux années. Cette trève fut ratifiée de part et d'autre, et bientôt violée par Godefroid.

La conduite que le comte de Flandre venait de tenir à l'égard de celui de Hainaut ayant fait faire à ce dernier de sérieuses réflexions sur l'instabilité de sa position, il songea à se placer sous la protection du roi de France. Aussitôt qu'il eut conçu ce projet, il se rendit à Paris, et en fit part à Philippe-Auguste, qui fit convoquer une assemblée à Soissons, où un traité d'alliance offensive et défensive fut signé dans l'abbaye de Saint-Médard.

Ce traité exaspéra Philippe d'Alsace. Furieux de ce qu'il appelait la mauvaise foi de son beau-frère, il résolut de lui faire la guerre et d'en tirer une vengeance éclatante. Jacques d'Avesnes, vassal de Baudouin, au lieu de soutenir celui-ci, remit au comte de Flandre les places d'Avesnes, de Leuze et de Landrecies. Non content de s'être rendu coupable de cette perfidie, il entra en armes dans le Hainaut, et poussa la témérité jusqu'à envoyer un cartel à son souverain. Renforcé par les troupes de l'archevêque de Cologne et du duc de Brabant, Philippe d'Alsace plaça un corps considérable en observation sur la frontière de France, et quand il eut achevé ses préparatifs il entra dans le Hainaut à la tête de cinq cents chevaliers, de mille cuirassiers, et de quarante mille hommes d'infanterie.

Pendant que le comte de Flandre ravageait le Cambresis, qu'il incendiait tous les villages, qu'il enlevait et détruisait les châteaux de Solemmes, de Saint-Pitton, de Hausy, et qu'il promenait sa fureur jusqu'auprès du Quesnoy, l'archevêque de Cologne traversait la forêt Charbonnière avec sept cents chevaliers, et le duc de Brabant, violant la trève, brûlait Rœulx, et venait prendre position aux Estinnes avec une armée de quarante mille hommes de toutes armes.

Assailli de toutes parts, Baudouin fut forcé de disséminer ses troupes dans les places fortes, et de se renfermer dans Mons, d'où il vit des torrens de flammes dévorer les villages voisins. Malgré les efforts des assaillans, il conserva pourtant la plupart de ses places fortes; les villes de Binche, de Thuin, de Valenciennes, de Bouchain; les châteaux de Villers, de Lalain, de Raismes, de Bassignies, de Saint-Obert, de Monceau, de Beaufort, de Beaumont, de Solre, de Morlanwez, de Braine, des Escaussinnes et de Tubise, résistèrent aux attaques réitérées des alliés qui, manquant de vivres et contrariés par les rigueurs de la saison, furent contraints de se retirer.

Immédiatement après leur retraite, le comte de Flandre et Jacques d'Avesnes rentrèrent une seconde fois dans le Hainaut et assiégèrent les châteaux de Villers, de Beaufort et de Monceau; mais les troupes qui les gardaient les défendirent avec tant d'intrépidité qu'elles parvinrent à les conserver à leur souverain. Celles à qui le comte avait confié la défense de Ghislenghien n'eurent pas le même bonheur. Attaquées par Rasse de Gavre, seigneur de Grammont, elles succombèrent et la place fut pillée, détruite et réduite en cendres.

Après la retraite de ses ennemis, Baudouin, à qui l'histoire a donné le nom de courageux, ravagea les terres de Jacques d'Avesnes, brûla soixante-douze villages qui lui appartenaient, et enleva Condé. Le roi de France, qui était resté paisible spectateur du désastre de son beau-père, conduisit enfin une armée puissante sur les frontières de la Flandre. Il ne se vengea pas des insultes de Philippe d'Alsace, mais il réussit au moins à lui faire conclure une trêve, dans laquelle le duc de Brabant et Jacques d'Avesnes furent compris, qui suspendit un instant les horreurs de la guerre. Celle qui venait de finir avait duré depuis le 1er novembre jusqu'au 13 décembre, et ce court espace de tems avait suffi pour réduire le Hainaut aux abois.

LE SAC DE GEMBLOUX.

Pendant que Baudouin le Courageux était occupé à réparer les maux de la dernière guerre, et à augmenter les fortifications de la plupart de ses places, le duc de Brabant sentait sa vieille haine se rallumer contre le comte de Namur, et se disposait à envahir les états de ce prince.

Informé des projets de Godefroid, Henri l'Aveugle en prévint de suite le comte de Hainaut son neveu, et s'empressa de lever des troupes dans les comtés de Namur et de Luxembourg. Baudouin ne se fit pas attendre. Il n'eut pas plus tôt appris cette nouvelle, qu'il appela ses vassaux aux armes, partit de Cambrai, où il se trouvait alors, avec trois cents chevaliers et treize[1] mille hommes de pied, et marcha avec tant de diligence que, trois jours après, son armée avait rejoint celle de son oncle qui était composée de deux cents chevaliers et de dix mille fantassins. Ainsi leurs forces réunies s'élevaient à cinq cents chevaliers, suivis de leurs hommes d'armes, et à vingt-trois mille hommes d'infanterie, dont Baudouin prit le commandement.

Après avoir donné un jour de repos à ses troupes, le comte de Hainaut marcha à l'ennemi qui, déjà,

[1] L'historien Delewarde, dit trente mille.

pillait et dévastait les terres situées à l'est et au midi de Gembloux. Quoique l'armée de Godefroid fût aussi nombreuse que celle des deux comtes, il ne crut pas devoir la combattre. Il jeta dans Gembloux le butin qu'il venait de faire, mit une forte garnison dans cette place et se retira en toute hâte.

Au lieu de poursuivre un ennemi qui fuyait lâchement à son approche, Baudouin courut investir Gembloux et poussa le siége avec vigueur ; mais les habitans, réunis aux soldats de leur duc, défendirent si bien leurs remparts, que les assiégeans ne purent enlever la place aussi facilement qu'ils le pensaient. Le comte ayant réussi à y faire une large brèche, il donna l'assaut, et la ville fut emportée après un combat opiniâtre dans lequel la plupart des bourgeois et des soldats furent massacrés, soit sur la brèche, soit dans les maisons où ils s'étaient retirés. Trois mille hommes seulement échappèrent au carnage. L'abbaye restait à enlever ; ceux qui la gardaient se défendirent d'abord avec une extrême vigueur, mais prévoyant ensuite qu'ils ne pourraient résister aux efforts de Baudouin, ils capitulèrent.

Le comte de Hainaut, qui avait des injures à venger, assouvit sa haine pour Godefroid sur cette malheureuse ville. Il fit transporter hors de son enceinte tous les objets qui appartenaient aux Namurois, puis il la livra au pillage et aux flammes. Rien n'échappa à la fureur du soldat.

Après cet horrible exploit, il attaqua Mont-Saint-Guibert qui fut également enlevé d'assaut, pillé et détruit.

BAUDOUIN LE COURAGEUX ET HENRI L'AVEUGLE.

Peu de tems après l'expédition de Gembloux, l'alliance des comtes de Namur et de Hainaut fut rompue, et fit place a des démêlés éclatans qui les rendirent ennemis irréconciliables, et qui replongèrent le comté de Namur dans toutes les horreurs de la guerre.

Nous avons dit que Henri l'Aveugle, n'ayant pas d'enfans de Laurette d'Alsace, sa femme, avait choisi son neveu Baudouin pour son successeur. L'empereur Frédéric ayant donné son approbation à ce choix, le comte de Hainaut crut réellement qu'il possèderait les comtés de Namur et de Luxembourg après la mort de son oncle. Laurette étant morte, Henri, qui espérait encore avoir un héritier, se remaria avec Agnès de Gueldre, jeune princesse dont il avait tout lieu d'attendre des enfans. Tout ce qui restait d'espoir à Baudouin s'était évanoui par ce mariage; mais des événemens inattendus avaient changé la face des choses. Henri et Agnès se séparèrent presque aussitôt qu'ils furent unis. Les uns attribuent la cause de cette séparation aux amours criminelles du comte, et les autres prétendent que la mauvaise conduite d'Agnès fut l'origine de leurs démêlés. Il serait peut-être plus convenable de dire que les deux époux vivaient, chacun de leur côté, de manière à autoriser un divorce éclatant.

Cette séparation venait d'avoir lieu, quand la guerre que le duc de Limbourg fit à Henri mit ce dernier dans la nécessité d'appeler Baudouin à son secours. Les services qu'il en reçut l'engagèrent à choisir une seconde fois le comte de Hainaut pour son successeur. Il persévéra dans ce sentiment aussi long-tems qu'il vécut séparé de sa femme, c'est-à-dire pendant quatre ou cinq années qu'il passa dans la plus crapuleuse débauche. On fit de vains efforts pour engager les deux époux à se réunir ; ils rejetèrent toute proposition de réconciliation, et n'eurent pas même égard aux instances réitérées du pape Alexandre III, qui désirait mettre fin à ce divorce scandaleux. Une maladie grave qu'eut le comte Henri lui ouvrit enfin les yeux. Confus des désordres dans lesquels il croupissait depuis tant d'années, il fit un retour sur lui-même, et pressa Agnès de revenir sous le toit conjugal. Elle y consentit, et une fille qui eut nom Ermesinde, devint le fruit de la réconciliation des deux époux (1187).

Le comte de Hainaut ne put voir sans un dépit extrême le prix de ses services perdu par la naissance de cette enfant, et son chagrin s'accrut encore lorsqu'il apprit que la jeune Ermesinde avait été, presqu'en naissant, fiancée au comte de Champagne, qui était assez puissant pour soutenir, les armes à la main, les droits que cette alliance lui donnait sur les états du comte de Namur. Mais Baudouin ne garda plus de ménagemens quand il sut que Henri avait fait venir son gendre futur à sa cour, et l'avait fait reconnaître pour son successeur.

Le comte de Hainaut, pensant bien que ses plaintes et

l'éclat qu'il pourrait faire n'aboutiraient à rien de solide, avait pris le parti de s'adresser à l'empereur Frédéric, afin d'être maintenu dans son droit de succession éventuelle aux comtés de Namur et de Luxembourg, qu'il prétendait ne pouvoir devenir le partage d'une fille. L'abbé de Saint-Guillain, et Gilbert, secrétaire de Baudouin, furent chargés de cette négociation. On refusa d'abord de les écouter ; mais renvoyés ensuite avec de nouvelles instructions et des présens de grande valeur, ils obtinrent tout ce qu'ils voulurent.

Dès que le comte de Namur apprit la résolution de l'empereur, il prévit bien qu'il ne pourrait s'y opposer, et il prit le parti de traiter lui-même avec son neveu. Il le fit venir à sa cour, et il lui offrit le comté de Namur, à condition qu'il laisserait le comte de Champagne jouir paisiblement du Luxembourg. Baudouin y consentit et le traité fut signé en présence des états du pays, qui s'engagèrent, sous la foi du serment, à recevoir Baudouin pour leur comte après la mort de leur souverain.

L'inconsidération du comte de Namur rendit ce traité inutile. Soit qu'il se repentît de ce qu'il venait de faire en faveur de son neveu, soit que celui-ci n'eût pas pour lui les égards nécessaires, il lui ordonna brusquement de quitter Namur, et il engagea le comte de Champagne à s'y rendre immédiatement avec des troupes. Dès ce moment l'oncle et le neveu furent en guerre ouverte. Le comte de Hainaut sortit de Namur, mais il ne tarda guère de revenir, à la tête d'une armée, assiéger Henri dans sa capitale. La ville n'ayant pas assez de monde pour sa défense, succomba à la première attaque. Elle fut prise d'assaut et livrée au pillage. Cent quarante chevaliers et plusieurs centaines de soldats tombèrent au pouvoir du vainqueur qui les rendit à la liberté après leur avoir fait jurer qu'ils ne serviraient plus le comte de Namur, aussi long-tems qu'il serait en guerre avec celui de Hainaut.

Henri, qui s'était retiré dans le château, se promettait d'y faire une longue résistance ; car cette place passait pour une des plus fortes de la Belgique ; mais Baudouin, sachant que l'on y manquerait bientôt de vivres, se contenta de la bloquer avec une partie de son armée, tandis qu'avec l'autre il attendait de pied ferme le comte de Champagne qui s'avançait au secours de Henri. Quoique vieux et privé de la vue, le comte de Namur fit bonne contenance ; il ordonna plusieurs sorties, et fit jeter du haut des rochers des brandons enflammés sur les assiégeans ; mais ces sorties furent repoussées vigoureusement, et les feux qu'on lança ne servirent qu'à embraser une partie de la ville. Pressés par la faim et surtout par la disette d'eau, les assiégés demandèrent à capituler. Baudouin ne se prévalut pas de l'extrémité où son oncle était réduit, et ne voulut pas lui imposer des conditions trop dures. Son unique but étant d'empêcher que le comte de Champagne n'occupât le château de Namur, il convint avec Henri qu'on le confierait, ainsi que celui de Durbuy, à Roger de Condé, homme-lige des deux comtes, qui ne les remettrait à Baudouin qu'après la mort de Henri. Roger étant absent, Gauthier de Waurin, Otton de Trazegnies et Nicolas de Barbanson furent chargés de la garde du château de Namur, et les seigneurs de Walcourt, de Gourdinne, de Haute-Rive et de Morialmé de celui de Durbuy.

Confiant dans le traité qu'il venait de conclure, Baudouin licencia son armée. Mais soit par trahison, soit par insouciance, les seigneurs à qui on avait confié la garde de la place de Durbuy la laissèrent enlever par des soldats du comte Henri, qui la remit ensuite au comte de Champagne. Ce dernier ayant aussi mis garnison dans la petite ville de Bouvignes, ceux qui défendaient le château de Namur se crurent déliés de leurs sermens et le remirent au comte de Hainaut (1188).

Irrité de ce manque de foi, Baudouin entra en campagne au mois d'août 1188, et courut investir Bouvignes; peu de jours lui suffirent pour renverser une partie des murailles de cette ville. Effrayés de l'ardeur avec laquelle le comte de Hainaut poussait le siége, les assiégés capitulèrent et abandonnèrent la ville. Dès qu'elle fut au pouvoir de Baudouin, il en fit réparer les remparts, l'approvisionna de vivres, et y mit garnison. Il s'empara ensuite de tous les châteaux situés sur les rives de la Meuse, et prit également ceux de Biesme, de Viéville, et l'abbaye de Floreffe.

Quinze jours avaient suffi au comte de Hainaut pour terminer cette campagne; mais au moment où il la croyait finie, il fut obligé de reprendre les armes qu'il avait à peine posées. Lorsque Baudouin eut pris l'abbaye de Floreffe, qui était fortifiée comme toutes celles de ce tems, l'abbé Herman, qui cachait une profonde astuce sous les apparences de la simplicité, avait promis au comte de garder et de défendre le couvent s'il voulait en faire retirer ses troupes, et celui-ci y avai consenti; mais à peine les soldats du Hainaut en furent-ils éloignés, que le perfide abbé en donna connaissance à Henri, qui le fit remettre en état de défense et y mit garnison. Le comte de Hainaut, ne voulant pas laisser des troupes ennemies s'établir dans cette position, d'où elles auraient pu faire des courses sur les terres qui lui étaient soumises, l'investit de nouveau et la reprit après un siége de quelques mois.

TROISIÈME CROISADE.

ÉTAT DE L'ORIENT.

Tandis que Philippe-Auguste faisait la guerre au roi d'Angleterre Henri II, et que les comtes de Hainaut et de Champagne se disputaient les états de Henri l'Aveugle, le monde chrétien, consterné, apprit que l'étendard du croissant flottait sur les remparts de Jérusalem.

Saladin, sultan de Damas et du Caire, après avoir fait massacrer le soudan d'Égypte, et s'être emparé de son trône, avait conçu le projet d'éteindre le royaume de Jérusalem et de rendre aux fils de Mahomet toutes les terres que les chrétiens occupaient dans l'Orient.

Épuisés par une guerre continuelle, affaiblis par des dissensions intestines, suites inévitables de l'anarchie féodale, les chrétiens ne purent opposer que des efforts impuissans et des armées indisciplinées à la valeur et au courage des Sarrasins, dirigés par le plus célèbre des défenseurs de l'islamisme, qui avait commencé par leur enlever la ville de Gaza.

Après la mort d'Amaury, Baudouin IV, âgé de treize ans, était monté sur le trône de Jérusalem, sous la tutelle de Raymond, comte de Tripoli. Atteint de la lèpre, forcé d'abdiquer la couronne et de se soustraire au monde, ce jeune et malheureux prince ne savait où choisir son successeur. Le prince d'Antioche et le comte de Tripoli, qui aspiraient tous deux au trône, entreprirent, par la voie des armes, de le forcer à se décider en leur faveur; mais le roi, indigné de leur conduite, maria sa sœur Sibylle à Gui de Lusignan, à qui il donna les comtés de Jaffa, d'Ascalon et la régence du royaume.

Aussi inconstant qu'il était faible, le roi ne tarda guère à changer de sentiment : il voulut enlever à son beau-frère le gouvernement du royaume, et le donner à Baudouin, fils de sa sœur Sibylle; mais Gui de Lusignan souleva le peuple de Jérusalem, l'attacha à son parti, et parvint à triompher de la volonté du prince. Baudouin et son neveu étant morts peu de tems après, le même peuple donna la couronne à Lusignan, quoique de tous les princes croisés il fût le moins capable de la défendre. Le comte de Tripoli ne pouvant s'opposer à l'avènement de Lusignan, feignit de se soumettre, et, sacrifiant sa patrie et sa religion à son orgueil et à sa vengeance, il trahit la cause des chrétiens, et se vendit secrètement au calife. Se fiant sur les conseils de Raymond, le roi de Jérusalem rassemble une armée de cinquante mille hommes. Soutenu et encouragé par une population assez nombreuse d'Européens établis dans la Palestine et la Phénicie, où ils avaient appelé le commerce des trois parties du monde, il marche contre les musulmans qu'il trouve réunis dans la plaine de Tibériade. La bataille s'engage, mais bientôt le perfide Raymond prend la fuite; Lusignan, croyant que des forces supérieures l'obligeaient à céder le terrain, vole à son secours et se voit tout à coup enveloppé par les Sarrasins. Assailli par des troupes nombreuses, il se défend courageusement, voit tomber à ses pieds les intrépides Templiers, qui lui font un rempart de leurs corps, et ne remet enfin son épée à Saladin que quand son armée est anéantie. Profitant de ce succès, le vainqueur s'empare de Saint-Jean-d'Acre, de Béryte, de Jérusalem, et force la malheureuse Sibylle à lui remettre Ascalon pour tirer Lusignan de servitude. Dès que Saladin fut maître du pays, il fit remplacer la population chrétienne par des colonies de Syriens et de Sarrasins ramassées de toutes parts, et changea les églises en mosquées, à l'exception de celle du Saint-Sépulcre.

Il ne restait plus aux chrétiens que le royaume de Tyr, la principauté d'Antioche et le comté de Tripoli, où le traître Raymond vécut exécré des chrétiens et des musulmans.

LES CROISÉS ALLEMANDS.

La nouvelle de la chute du royaume chrétien de Jérusalem, qui pendant une existence de quarante-huit années avait compté neuf rois descendans de l'immortel Godefroid de Bouillon, porta le coup de la mort au pape Urbain III; et Grégoire VIII, son successeur mourut sans pouvoir réaliser le projet d'une nouvelle croisade. Ce fut le pape Clément III qui le mit à exécution.

Après avoir fait retentir dans l'Italie le cri de détresse des chrétiens d'Orient, Guillaume, archevêque de Tyr, que le pape avait chargé de prêcher la croisade, se rendit en France, et assista à une assemblée tenue près de Gisors par Philippe-Auguste et Henri II, rois de France et d'Angleterre, qu'il détermina, ainsi que tous les princes, chevaliers et barons des deux royaumes, à prendre la croix. Au nombre de ces derniers, on distinguait Richard Cœur de Lion, fils de Henri; Hugues, duc de Bourgogne; Philippe d'Alsace, comte de Flandre; Thibaut, comte de Blois; Henri de Brabant, fils du duc Godefroid; Henri, duc de Limbourg; Gérard, comte de Looz; Otton, comte de Gueldre; Radulphe, évêque de Liége; les seigneurs d'Avesnes, de Traségnies, d'Arlon, de Duras, de Dalhem; Blondel d'Arras, sujet du comte de Flandre, si célèbre par la fidélité qu'il avait vouée au roi Richard, et une foule d'autres chevaliers belges et français. Avant de se séparer, l'assemblée décida que la croix des Français serait rouge, celle des Anglais blanche, celle des Belges verte, et que les princes seraient autorisés à lever un impôt du dixième sur les biens de leurs sujets. Le clergé seul refusa de payer cet impôt, à qui l'on donna le nom de dîme saladine, à cause de la terreur qu'inspirait le conquérant de Jérusalem.

Quelques démêlés entre Philippe-Auguste et Henri suspendirent un instant les préparatifs de départ, qui furent repris avec activité après la mort du dernier de ces monarques, auquel succéda son fils, le fameux Richard Cœur de Lion.

Cependant Guillaume de Tyr s'était rendu en Allemagne, et avait fait prendre la croix à l'empereur Frédéric Barberousse. Une diète avait même été convoquée à Mayence, et le fils de l'empereur, Frédéric, duc de Souabe, Léopold, duc d'Autriche, Herman, marquis de Bade, Berthold, duc de Moravie, le comte de Nassau, et un grand nombre de seigneurs, de barons et de chevaliers suivirent l'exemple de l'empereur, qui avait fait la deuxième croisade avec son oncle Conrad. Guerrier plein de valeur et de prudence, il n'admit sous ses drapeaux que l'élite de la noblesse et de la bourgeoisie, et, se mettant en marche avec une armée de cent mille combattans, il traversa la Hongrie, la Bulgarie, et arriva sans obstacle sur le territoire de l'empire grec, où régnait Isaac l'Ange. Fidèle à la politique astucieuse de ses ancêtres, le faible et perfide Isaac croit pouvoir impunément tendre des piéges à Frédéric; mais celui-ci le réduit bientôt à implorer sa clémence, et lui impose, entre autres conditions, celle de lui fournir des vaisseaux pour passer en Asie.

L'armée allemande avait déjà obtenu de brillans avantages sur les Sarrasins, quand la perte de son intrépide chef la laissa en proie au désespoir. Selon les uns, il termina sa vie dans le Cydnus, et, selon les autres, il fut saisi d'une fièvre violente, et périt après s'être imprudemment baigné dans les eaux glacées de ce fleuve.

Le duc de Souabe prit le commandement des nombreuses milices de Frédéric; mais les Turcs profitèrent de cet instant de trouble pour les attaquer et leur faire éprouver des pertes sensibles. Après avoir essuyé une foule de revers, il parvint enfin à réunir quinze mille hommes d'infanterie et sept mille chevaux, qu'il conduisit devant Ptolemaïs (Saint-Jean-d'Acre).

Gui de Lusignan, et le roi de Tyr, Conrad, fils du marquis de Montferrat, pressaient alors le siége de cette ville, dont Saladin s'était emparé après la fameuse journée de Tibériade. Jacques d'Avesnes, et sept à huit mille Belges que le comte de Flandre avait mis sous son commandement, devançant l'armée de Philippe et de Richard, étaient encore venus grossir celle des assiégeans ; mais Melchou et Caracouh, capitaines aussi braves qu'habiles, défendaient glorieusement Saint-Jean-d'Acre, pendant que Saladin inquiétait les chrétiens à l'extérieur par de fréquentes attaques.

D'autres détachemens de croisés ayant également augmenté l'armée chrétienne, elle se trouva forte de cent mille hommes, et en état de se mesurer avec celle de Saladin, qui s'avançait au secours de la place assiégée. Alors les chrétiens marchèrent à sa rencontre, et telle était leur confiance, qu'ils s'écriaient dans un saint enthousiasme : « Que Dieu reste neutre et la vic- « toire est à nous. » Dès que les deux armées furent en présence, elles préludèrent à une bataille générale par des combats particuliers dont les deux partis s'attribuèrent l'avantage. L'action s'engage enfin : les troupes qui formaient l'aile droite des croisés enfoncent la gauche des Turcs, la culbutent et s'emparent même de la colline sur laquelle était la tente de Saladin ; mais voyant leur aile gauche mise en déroute par la droite de l'ennemi, elles se replient en toute hâte et volent à son secours. Ce mouvement rétrograde sauva les musulmans d'une ruine inévitable. Profitant de ce moment de repos, Saladin rallie ses soldats, attaque les croisés avec une nouvelle ardeur, les enfonce, les disperse, et en fait un carnage épouvantable. Dix mille chrétiens perdirent la vie dans cette journée sanglante, et le grand-maître des Templiers, qui tomba vivant au pouvoir de l'ennemi, fut décapité par ordre du soudan.

Saladin était victorieux, mais les pertes qu'il avait faites ne lui permettant pas de poursuivre les chrétiens, il se retira et les laissa continuer tranquillement le siége de Ptolemaïs.

PRISE DE PTOLEMAIS.

Avant de partir pour la Terre-Sainte, Philippe-Auguste avait pris l'oriflamme à Saint-Denis, reçu des moines de cette abbaye le manteau, la calebasse et le bourdon de pèlerin, et, revêtu de ces pieux insignes, il s'était rendu à Vezeley, petite ville de Bourgogne, désignée pour lieu de concentration. De là les Français et les Belges avaient pris la route de Gênes, et les Anglais celle de Marseille, où ils s'étaient embarqués.

Les deux armées se réunirent à Messine, où Philippe et Richard s'étaient donné rendez-vous. Une querelle qui survint alors entre eux, montre dans tout son jour leur haineuse rivalité, l'orgueilleuse audace du monarque anglais et le sang-froid calculé du roi de France. On parvint cependant à les réconcilier. Philippe quitta la Sicile le premier, et alla débarquer près de Saint-

Jean-d'Acre, dont le siége durait depuis deux ans.

Affaiblis par des combats journaliers et par des travaux excessifs, décimés par des maladies contagieuses, les croisés étaient en proie aux plus vives alarmes, quand l'arrivée des Français et des Belges vint ranimer leur courage abattu, et leur donner l'espoir de se rendre enfin maîtres de la place. Aussitôt que Philippe-Auguste fut débarqué, il prit le commandement du siége, le poussa avec une extrême vigueur, fit élever de nouveaux retranchemens, et construire de hautes tours en bois, revêtues d'argile et couvertes de peaux fraîches, à l'aide desquelles il espérait pouvoir éloigner des remparts ceux qui les défendaient. On mit les tours en mouvement ; mais quand elles approchèrent des murailles, les Sarrasins lancèrent sur elles une si grande quantité de feu grégeois, qu'elles furent totalement incendiées. Profitant ensuite de la stupéfaction où cet événement mettait les assiégés, les Turcs sortirent impétueusement de la place, attaquèrent les chrétiens, les repoussèrent, en firent un grand carnage et détruisirent tous leurs travaux.

Bien loin de décourager le roi de France, ce désastre augmenta son énergie. Il fit recommencer les travaux, reconstruire de nouvelles machines, et opposa tant d'audace et de persévérance aux efforts des musulmans, qu'il les contraignit à se renfermer dans leurs murs, combla leurs fossés, et parvint à ouvrir une large brèche. Il pouvait alors essayer d'emporter la ville ; mais fidèle à la parole qu'il avait donnée à Richard, il résolut de l'attendre pour donner un assaut décisif.

En sortant du port de Messine, une tempête horrible avait dispersé la flotte de ce monarque, et trois de ses vaisseaux s'étaient échoués sur les côtes de

Chypre. Il ne rejoignit les autres croisés sous les murs de Ptolemaïs qu'après avoir tiré une vengeance éclatante du faible Isaac Comnène, qui s'était opposé au débarquement de l'armée anglaise devant Limisso, et qu'après avoir conquis le royaume de Chypre, fait Isaac prisonnier et l'avoir couvert de chaînes d'or pour le distinguer des autres esclaves. Ainsi l'orgueilleux Richard, non content d'avoir ravi la couronne à cet infortuné prince, insultait encore à son malheur.

La discorde régnait dans le camp des chrétiens, lorsque le roi d'Angleterre y arriva. Le but de la croisade était la délivrance de Jérusalem; mais le trône légitime de cet empire demeurant vacant par la mort de Sibylle, femme de Gui de Lusignan, la succession était l'objet des prétentions de plusieurs princes, et les droits de chacun des prétendans étaient soutenus par un parti. Le roi de France, les Génois et les Templiers se déclarèrent en faveur du roi de Tyr; Conrad de de Monferrat, le roi d'Angleterre, les Belges, les Hospitaliers et les Pisans épousèrent la cause de Guy de Lusignan. La mort de Philippe d'Alsace, comte de Flandre, qui eut lieu sur ces entrefaites[1], et la conquête du royaume de Chypre, vinrent encore alimenter la discorde qui régnait entre Philippe-Auguste et Richard, et rendre plus violentes la haine et la jalousie qu'ils ressentaient l'un pour l'autre. Le premier exigeait qu'en vertu de leurs conventions, le prince anglais lui remît la moitié de sa conquête; et le second voulait que le roi de France lui cédât la moitié des trésors du comte de Flandre, sur lesquels il avait fait main-basse.

Ces dissensions étaient favorables aux assiégés; mais

---

[1] 1er Juin 1191.

privés de secours, ils ne pouvaient espérer de prolonger long-tems encore une résistance qui durait depuis près de deux ans. Après une maladie qui mit leurs jours en danger, Richard et Philippe se réconcilièrent enfin, et décidèrent d'ajourner leurs différends jusqu'à la fin du siége. Ils convinrent en outre, qu'en attendant cette époque ils dirigeraient tour à tour les attaques contre la ville, tandis que l'un d'eux s'opposerait à celles de Saladin.

Dès que la discorde eut cessé de régner parmi les croisés, ils livrèrent à la place un assaut général, où l'on déploya de part et d'autre beaucoup de courage et d'opiniâtreté. Les chrétiens firent des efforts inouis pour pénétrer dans la place ; mais ne pouvant résister à la violence du feu grégeois que les Sarrasins lançaient sur eux du haut des remparts, ils se retirèrent en désordre. Peu de jours après, une tour, nommée la Tour maudite, minée par les assiégeans, s'étant écroulée avec un horrible fracas et ouvert une nouvelle brèche, les deux émirs qui commandaient la place, perdant l'espoir de la conserver à leur maître, demandèrent à capituler et à sortir de la ville avec armes et bagages.

Les princes croisés, espérant de recouvrer Jérusalem, refusèrent toute capitulation si les musulmans ne s'engageaient à leur remettre la ville sainte, la croix du Sauveur, et s'ils ne leur rendaient tous les chrétiens qu'ils tenaient en captivité. Melchou et Karacouh, n'osant prendre sur eux de rendre la place à de semblables conditions, demandèrent une suspension d'armes, afin de pouvoir soumettre ces exigences à Saladin. Une trève de trois jours leur fut accordée ; mais le soudan refusa de souscrire à ce traité humiliant, et prévint ses deux lieutenans qu'il attaquerait le camp des croisés pendant la nuit, afin de donner à la garnison de Saint-Jean-d'Acre la facilité de sortir par la brèche à la faveur de l'obscurité, pendant le combat, et de se faire jour à travers l'ennemi.

Dès que la nuit eut couvert la terre de ses ombres, l'armée musulmane, qui s'était approchée en silence, se précipita sur le camp, et les assiégés tentèrent de sortir par la brèche; mais les croisés, prévenus de cette attaque par un espion chrétien, se défendirent avec tant d'intrépidité, qu'après les plus grands efforts et des pertes considérables, Saladin fut forcé de se retirer, et la garnison contrainte de rentrer dans la place.

Après cette tentative inutile, Saint-Jean-d'Acre fut enfin rendue aux croisés, qui épargnèrent les jours des vaincus, moyennant la restitution de la sainte croix, et la délivrance de mille captifs; mais l'hésitation que les Sarrasins apportèrent à l'exécution de la capitulation, coûta la vie à plus de cinq mille de leurs soldats, que Richard fit massacrer; mesure trop rigoureuse à laquelle l'armée chrétienne fut loin d'applaudir, et dont elle rejeta l'horrible sur celui qui l'avait ordonnée.

Cependant le roi d'Angleterre affectait une suprématie qui blessait la plupart des chefs. Philippe-Auguste, déjà aigri par un outrage public que ce prince venait de faire au duc d'Autriche, et ne pouvant plus supporter l'orgueil et la hauteur de son rival, s'embarqua pour revenir en Europe, laissant à l'armée des croisés dix mille hommes d'infanterie et cinq cents chevaux, sous le commandement du duc de Bourgogne.

Le départ du roi de France fut le signal de la fin de cette croisade. Richard remporta encore quelques succès éclatans sur les Turcs, mais ils n'eurent aucun résultat. Par un traité conclu avec Saladin, il convint de marier sa sœur Mathilde avec Malek-Adel, frère du soudan, sous la condition qu'il lui donnerait en apanage la ville de Jérusalem et quelques autres places de la Judée. Quoique ce traité fût avantageux aux chrétiens, le clergé s'y opposa, et il n'eut aucune suite. Il tenta vainement de marcher sur Jérusalem. Assailli par des armées nombreuses et par une population entière, il ne franchissait un obstacle que pour en rencontrer un nouveau. Arrivé près de la forêt de Saron, il trouva l'armée musulmane en mesure de lui disputer le passage du torrent d'Arsur. Aussitôt que Richard vit les dispositions de Saladin, il fit déployer ses masses. Les Anglais, les Français et les Allemands furent rangés en bataille sur une seule ligne, et les Belges, les Frisons et les Danois, sous le commandement de Jacques d'Avesnes, reçurent l'ordre de commencer l'attaque. Deux fois ils se précipitèrent sur les Sarrasins, et deux fois ils furent repoussés en désordre. Furieux de ne pouvoir enfoncer les infidèles, l'intrépide Jacques rallie ses soldats, les forme en colonne, se met à leur tête, et retourne à la charge avec une nouvelle audace. Les Turcs ne peuvent résister à cette attaque impétueuse ; ils hésitent, ils chancellent, et déjà ils s'apprêtent à lâcher le pied, quand le cimeterre d'un soldat de Saladin enlève une jambe au brave d'Avesnes. Son sang qui ruisselle abondamment ne l'effraye point ; il s'élance au milieu des bataillons ennemis, et tombe percé de coups en s'écriant : « Richard, viens venger ma mort ! » La vengeance que ce vaillant guerrier demandait à grands cris fut terrible. Les chrétiens en fureur se précipitèrent sur les mécréans, les enfoncèrent de toutes parts, en firent un affreux carnage, et les forcèrent à se réfugier dans la forêt.

Cette bataille fut la dernière de la troisième croisade, où les Belges signalèrent leur valeur. Une trêve de trois ans et huit mois fut conclue, et les portes de la ville sainte furent ouvertes aux chrétiens pendant toute sa durée. Gui de Lusignan obtint le royaume de Chypre en dédommagement de celui de Jérusalem qu'il avait perdu.

LA CHEVALERIE.

La chevalerie fut instituée pour la défense de l'état, de la religion, des femmes et des opprimés, et ce nom lui fut donné parce que ceux qui étaient revêtus de cette dignité militaire combattaient à cheval et s'appelaient chevaliers. Elle eut une grande influence sur la civilisation et l'état social, et elle mérite à plusieurs égards l'attention du philosophe et de l'historien.

On prétend qu'au sixième siècle le roi Artus institua les chevaliers de la table ronde; on a aussi beaucoup parlé des prétendus paladins, ou des douze pairs de Charlemagne, célébrés par l'archevêque Turpin, ou plutôt par un auteur anonyme du onzième siècle; mais tout cela est aujourd'hui relégué au rang des fables.

La chevalerie, considérée comme une dignité militaire qui se conférait par une espèce d'investiture, accompagnée de certaines cérémonies et d'un serment solennel, est née de l'anarchie féodale, au commencement du onzième siècle. Elle fut instituée pour réprimer les violences et les rapines des seigneurs; elle avait sa racine dans les mœurs primitives des Germains, modifiées par leurs mélanges avec les mœurs romaines et par l'introduction du christianisme.

Quand le gouvernement féodal s'établit, il divisa

TEMPLIER.

l'empire des Francs en une multitude de fiefs plus ou moins indépendans, malgré la foi et hommage. Chaque seigneur tint dans son château une petite cour; il eut des gardes et des officiers; il donna à son épouse des dames d'honneur; ses vassaux lui firent de fréquentes visites, et prirent ces manières respectueuses et galantes qu'on appela courtoisie.

A la fin du dixième siècle, la féodalité régna sans rivale, et la maison carlovingienne tomba du trône. Alors toute l'Europe fut en proie à l'anarchie; les propriétaires des fiefs étaient devenus souverains dans leurs domaines; chacun d'eux habitait une forteresse défendue par une garnison; il commandait à une bande de sept à huit cents hommes; il attaquait fréquemment ses voisins, et le vainqueur s'emparait du château, de la femme et des trésors du vaincu. Plus de sûreté sur les grands chemins, plus de communications entre les provinces : si quelque marchand osait voyager d'une ville à l'autre, chaque possesseur d'un donjon le rançonnait sur la route. Les châteaux servaient de magasin aux marchandises pillées, et de prison aux femmes ravies. Enfin, comme chacun était tour à tour oppresseur et opprimé, on s'accorda pour mettre un terme à cet affreux brigandage, que la Paix de Dieu même n'avait pu faire cesser; mais l'autorité souveraine était sans force; il n'y avait point de loi commune, et il fallait suppléer à la loi par une institution.

Les grands seigneurs ayant le plus à perdre et le moins à convoiter, s'engagèrent les premiers à rétablir la paix publique. Les vassaux et arrière-vassaux imitèrent cet exemple : tous jurèrent de défendre la religion, les dames et les opprimés. Cette association, conforme dans son origine à l'esprit du tems, respira la dévotion, la valeur et la galanterie. Des usages réglèrent le noviciat, la réception, les devoirs, les exercices, les priviléges et les châtimens des chevaliers.

On n'obtenait ce titre qu'à certaines conditions, et après diverses épreuves : il fallait être noble de père et de mère; on exigeait au moins trois générations; dès que l'enfant avait atteint l'âge de sept ans, on l'envoyait dans le château de quelque seigneur pour exercer les fonctions de page, varlet ou damoiseau. Un page était un véritable domestique, qui accompagnait ses maîtres, les servait à table et leur versait à boire. Il était élevé par les femmes, qui lui enseignaient en même tems le catéchisme et l'art d'aimer. Il se formait aux grâces extérieures, et s'essayait à lancer la pierre et le javelot. A quatorze ans, il sortait hors de page et montait au rang d'écuyer; alors il était chargé du service principal de la maison, et surtout du soin des armes et des chevaux. Il suivait son maître à la guerre; les jours de combats, il se tenait derrière lui, toujours prêt à lui donner au besoin un nouveau cheval ou de nouvelles armes, à parer les coups qu'on lui portait, et à recevoir les prisonniers.

Des jeux pénibles où le corps acquérait la souplesse, l'agilité et la vigueur nécessaires dans les combats; des courses de bagues, de chevaux et de lances étaient les occupations continuelles des écuyers; ils apprenaient à courir et à sauter couverts d'une cuirasse pesante, à franchir des palissades, à jeter une barre de fer, à joûter contre une figure mobile représentant un chevalier armé. Tantôt ils escaladaient une forteresse d'argile ou de gazon, et tantôt ils formaient deux troupes, dont l'une défendait un passage ou un pont que l'autre tâchait de forcer.

A ces rudes travaux l'amour venait mêler ses premières douceurs : chaque jouvencel faisait choix d'une maîtresse, à laquelle, comme à l'Être Suprême, il rapportait tous ses sentimens et toutes ses actions ; rien ne devait éteindre dans son cœur cette flamme sacrée.

On ne devenait chevalier qu'à vingt-un ans : le récipiendaire jeûnait, se confessait et communiait ; ses parrains et celui qui devait l'armer chevalier dînaient gaiement à la même table. Pour lui, vêtu d'une tunique blanche, il était seul à une table séparée, où il ne pouvait ni rire, ni parler, ni manger ; il passait la nuit tout armé dans une chapelle : c'était ce qu'on appelait la veillée des armes. Le lendemain, après s'être baigné, il entrait dans l'église avec son épée pendue au cou ; il la présentait au prêtre qui la bénissait ; ensuite, il allait, les mains jointes, se mettre à genoux devant celui qui devait l'armer. Là, il jurait de n'épargner ni sang ni biens pour la défense de la religion, du souverain, de la patrie, des orphelins ; d'obéir à ses supérieurs, de vivre en bon frère avec ses égaux, d'être courtois envers tout le monde, de maintenir sous ses bannières l'ordre et la discipline, de n'accepter aucune pension d'un prince étranger, et de ne jamais manquer à sa parole. Ce serment prêté, ses parrains lui chaussaient les éperons dorés, le revêtaient d'une cotte de mailles, d'une cuirasse, de brassarts, de cuissarts, de gantelets, et enfin ils lui ceignaient l'épée. Quand il était revêtu de son armure, celui qui devait lui conférer la chevalerie lui donnait l'accolade, en prononçant ces paroles : « Au nom de Dieu, de saint « Michel et de saint George, je te crée chevalier ; sois « preux, hardi et loyal. » L'accolade était d'ordinaire trois coups de plat d'épée sur le cou ou sur l'épaule, et d'autres fois un coup de la paume de la main sur la joue. Le nouveau chevalier prenait le heaume (le casque), l'écu (le bouclier), et la lance, montait à cheval et caracolait en faisant brandir sa lance et flamboyer son épée. La cérémonie se terminait par un festin et par un tournoi, dont le peuple faisait les frais ; car les seigneurs des fiefs imposaient une taxe sur leurs vassaux pour les jours où ils armaient leurs enfans chevaliers.

En tems de guerre, la chevalerie se conférait d'une manière plus expéditive : on présentait son épée à celui qui devait donner l'accolade : il ne fallait pas d'autre cérémonial. Les jeunes chevaliers allaient perfectionner leur éducation dans les pays lointains; tous les châteaux leur étaient ouverts, et lorsque ces héros vagabonds rencontraient un autre chevalier dans leurs courses, ils le forçaient à coups d'épée d'avouer que leur dame était la plus belle.

Les chevaliers composaient presque toute la cavalerie des armées : ils combattaient sur un seul rang, et ils avaient leurs écuyers derrière eux ; ils supportaient tout le poids de la guerre. Également propres à combattre à cheval et à pied, ils affrontaient l'ennemi en pleine campagne et faisaient et soutenaient des siéges. Les autres corps de milice, sans instruction, mal aguerris, avides de pillage, n'étaient bons qu'à rendre la retraite fatale, ou à souiller la victoire. La chevalerie elle-même ignorait la tactique et connaissait peu la discipline ; elle avait plus de valeur que de prudence, et songeait moins à servir l'état qu'à s'illustrer par des exploits particuliers.

On doit cet éloge à la chevalerie, qu'elle porta la politesse dans les camps, et l'humanité dans les horreurs de la guerre : égorger un ennemi désarmé ou renversé eût été une infamie. Les prisonniers étaient traités avec douceur et comblés d'attentions et d'égards; ils devaient racheter leur liberté; mais souvent ils la recevaient de la générosité du vainqueur. Les combats étaient suivis d'une promotion de chevaliers, qui excitait une vive émulation et enfantait des prodiges.

Le tems des croisades fut l'époque la plus brillante de la chevalerie; ces expéditions donnèrent une nouvelle ardeur au fanatisme de la guerre, de la religion et de l'amour. Les croisades donnèrent naissance à plusieurs ordres à la fois religieux et militaires, qui furent comme une nouvelle chevalerie dans la chevalerie même. Les trois plus fameux sont connus sous les noms d'Hospitalier, de Templier et de Teutonique.

Tant que les chevaliers étaient fidèles à leurs sermens on les comblait de dignités; mais autant on leur donnait de prérogatives honorables, autant on flétrissait ceux qui s'avilissaient par quelque lâcheté ou quelque bassesse : on les dégradait. Le chevalier condamné à la dégradation était d'abord conduit sur un échafaud, où l'on brisait et foulait aux pieds toutes ses armes: en même tems, son écu, dont on avait effacé le blason, était suspendu à la queue d'un cheval et traîné dans la boue; les exécuteurs prononçaient des injures atroces contre le coupable; des prêtres, après avoir récité les vigiles des morts, prononçaient des malédictions sur sa tête. Trois fois on demandait son nom, trois fois on le nommait, et toujours le héraut disait que ce n'était pas le nom de celui qui était devant ses yeux, puisqu'il ne voyait en lui qu'un traître déloyal et foi mentie. Aussitôt, il lui jetait de l'eau chaude sur la tête, comme pour effacer le sacré caractère conféré par l'accolade; alors on le tirait en bas de l'échafaud par une corde passée sous ses bras; on le mettait sur une claie, couvert d'un drap mortuaire, et dans cette situation on le portait à l'église, où l'on récitait sur lui les mêmes prières que sur les morts. Les enfans et descendans du chevalier dégradé étaient déclarés indignes de paraître à la cour et à l'armée, sous peine d'être dépouillés et battus de verges.

Telle fut la chevalerie, dont les idées exagérées de l'honneur et du devoir ont été le principe de grandes vertus et d'actions éclatantes qui ont fait briller trois siècles dans la nuit du moyen âge.

HENRI LE GUERROYEUR.

Godefroid III étant mort en l'an 1190, son fils, Henri Ier, dit le Guerroyeur, lui succéda au duché de Brabant. Aussitôt qu'il eut saisi les rênes du pouvoir, il chercha à rétablir en Belgique l'autorité que les empereurs et les ducs de Lothier y avaient autrefois, et, pour y parvenir, il voulut élever son frère Albert à l'évêché de Liége, vacant par la mort de Radulphe, empoisonné à Fribourg, le 5 août 1191, à son retour de la Terre-Sainte. Albert obtint les suffrages du clergé, de la noblesse et du peuple, et il n'y eut que six chanoines qui donnèrent leur voix à Albert de Rethel, prévôt de Saint-Lambert, à la persuasion du comte de Hainaut, qui craignait que le duc de Brabant ne devînt trop puissant, si son frère était élevé à la dignité d'évêque de Liége.

Jaloux de la puissance de Henri le Guerroyeur, et craignant d'ailleurs de compromettre sa dignité en confirmant l'élection d'Albert de Rethel, dont la conduite n'était rien moins qu'honorable, l'empereur prêta l'oreille aux adroites insinuations de Thierri, comte de Hostade, qui s'intéressait vivement en faveur de son frère Lothaire, Chanoine de Saint-Lambert et prévôt de l'église de Bonn, et se détermina à favoriser ce dernier. Voulant cependant cacher son projet, et paraître agir consciencieusement, il prescrivit aux deux concurrens de se trouver le 1er février 1191 à Aix-la-Chapelle, où il leur ferait connaître ses intentions. Ils s'y trouvèrent au jour déterminé; mais Albert de Rethel ayant appris que l'empereur avait reçu de Lothaire trois mille marcs d'argent, et soupçonnant que la décision qu'il allait prendre serait favorable à un candidat dont les titres étaient démontrés par une éloquence si pressante, il aima mieux se rallier au parti d'Albert de Louvain, et supplia lui-même Henri VI de confirmer par son autorité l'élection canonique de son compétiteur.

L'empereur, qui fut d'abord étonné de ce changement, lui répondit ensuite, que quand il y avait divergence d'opinions dans une élection, il avait le droit de nommer à l'évêché celui qu'il en jugeait digne, et qu'il le donnait à Lothaire. Cet acte de violence révolta le clergé. Albert de Louvain, sans se laisser intimider par la présence du prince, protesta contre sa décision, et lui déclara sur-le-champ que son élection étant canonique, il n'avait pas le pouvoir de la détruire, et qu'il en appelait au Saint-Siége.

Lothaire prit incontinent possession de l'évêché, et Albert, résolu d'aller lui-même implorer la protection du souverain pontife, se mit en route, accompagné par quelques amis fidèles. Aussitôt que l'empereur en fut instruit, il envoya des émissaires dans toutes les villes d'Italie, afin de l'empêcher d'arriver à Rome; mais le courageux évêque sut déjouer toutes leurs intrigues, et réussit à faire ce périlleux trajet sous le costume d'un palfrenier.

Il se présenta sous cet habit à Célestin III, qui occupait alors le trône pontifical, lui raconta l'injustice dont il était victime, les périls auxquels il avait échappé, et lui demanda justice : elle ne se fit point attendre. Le pape confirma solennellement son élection, et comme Albert n'était point revêtu des ordres sacrés, il le fit diacre, le créa cardinal, et chargea les archevêques de Reims et de Cologne de procéder à son sacre.

Dès qu'Albert fut de retour en Belgique, l'empereur donna l'ordre au duc de Brabant de l'expulser de ses états. Henri fut contraint d'obéir, et Albert alla chercher un refuge chez son oncle, le duc de Limbourg. Il notifia à l'archevêque de Cologne le bref du pape qui le chargeait de l'ordonner prêtre; mais celui-ci, craignant la colère de Henri VI, prétexta une indisposition qui l'empêchait d'obéir aux ordres du souverain pontife. Guillaume, archevêque de Reims, beaucoup moins pusillanime, lui conféra l'ordre de la prêtrise et le sacra évêque, malgré les menaces de l'empereur (1192).

Cette nouvelle irrita tellement l'implacable Henri VI, qu'il se rendit immédiatement à Liége, fit raser les maisons de tous les partisans d'Albert, et donna l'ordre au duc de Brabant de venir l'y trouver. Dès qu'il fut arrivé, il lui prescrivit de déclarer nulle l'élection de son frère, et de prêter foi et hommage à Lothaire, en sa qualité d'évêque de Liége. Le duc, qui ne pouvait se décider à se soumettre à cet ordre humiliant, demanda qu'un délai lui fût accordé, et l'impérieux monarque lui ordonna de se décider avant la fin du jour. Entouré d'ennemis, Henri ne savait à quoi se résoudre, quand il apprit que l'empereur avait résolu de le faire périr, s'il n'obéissait aveuglément à ses ordres tyranniques. Sentant enfin que la résistance était inutile, il fléchit le genou devant Lothaire [1].

---

[1] Quand le duc Henri entra dans le palais de l'empereur pour faire sa

ASSASSINAT D'ALBERT DE LOUVAIN.

Abandonné par son frère et par son oncle, ne se croyant point en sûreté dans la ville de Limbourg, où il avait fixé sa résidence, le malheureux Albert se retira à Reims, où il vécut, avec quelques chanoines qui partageaient son exil, dans un état voisin de l'indigence. Il supporta toujours son infortune avec la plus grande résignation ; on l'entendit même un jour dire à ceux qui plaignaient son sort : « Il me reste encore « ce qu'il me faut ; car l'empereur ne pourra me dis- « puter ma part de terre pour m'enterrer. »

La vengeance d'Henri VI n'était cependant point assouvie. Croyant n'avoir rien fait pour son protégé tant qu'Albert existerait, il tint conseil avec Lothaire, Hugues de Worms et Thierri de Hostade, dans l'église de Saint-Servais, à Maestricht, et ils se décidèrent à recourir au crime, pour se débarrasser du vertueux prélat.

Trois officiers allemands se chargèrent de l'exécution

---

soumission, il était nuit. Il trouva sur son passage une multitude de gardes, tenant en main des flambeaux allumés qu'ils brandirent violemment au-dessus de sa tête. « Eh ! leur dit-il, n'est-ce donc pas assez que votre maître m'ait « brûlé le cœur, faut-il que vous me brûliez encore la tête ? »

de cet arrêt odieux. Ils se rendirent à Reims, suivis de quelques assassins à leurs gages, se présentèrent à Albert, et lui dirent qu'étant bannis du territoire de l'empire, pour un crime involontaire qu'ils avaient commis sur la personne de l'échanson de Henri, ils venaient le supplier de les admettre au nombre de ses gens. Le prélat ne calculait jamais et ne réfléchissait pas davantage quand il s'agissait de faire une bonne action : il eût sans doute dû se méfier de tout ce qui venait de la cour de l'empereur ; mais la charité l'emportant chez lui sur la défiance, il rejeta les soupçons des personnes qui lui étaient le plus attachées, et reçut ces étrangers dans sa maison.

Ne voyant dans ces prétendus exilés que des compagnons d'infortune, il les admit dans son intimité, les reçut à sa table, et leur donna toute sa confiance. Tous les jours ils l'accompagnaient à l'église, à la promenade, et paraissaient avoir tant de respect et de déférence pour lui, qu'ils détruisirent jusqu'à l'ombre d'un soupçon. Un soir qu'ils le croyaient en prière dans une église, ils l'attendirent à la porte, dans le dessein de le massacrer à l'instant où il en sortirait : le hasard voulut qu'il n'y vint pas ce soir-là. Un chanoine, qui les vit dans l'obscurité, leur demanda ce qui pouvait les arrêter dans ce lieu à une heure aussi avancée, et ils répondirent qu'ils attendaient l'évêque pour le reconduire au logis. Sachant qu'ils avaient l'habitude de le suivre partout, il ne conçut aucun soupçon, et leur dit même qu'une indisposition l'avait empêché de se rendre au temple comme il avait coutume de le faire.

Ils épiaient depuis plus de deux mois un instant propice pour lui ôter la vie, lorsqu'il se présenta. Sachant qu'Albert aimait à faire une promenade à cheval après

son dîner, ils vinrent le trouver un jour, et lui proposèrent de l'accompagner hors de la ville : il y consentit, et ils sortirent ensemble par la porte Saint-Nicaise, suivis de leurs écuyers, d'un chanoine et d'un domestique de l'évêque. C'était le 21 novembre 1192. Le prélat voyant leurs chevaux chargés de lourds porte-manteaux, leur en demanda la raison : ils répondirent « qu'ils atten-
« daient des messagers de leur pays qui leur appor-
« taient des effets ; qu'ils allaient à leur rencontre, et
« qu'ils leur remettraient ceux qui étaient dans leurs
« valises. » L'évêque se laissa prendre à ce piége grossier, et chevaucha au milieu d'eux sans défiance. La nuit approchant, et le chanoine s'apercevant que l'heure où Albert finissait sa promenade était passée, il lui conseilla de regagner Reims. Les assassins saisirent cet instant pour commettre le meurtre qu'ils méditaient depuis long-tems. Ils mettent le glaive en main, renversent le domestique d'un coup d'épée, se jettent tous les six sur le prélat, le percent de coups, l'étendent sans vie à leurs pieds, et se sauvent ensuite à travers les champs, prenant la direction de Verdun, où ils arrivent le lendemain.

Deux chanoines qui n'avaient pas suivis l'évêque dans son excursion, ne le voyant pas rentrer à l'heure où il avait l'habitude de le faire, s'inquiétèrent de sa longue absence. Ils montèrent à cheval et suivirent en toute hâte la route qu'il avait prise : ils entendirent de loin le bruit des armes, pressèrent les flancs de leurs coursiers, et arrivèrent enfin à l'endroit où le crime venait d'être commis, au moment où les meurtriers prenaient la fuite. Là, ils virent le saint évêque privé de la vie, le chanoine fondant en larmes sur son cadavre ensanglanté, et le valet fidèle oubliant ses souffrances pour pleurer la mort de son vertueux maître.

Dès que le peuple eut connaissance de cet odieux forfait, il se rendit en foule sur les lieux, releva les membres épars du saint homme et les rapporta à Reims, où ils furent exposés aux yeux des fidèles, et enterrés ensuite dans l'église métropolitaine.

Cependant Thomas de Marbais, chanoine de Saint-Lambert, qui avait suivi l'évêque sur la terre d'exil, s'empara des vêtemens ensanglantés du prélat, et vint en Belgique les présenter au duc de Brabant, comme pour lui reprocher la part indirecte qu'il avait prise au meurtre de son frère en l'abandonnant à la merci de ses persécuteurs. A l'aspect de cette sanglante dépouille, Henri donna des marques d'une vive douleur ; il fondit en larmes, s'accusa lui-même d'avoir commis un fratricide, et, passant tout à coup de l'affliction à la fureur, il jura qu'il ne prendrait aucun repos, jusqu'à ce qu'il eût vengé la mort du malheureux Albert.

Aussitôt qu'on apprit à Liége la fin tragique du prélat, le peuple indigné se souleva, et l'infâme Lothaire prit le parti de se retirer dans le château de Huy, pour se soustraire à la fureur publique. Baudouin de Hainaut vint l'y trouver ; mais les cris de réprobation qu'il entendait de toutes parts lui desillèrent les yeux : il abandonna son indigne protégé au sort qu'il s'était créé lui-même, et le laissa aller cacher sa honte et ses remords à la cour de l'empereur, où il arriva suivi de la malédiction des gens de bien. Peu de tems après, il se rendit à Rome, pour implorer la miséricorde du souverain pontife, qu'il obtint sous la condition qu'il renoncerait aux droits qu'il pouvait avoir à l'évêché de Liége.

Pendant ces derniers événemens, le duc Henri, tout

entier à ses projets de vengeance, avait appelé les Brabançons aux armes. Secondé par les troupes du duc de Limbourg et par celles des archevêques de Cologne et de Mayence, il entra dans le comté de Hostade qu'il mit à feu et à sang. Alarmé d'un soulèvement si prompt, l'empereur fit convoquer une diète à Coblentz, où tous les princes de l'empire se rendirent. On y décida que Lothaire, Hugues de Worms, le comte de Hostade et les assassins d'Albert seraient bannis à perpétuité, et que pour fléchir la justice divine et désavouer le meurtre de ce dernier, Henri VI ferait élever deux monumens expiatoires dans l'église de Saint-Lambert. Il permit en outre au duc Henri et au clergé de Liége de nommer de concert un évêque de leur choix.

Les opinions furent encore partagées dans l'élection du nouvel évêque. Une partie du clergé éleva à cette dignité Simon de Limbourg, et l'autre l'archidiacre Albert de Cuick. Le pape confirma l'élection du dernier, qui déshonora l'épiscopat par une sordide avarice, et qui, d'un autre côté, se rendit célèbre par les libertés et les franchises qu'il accorda aux Liégeois; libertés qui donnèrent naissance au proverbe fameux : « Pauvre homme en sa maison est roi. »

C'est sous son épiscopat que la houille fut découverte. Un maréchal nommé Hullos se plaignant un jour à un vieillard anglais qu'il ne pouvait gagner sa vie à cause de l'excessive cherté du bois, celui-ci lui répondit qu'il pouvait facilement se passer de ce combustible. « Allez, « lui dit-il, sur le Publémont, montagne des Moines, « vous y trouverez une terre noire qui brûle mieux que « le bois, et qui vous sera très-avantageuse. » Il s'y rendit en effet, ramassa de la terre et des pierres de cette couleur, les mit au feu, et vit avec le plus grand étonnement qu'elles s'embrasaient parfaitement. Le charbon de terre, qui était connu en Angleterre depuis l'an 1145, ayant été découvert en Belgique par Hullos, le maréchal, on lui donna le nom de houille, en basse latinité *hulla*.

BATAILLE DE NEUVILLE.

En l'an 1190, pendant la troisième croisade, Baudouin le Courageux avait fait la paix avec Henri l'Aveugle, et ils étaient convenus que le comte de Hainaut conserverait Namur ainsi que toutes les places fortifiées; que la justice serait exercée en son nom, et que Henri garderait, jusqu'à sa mort, les villes ouvertes et les villages où il n'y avait pas de château. Cette paix frustrant le comte de Champagne de la riche dot qu'il attendait de la jeune Ermésinde, il renonça à cette alliance, et Henri donna sa fille à Thibaut I, comte de Bar (année 1192).

Tandis que l'on ne croyait Henri l'Aveugle occupé dans le Luxembourg qu'à conserver à sa fille et à son gendre le reste de ses états, il travaillait sous main à susciter partout des ennemis au comte de Hainaut, et à former une ligue des seigneurs les plus puissans de la Belgique pour recouvrer son comté de Namur. Ces négociations ne purent pourtant pas être si secrètes que

Baudouin n'en fût averti. Aussi, sut-il bientôt que les ducs de Brabant et de Limbourg, les comtes de Hollande, de Juiliers, de Dasbourg et de Viauden faisaient partie de la ligue ourdie par son oncle, et se préparaient secrètement à la guerre.

Baudouin, qui venait d'hériter du comté de Flandre par la mort de Philippe d'Alsace, son beau-frère, était dans ses nouvelles possessions occupé à réprimer les prétentions de Thierri VII, comte de Hollande, qui voulait se délivrer de la suzeraineté de la Flandre sur les îles situées à l'est de l'Escaut, quand il apprit que la plupart des seigneurs de la Belgique allaient lui tomber sur les bras. Soudain, il fait un appel à tous ses vassaux de la Flandre, de Namur et du Hainaut, reçoit sous ses drapeaux quelques seigneurs français, et court à la rencontre de ses ennemis qu'il trouve réunis, à la fin de juillet 1194, près du village de Neuville, sur la petite rivière de Méhaigne.

Les armées qui étaient à peu près d'égale force, en vinrent aux mains le 1er août, aussitôt que le jour parut. On se battit de part et d'autre avec un acharnement incroyable; mais après avoir disputé la victoire aussi long-tems qu'ils le purent, il fallut que les confédérés la cédassent à Baudouin, aussi brave et plus heureux qu'eux. Ils voulurent en vain passer la Méhaigne, ils furent culbutés dans cette rivière, taillés en pièces ou mis dans une déroute complète. Le duc de Limbourg, ses deux fils et cent dix-huit chevaliers furent faits prisonniers et conduits au château de Namur.

Après cette victoire, le comte se préparait à entrer dans le Brabant, lorsque l'empereur, qui avait déjà fait diverses tentatives pour réconcilier ces princes, saisit encore cette occasion de ménager entre eux un accommodement. Un château près de Hal fut choisi pour traiter cette grande affaire. On y convint, après bien des discussions, que le comte Henri resterait en possession du comté de Namur aussi long-tems qu'il vivrait; mais que Baudouin occuperait le château, et que le duc de Limbourg et ses deux fils seraient relâchés sans rançon. A l'égard du duc de Brabant qui refusait d'investir le comte de Hainaut de la seigneurie d'Alost, on arrêta que cette investiture aurait lieu, et que ce prince recevrait à foi et hommage ou Baudouin lui-même, ou celui de ses enfans à qui il cèderait ce droit. Ce traité, qui fut signé le 20 août 1194, mit fin à la guerre.

Baudouin le Courageux ne survécut guère au traité de Hal. Il mourut à Mons le 21 décembre 1195, après avoir assuré à sa maison le comté de Namur, mais sans en avoir jamais été véritablement le possesseur. Henri l'Aveugle mourut également l'année suivante. Le premier de ces princes laissa trois fils : Baudouin, l'aîné, hérita de la Flandre et du Hainaut; Philippe le Noble, le second, du comté de Namur, sous la suzeraineté du Hainaut, et Henri, le troisième, eut en partage des terres considérables sans souveraineté. Il ne resta à Ermésinde, fille de Henri l'Aveugle et femme du comte de Bar, que le comté de Luxembourg.

VICTOIRE DE HEUSDEN.

Baudouin, évêque d'Utrecht, étant mort en l'an 1196, Thierri d'Are, prévôt de Maestricht, fut élevé à l'Épiscopat. Le grand mobile du genre humain et surtout de la plupart des princes, l'intérêt, engagea Otton, comte de Gueldre, et Thierri VII, comte de Hollande, qui se faisaient une guerre active, à suspendre le cours de leurs démêlés, et à se réunir pour renverser la puissance temporelle du nouvel évêque.

Utrecht avait souvent eu des prélats guerriers, mais telle fut la nature de leur administration, qu'en même tems qu'elle était dirigée par des hommes à qui il ne restait que le soin de s'agrandir, à qui la religion donnait un empire étonnant sur l'esprit des empereurs et des peuples, ces avantages se détruisaient par les inconvéniens d'une élection toujours turbulente, d'un règne ordinairement court, et par un engouement apathique qu'un gouvernement sacerdotal répand dans l'âme de ceux qui y sont soumis. Sans ces vices radicaux, les évêques d'Utrecht seraient devenus les seuls souverains de la Hollande. Quoiqu'il en soit, le prélat voulant remplacer le vide que les guerres précédentes avaient laissé dans la caisse de l'évêché, il se crut autorisé à lever quelques revenus dans la Frise. Guillaume surprit l'évêque dans un couvent à Staveren, l'enleva, et le conduisit prisonnier à Oosterzée. Il n'y resta pas long-tems, quelques laïques et quelques moines s'imaginant que l'Être Suprême ne manquerait pas de changer l'ordre de la nature pour punir un tel sacrilège, forcèrent pieusement les portes de la prison et rendirent le prélat à la liberté.

Sa délivrance fut le signal de la guerre. Otton se jeta sur l'Overyssel et se rendit maître de Deventer, tandis que Thierri courut mettre le siége devant Utrecht. Dans cette extrémité, l'évêque eut recours à Henri le Guerroyeur qui, en sa qualité de duc de Lothier, prit le parti du prélat et somma les deux comtes d'évacuer le territoire de l'évêché. Thierri s'y refusa et Otton obéit; mais comme il se mettait en route pour aller se plaindre près de l'empereur, il fut enlevé par un détachement de Brabançons qui le conduisit captif à Louvain.

Aussitôt que le comte de Hollande fut instruit de ce funeste événement, il leva le siége d'Utrecht, pénétra dans le Brabant et courut attaquer la ville de Bois-le-Duc que Godefroid III avait bâtie en 1184. Guillaume de Perwez et Henri de Cuick qui la défendaient ne purent résister aux efforts multipliés du comte Guillaume. Elle fut enlevée d'assaut le 7 septembre 1196, et détruite de fond en comble. Après ce succès, il dévaste tout le Brabant septentrional, prend et pille la ville de Thiel, et va, chargé de butin, prendre position dans les environs de Heusden, traînant à sa suite les prisonniers qu'il avait faits à Bois-le-Duc.

Le duc Henri ayant appelé ses vassaux aux armes, et demandé des renforts au duc de Limbourg, à l'évêque de Liége, et à l'archevêque de Cologne, se préparait à entrer en campagne quand le comte de Flandre vint le joindre avec une armée levée à la hâte. Dès que leurs forces furent réunies, ils marchèrent à l'ennemi, et firent tant de diligence que le comte de Hollande, surpris, n'eut pas le tems de ranger ses troupes en bataille. Attaqués vivement par l'armée alliée, les Hollandais ne purent soutenir le premier choc. Ils furent enfoncés, mis en fuite, et totalement dispersés. Guillaume, qui se retira dans Heusden, essaya vainement de défendre cette place. Quelques jours de siége suffirent pour le forcer à capituler et à se rendre à discrétion.

Pendant que le duc de Brabant conduisait à Louvain le comte de Hollande, et qu'il lui faisait partager les fers d'Otton, l'évêque d'Utrecht reprenait Deventer, envahissait et pillait le comté de Zutphen. La paix se fit enfin. Les deux comtes prêtèrent foi et hommage à Henri, promirent de le servir envers et contre tous, lui payèrent quatre mille cinq cents marcs d'argent, pour frais de la guerre, et furent rendus à la liberté (1197).

QUATRIÈME CROISADE.

Le vaste empire de Saladin était en proie aux divisions depuis la mort de ce conquérant. Ses fils et ses lieutenans s'en disputaient les débris, et Malek-Adel, frère de l'usurpateur de Jérusalem, usurpait lui-même, sur ses neveux, la Mésopotamie et l'Égypte. Au bruit de ces dissensions, le successeur de Grégoire VIII, Célestin III, que l'infructueuse issue de la troisième croisade avait profondément affligé, lorsqu'à peine il s'élevait à la chaire de Saint-Pierre, songea à relever les états chrétiens de l'Asie ; mais les démêlés de Philippe-Auguste et de Richard paralysant le zèle religieux des sujets de ces deux princes, il tourna ses regards vers la Belgique et l'Allemagne, et prescrivit aux évêques de ces contrées de prêcher une nouvelle croisade.

L'empereur Henri VI convoqua à Worms une diète générale, où se trouvèrent Henri Ier, duc de Brabant, et Waleram, duc de Limbourg. L'empereur, qui avait reçu des ambassadeurs du pape, se déclara d'abord le chef de la croisade ; mais, plus occupé de ses projets ambitieux que du bien-être de la chrétienté, ce prince feignit ensuite de céder aux instances de ses peuples en n'accompagnant point ses troupes en Asie.

Les croisés se divisèrent en deux corps. Le premier, commandé par Waleram, par Henri de Saxe, et par l'archevêque de Cologne, se mit en marche, traversa le Danemarck, se dirigea sur Constantinople, et traversa le Bosphore pour entrer en Palestine, tandis que le second, qui obéissait aux ordres du duc de Brabant, s'embarquait dans les ports de la Belgique. Ces deux corps devaient se rejoindre en Syrie. Mais à peine le premier a-t-il franchi l'Hellespont, que Malek-Adel, informé des apprêts de l'expédition, fond sur lui avec une armée nombreuse et s'empare de Jaffa, avant que les chevaliers et les barons de la Palestine aient eu le tems de se joindre aux croisés pour secourir la garnison de cette ville (1197).

Une victoire éclatante remportée sur le vaillant chef des Sarrasins, entre Tyr et Sidon, signala l'arrivée des

Brabançons et leur jonction aux troupes allemandes et limbourgeoises. Toutes les villes situées sur la côte de Syrie tombèrent au pouvoir des vainqueurs. L'arrivée d'un corps de cinquante mille hommes décide les croisés à entreprendre le siége de Jérusalem ; mais, dépourvus de machines de guerre, et en butte aux rigueurs de la mauvaise saison, ils se voient bientôt contraints, après avoir fait des prodiges de valeur, à abandonner le siége de cette ville, dont la garnison avait déployé la plus opiniâtre résistance.

Poursuivis dans leur retraite par une multitude de Sarrasins, assaillis par un affreux ouragan qui met le désordre dans l'armée, les Allemands, les Belges et les chrétiens de Syrie se séparent en s'adressant mutuellement des reproches de trahison. La mort de l'empereur Henri VI, et la double élection d'Otton de Saxe et de Philippe de Souabe, rappelèrent les croisés en Europe; ils s'embarquèrent avec précipitation, et laissèrent à Jaffa une garnison que les Sarrasins ne tardèrent pas à surprendre et à passer au fil de l'épée (1198).

TRAITÉ DE DINANT.

Thibaut, comte de Bar, voyant sa puissance augmentée par sa possession du Luxembourg, voulut tenter le sort des armes pour recouvrer le comté de Namur. Il leva une armée nombreuse, appela à son aide les troupes de Simon, duc de Lorraine, et se mit en mesure d'assaillir Philippe le Noble au moment où il se croyait dans une sécurité parfaite. Il traverse les Ardennes, franchit la Meuse, et paraît tout-à-coup devant Namur. Philippe n'eut que le tems d'en fermer les portes, et il est à croire que cette ville serait tombée au pouvoir de Thibaut s'il l'eût attaquée à son arrivée, dans un moment de trouble et de confusion. Il investit la place; mais le comte Philippe mit si bien le tems à profit, et prit des mesures si promptes, que le lendemain le comte de Bar fut repoussé avec perte quand il voulut attaquer les remparts. Ayant également été repoussé dans deux autres assauts, et craignant que Baudouin de Hainaut ne vînt au secours de son frère, Thibaut leva le siége, et se retira après avoir dévasté le pays.

La gloire d'avoir déjoué les desseins de son ennemi n'éblouit pas Philippe. Persuadé que le comté de Namur, épuisé par de longues guerres, ne pourrait résister à une seconde attaque, abandonné comme il l'était à ses propres forces par la guerre que Baudouin soutenait contre la France, il entra en négociations avec le comte de Bar, et convint avec lui, qu'en attendant un traité définitif, il demeurerait en possession du comté jusqu'à ce qu'on pût régler en détail ce qui en serait démembré en faveur de Thibaut.

Baudouin voulant recouvrer le comté d'Artois que Philippe-Auguste avait réuni à sa couronne, s'était ligué avec Richard, roi d'Angleterre, et avec Jean, frère de ce prince, que la santé du roi mettait à portée de monter bientôt sur le trône. Le comte de Namur, malgré les affaires qu'il avait chez lui, était entré dans cette ligue par un traité particulier. Le sort des armes fut favorable à Baudouin. Pendant que le roi de France faisait la guerre en Normandie, il s'empara de Saint-Omer, d'Aire, de Douai, et il allait enlever Arras quand l'approche de l'armée française le força de lever le siége de cette ville (1198).

La guerre recommença au printems de l'année suivante; mais elle ne fut pas aussi favorable aux armes de Baudouin, car, dès les premiers jours de l'entrée en campagne, le comte de Namur tomba dans une embuscade que deux capitaines français lui avaient dressée près de Lens, en Artois. Il y fut fait prisonnier avec douze des principaux seigneurs de sa suite. La captivité de Philippe affligea vivement Baudouin, qui s'en vengea en enlevant Ardre et en ravageant le territoire français. Mais cela n'aurait pas empêché le comte de Namur de rester long-tems en prison, si la comtesse de Flandre, nièce de Philippe-Auguste, n'était allée solliciter sa liberté, et faire au roi des propositions de paix.

Elle réussit parfaitement; le roi de France et le comte de Flandre conclurent un traité par lequel il fut convenu que les villes de Saint-Omer, d'Aire, d'Ardre resteraient à Baudouin, que Philippe conserverait Arras et Béthune, et que le comte de Namur serait mis en liberté.

Philippe le Noble profita de son élargissement pour terminer ses démêlés avec le comte de Bar. Ils rentrèrent en négociations, et un traité définitif fut conclu dans le couvent des capucins, faubourg Saint-Médard, près de Dinant, le 26 août 1199. Il y fut stipulé que toute la partie du comté de Namur située sur la rive droite de la Meuse, jusqu'à la forêt d'Arche, appartiendrait au comte de Bar; que cette forêt, ainsi que le reste du comté sis sur la rive gauche de cette rivière resteraient à Philippe; et qu'enfin, les eaux de la Meuse seraient en commun jusqu'à la forêt d'Arche.

Telles sont les clauses principales du fameux traité de Dinant que les circonstances obligèrent Philippe de conclure, et qui réduisit la puissance des comtes de Namur. Mais si le souverain perdit en signant une paix si désavantageuse, les sujets y gagnèrent, étant délivrés par là d'une guerre qui durait depuis plus de soixante ans, et qui les accablait de tous les maux qu'elle ne cesse d'entraîner après elle. Content du partage qui lui était échu, Philippe le Noble ne pensa ni à l'augmenter aux dépens de ses voisins, ni à troubler leur tranquillité. Il ne s'occupa que du bonheur du peuple, qu'à réparer les brèches que le traité de Dinant avait faites à son domaine, et il ne laissa échapper aucune occasion de remplacer par des acquisitions avantageuses, les cessions que de fâcheuses circonstances l'avaient obligé de faire.

CINQUIÈME CROISADE.

BAUDOUIN DE CONSTANTINOPLE.

La quatrième grande croisade avait été terminée par une trêve de trois ans conclue avec Malek-Adel, et l'existence des chrétiens en Palestine ne reposait que sur la foi de ce guerrier musulman, qui pouvait croire qu'en la violant il ne ferait qu'user de représailles. Menacée d'une expulsion prochaine du royaume de Jérusalem, cette faible colonie avait député l'évêque de Ptolémaïs en Europe pour y solliciter des secours; mais, agitée par des troubles et des dissensions, l'Europe se montrait sourde aux pressantes sollicitations du prélat.

Cependant Innocent III, qui venait d'être élevé au trône pontifical, rempli de zèle pour la cause des chrétiens d'Asie, ne se laisse arrêter par aucun obstacle. Il engage les évêques et les seigneurs d'Occident à faire prendre la croix à leurs peuples, et, après avoir prouvé lui-même son dévouement à la cause de la religion, en s'imposant le sacrifice des plus précieux objets dont se compose le service de sa maison, il n'obtient d'abord de quelques souverains que de vaines et stériles promesses.

Le dévot enthousiasme d'un prêtre devait triompher de cette tiédeur des esprits. Foulques, curé de Neuilly, que le pape avait choisi pour prêcher la croisade en France, apprend qu'un célèbre tournoi vient d'être proclamé à la cour de Thibaut IV, comte de Champagne; il s'y rend, et bientôt ses discours ont enflammé d'ardeur la foule de chevaliers qu'il y trouve réunis; la plupart d'entre eux reçoivent de sa main le signe de la croisade, et, à leur exemple, la noblesse accourt de toutes les provinces pour se ranger sous la bannière du Christ.

Erluin, moine de Saint-Denis, et Pierre de Roussy, qui avaient été chargés de prêcher la croisade en Belgique, y firent une peinture si touchante des maux qui accablaient les chrétiens d'Orient, que Baudouin, comte de Flandre et de Hainaut, Marie de Champagne, son épouse, Henri, frère de Baudouin, Jacques d'Avesnes, fils du héros du même nom qui avait péri dans la troisième croisade, et une foule de chevaliers belges prirent la croix. Baudouin remit la régence de ses états à Philippe le Noble, son frère; il lui adjoignit Bouchard d'Avesnes, Gérard, prévôt de Bruges et chancelier de Flandre, et Baudouin de Comines, auxquels il confia aussi la tutelle de Jeanne de Flandre, sa fille.

Une assemblée extraordinaire des barons et des seigneurs se réunit à Compiègne; le marquis de Montferrat fut élu général de l'armée, et on y décida que l'on se rendrait par mer en Orient. Cette mesure, qui semblait dictée par l'expérience, devait avoir sur le résultat de la croisade une influence funeste, et elle l'eut en effet. Ville-Hardouin, aussi célèbre par ses écrits que par sa valeur, fut chargé d'aller à Venise traiter avec le sénat pour le transport de l'armée en Palestine. Il conclut un traité avec cette république, qui consentit à prêter des bâtimens aux croisés pour le transport de quatre mille cinq cents chevaliers, neuf mille écuyers et vingt mille fantassins, sous la condition qu'on lui paierait une somme de quatre-vingt-cinq mille marcs d'argent.

A la suite de ce traité, les croisés se mirent en route de toutes parts, et se dirigèrent sur Venise. Leurs fonds ne suffisant pas pour solder la somme stipulée, le doge Dandolo, politique adroit, fit dès lors tourner à son profit cet armement qui avait coûté tant d'efforts au Saint-Siége. Il offrit aux croisés de les transporter au-delà du Bosphore s'ils voulaient, en passant, reconquérir la ville de Zara qui avait été enlevée à la république par le roi de Hongrie. Le Saint-Siége s'y opposa de tout son pouvoir; mais les chefs de l'expédition ne pouvant espérer de se procurer l'argent qui leur manquait, acceptèrent cette offre avec empressement. Tout étant convenu, l'armée s'embarqua sur une flotte de cinq cents vaisseaux, dont le doge prit le commandement, malgré qu'il fût âgé de quatre-vingts ans. Elle débarqua près de Zara et investit immédiatement cette place. Le cinquième jour du siége, le marquis de Montferrat se disposait à donner un assaut général, quand on lui remit une lettre du pape. Se doutant bien qu'elle contenait l'ordre de ne point attaquer Zara et de continuer à voguer vers la Palestine, il fit part de ses prévisions aux principaux chefs qui éludèrent les ordres du Saint-Siége en décidant que cette lettre ne serait ouverte qu'après la prise de Zara. Ils l'attaquèrent immédiatement; elle fut enlevée d'assaut et livrée au pillage. Après s'être baignés dans le sang des vaincus, et souillé la croix qu'ils portaient, les Français et les Belges, enflammés par la cupidité, disputèrent aux Vénitiens le partage du butin et se livrèrent entre eux des combats sanglans. Là se bornèrent les opérations militaires. La saison étant très-avancée, les princes croisés prirent leurs quartiers d'hiver en Dalmatie, et dressèrent ensemble le plan de la campagne prochaine qu'ils croyaient faire en Palestine.

PRISE DE CONSTANTINOPLE.

Après la mort du féroce Andronic Comnène, Isaac l'Ange fut élevé au trône de Constantinople par les Grecs; mais ce prince, aussi lâche qu'il était débauché, abandonna les rênes de l'empire à son frère Alexis, qui, profitant de la position d'Isaac, le confina dans une étroite prison, lui fit crever les yeux et s'empara de la couronne. Un fils de l'empereur, qui portait aussi le nom d'Alexis, parvint à se soustraire à la fureur de son oncle, et à se réfugier à la cour de l'empereur Philippe, son beau-frère, qui écrivit au sénat de Venise en sa faveur et promit de fournir aux croisés un corps de troupes et deux cent mille marcs d'argent, s'ils voulaient renverser l'usurpateur du trône de Constantinople et le donner au jeune Alexis, à qui il appartenait légitimement. Les croisés, qui songeaient plus à la gloire qu'à la délivrance de Jérusalem, promirent tout ce qu'on voulut et prirent Alexis sous leur protection, malgré les menaces du pape qui les voyait avec peine changer le but de l'expédition. Mais ce prince ayant promis de se rallier à l'église romaine, et d'aider l'armée chrétienne de ses troupes et de ses trésors, le souverain pontife donna son assentiment au projet des princes croisés. Corfou ayant été fixé pour le lieu du rendez-vous général, l'armée s'embarqua à Zara au printems de l'an 1203, et se rendit dans cette île où elle choisit le comte Baudouin pour généralissime, s'embarqua à bord de la flotte vénitienne, et cingla vers Constantinople.

Après plusieurs jours de navigation, durant lesquels les chrétiens soumirent Andros et Négrepont, la flotte entra enfin dans le Bosphore, et fit trembler Alexis sur le trône qu'il avait usurpé. Il avait ri jusqu'alors du projet et de la témérité des croisés; mais, quand il vit les galères vénitiennes défiler dans le détroit, le doge Dondolo présenter le jeune Alexis aux Grecs étonnés, et qu'il l'entendit s'écrier : « Seigneurs grecs, voici « votre seigneur naturel ; reconnaissez-le et ayez pitié « de lui et de vous, » il ouvrit les yeux sur le péril qui le menaçait, et ses sens furent glacés de terreur.

A l'aspect de Constantinople, des remparts élevés et des quatre cents tours qui formaient l'enceinte de cette ville immense, reste étonnant du colosse romain, les croisés sentirent diminuer leur audace guerrière. Ils traversèrent cependant la mer de Marmara, et débarquèrent près de Chalcedoine, le 23 juin 1203. Cette ville ne soutint pas la première attaque : elle fut enlevée d'assaut et livrée au pillage.

Le lâche usurpateur, espérant éloigner l'orage qui grondait sur sa tête par des négociations tardives, et

par un vain étalage de ses forces, envoya des ambassadeurs aux chrétiens, leur fit offrir des secours de toute espèce pour reconquérir la Terre-Sainte, et les menaça en même tems de les écraser sous le poids de sa puissance, s'ils persistaient à lui faire une guerre aussi déloyale qu'injuste. Irrité de l'arrogance des envoyés d'Alexis, Conon de Béthune leur répondit fièrement : « Que votre maître cesse de s'étonner de nous voir en« trer en armes dans cet empire ; il ne doit la couronne « qu'à un crime condamné par les lois divines et hu« maines : le sceptre appartient au jeune prince que « vous voyez au milieu de nous. Si votre maître veut « restituer une couronne usurpée, nous solliciterons « pour lui la clémence du prince légitime. Portez-lui « cette réponse, et ne soyez plus assez hardis pour vous « charger désormais d'une mission semblable à celle « qu'il vous a donnée. »

Cette réponse ayant mis fin aux négociations, l'empereur essaya de ranimer le courage des Grecs ; mais ce fut en vain. Indifférens à la chute d'un pouvoir qui les opprimait, fort peu d'entre eux répondirent à son appel. Les militaires seuls, qui ne connaissent que la voix de l'honneur et du devoir, coururent aux armes, et se disposèrent à défendre la capitale de l'empire, menacée par une poignée d'hommes qu'ils appelaient des barbares. Voulant profiter de la terreur qu'ils avaient inspirée aux Grecs, les croisés traversèrent le Bosphore, et, pour la première fois peut-être, on vit trente à quarante mille guerriers aller audacieusement attaquer une cité qui renfermait dans son sein plus de deux cent mille hommes en état de porter les armes.

Dès qu'ils aperçurent la flotte cingler vers Constantinople, les Grecs sortirent de la ville et se rangèrent en bataille sur le rivage, dans le dessein de s'opposer au débarquement; mais lorsqu'ils virent les navires s'approcher de la côte, les croisés sauter dans la mer, et leurs redoutables colonnes se former sur la plage, ils furent saisis d'une telle frayeur qu'ils abandonnèrent leur position, et s'enfuirent épouvantés jusque derrière leurs remparts.

Le lendemain, au lever de l'aurore, les Grecs firent une sortie, et attaquèrent une position gardée par Jacques d'Avesnes. Ce jeune guerrier, digne émule de son père, se défendit courageusement contre des forces quatre fois plus nombreuses que celles qu'il commandait, et tomba bientôt atteint d'une blessure profonde. A la vue de son sang, les Belges poussent des cris de rage; ils se précipitent sur les bataillons ennemis, les enfoncent, les mettent en fuite, et les poursuivent jusque sous les murs de Galata, point fortifié qui domine le port de Constantinople. Rien ne peut arrêter leur audacieuse fureur; ils franchissent les fossés, escaladent les murailles, pénètrent dans l'enceinte du fort, et s'en rendent maîtres après avoir massacré les Grecs qui le défendent. Dès que le doge voit le lion de Flandre planer sur les murs de Galata, il dirige ses galères vers le port, rompt la chaîne qui en ferme l'entrée, coule à fond les navires qui s'opposent à son passage, et détruit en un instant les forces navales de l'empire.

Après dix jours de siége, Baudouin ayant réussi à ouvrir une large brèche, les croisés, qui manquaient de vivres et qui étaient sans cesse harcelés par une multitude d'ennemis, se décidèrent à donner un assaut général. Ils divisèrent leur armée en six corps. Le comte de Flandre commanda le premier, qui était composé d'archers et d'arbalétriers; Henri de Hainaut, son frère, fut placé à la tête des Belges, qui formaient le second ; le comte de Saint-Pol eut le commandement du troisième ; le comte de Blois du quatrième ; Mathieu de Montmorency, celui du cinquième ; et le marquis de Monferrat du sixième. Le vieux doge, ne voulant pas rester paisible spectateur de la lutte terrible qui allait s'engager, fit débarquer une grande partie de ses marins, se mit à leur tête, et vint ainsi former un septième corps, au centre duquel on voyait flotter l'illustre étendard de Saint-Marc.

Le 18 du mois de juillet, au matin, les trompettes annoncèrent le signal de l'attaque. Soudain la flotte se déploye sur une seule ligne, puis les croisés, formés en colonnes et couverts de leurs vastes boucliers, s'avancent d'un pas grave et mesuré, et s'approchent de la ville malgré la grêle de projectiles dont les Grecs les accablent. Dès qu'ils sont auprès des remparts, ils se précipitent sur la brèche, dressent des échelles pour escalader les hautes murailles qui les séparent de leurs ennemis, et se livrent enfin un combat opiniâtre pendant la durée duquel le bruit des armes, le sifflement aigu des pierres et des traits s'unissaient aux cris des guerriers et aux gémissemens plaintifs des blessés. Tandis que les assiégés précipitent du haut des murs ceux qui en atteignent le faîte, les assiégeans remplacent sur l'échelle ceux des leurs qui viennent de succomber, et cherchent à saisir avec de longs crocs les soldats qui les défendent. Enflammés par le désir de vaincre et peut-être par l'amour du pillage, les chrétiens font des efforts inouis, et ne peuvent pourtant repousser les Grecs qui combattent, avec le courage qu'inspire le désespoir, pour leur culte, leur fortune et leur liberté. L'acharnement avec lequel les assiégés défendent leurs remparts, la mort qu'ils font planer sur les assaillans occasionnent un mouvement d'hésitation parmi ces derniers; mais, encouragés par la voix de leurs chefs, ils recommencent l'attaque avec une nouvelle ardeur, et voient bientôt Baudouin et le doge arborer leurs bannières sur deux tours qu'ils ont enlevées. A cette vue, les croisés redoublent d'efforts, ils franchissent les remparts, mettent les Grecs en fuite, et au moment où ils vont les poursuivre dans la place, quand ils s'en croient les maîtres, une barrière de flammes leur en défend l'entrée et les séparent de leurs ennemis.

Forcé par les cris du peuple, Alexis sortit enfin du palais où il s'était confiné, et se montra à la tête de soixante bataillons; mais croyant avoir assez fait pour la gloire, il courut s'y renfermer de nouveau, ne jugeant sans doute pas qu'il fût nécessaire d'exposer son auguste personne aux hasards de la guerre. Théodore Lascaris, son gendre, indigné d'une semblable lâcheté, prit le commandement des troupes, les réunit à la hâte sur un seul point, se dispose à faire une sortie, et de tomber à l'improviste sur les croisés qui n'avaient encore pu escalader les remparts. Mais Dandolo, qui s'en aperçoit, marche à sa rencontre, lui barre le passage et donne aux Français et aux Belges le tems d'arriver. Dans cet état de choses, les Grecs pouvaient encore écraser leurs ennemis, et ils l'auraient peut-être fait, si l'infâme Alexis n'eût enchaîné la vaillance de Théodore en lui envoyant l'ordre de rentrer en ville et de protéger le palais impérial. Le signal de la retraite des troupes grecques fut celui de la perte de l'empereur; car les assiégeans, enhardis par tant de pusillanimité, pénétrèrent avec elles dans la place et s'en emparèrent.

L'usurpateur épouvanté n'attendit pas l'arrivée des chrétiens ; il sortit secrètement de Constantinople, et réussit à se sauver sur une barque qui le porta dans la Thrace.

Les vainqueurs tirèrent immédiatement Isaac l'Ange de sa prison, et le remirent sur le trône, qu'il partagea avec son fils, Alexis IV. Mais, plus cupides que généreux, les croisés exigèrent de ces deux souverains une somme de deux cent mille marcs d'argent pour les frais de la guerre, et les forcèrent à déclarer que l'Église grecque reconnaîtrait désormais la suprématie du pape, et serait soumise à l'Église latine.

Peu de tems après, le jeune Alexis ayant appris que la Thrace s'était rangée sous les drapeaux de l'usurpateur, il courut le combattre avec Jacques d'Avesnes et Henri de Hainaut. Alexis III fut vaincu de nouveau et obligé de fuir vers le mont Hémus. Après diverses aventures qui ne se rattachent pas à notre histoire, il fut confiné dans un monastère d'Asie par Théodore Lascaris, et il y termina bientôt une vie déshonorée par sa lâcheté et par ses vices.

ÉLECTION DE BOUDOUIN A L'EMPIRE.

Pendant qu'Alexis IV soumettait la Thrace, un événement funeste vint ajouter encore à la haine que les

Grecs ressentaient déjà pour les croisés. Quelques soldats flamands venus à Constantinople, ayant insulté des juifs jusque dans leur synagogue, ceux-ci se défendirent, et quoique les Grecs ne les aimassent point, ils prirent leur défense et chargèrent ensemble les guerriers belges. Pendant cette lutte, les nôtres mirent le feu à la synagogue ; il se communiqua bientôt à la ville et en réduisit une partie en cendres. Vinchant rapporte que cet incendie dura huit jours.

Quand cet événement éclata, les ministres de l'empereur étaient occupés à percevoir des impôts sur le peuple à l'effet de payer aux croisés la somme qu'ils avaient exigée. Toujours séditieux, toujours vains, les Grecs s'irritèrent contre les Latins [1] et contre l'empereur, et se soulevèrent à l'occasion de ces subsides. Alexis Murzulphe, prince de l'ancienne maison impériale de Ducas, profita de ces désordres pour s'élever au trône. Trompant à la fois le peuple, l'empereur et les croisés, il fait entendre au peuple les cris de liberté, de patrie, excite une sédition, pénètre la nuit dans le palais, s'empare d'Alexis IV, le charge de fers, le jette dans une étroite prison, et se revêt lui-même de la pourpre impériale.

Dès que la multitude eut reconnu l'usurpation de Murzulphe, il se rendit dans la prison d'Alexis, et lui fit avaler un breuvage empoisonné ; mais, trouvant que la mort mettait trop de lenteur à s'emparer de sa victime, il étrangla l'empereur de ses propres mains, et comme il respirait encore, il lui asséna un coup de bâton ferré dans le flanc et lui cassa les côtes. Le malheureux Isaac périt de douleur en apprenant la fin prématurée de son fils.

---

[1] C'est ainsi que les Grecs appelaient les chrétiens soumis au Saint-Siége.

Murzulphe s'efforça de justifier son crime par la plus brillante valeur et par un courage intrépide. Soudain, il rassemble des forces, attaque l'armée des croisés campée sous les murs de Constantinople, brave les efforts qu'ils font pour s'emparer de la ville, et soutient divers combats dans lesquels il se distingue tout à la fois par le génie d'un grand capitaine et la bravoure d'un soldat. Tant d'audace et de résistance étonnèrent les croisés. Fatigués d'une lutte aussi longue qu'opiniâtre, ils entrèrent en négociations avec Murzulphe ; mais celui-ci, craignant plus la superstition des Grecs que ses propres ennemis, refusa de reconnaître la suprématie du Saint-Siége exigée par les Latins, rappela ses députés et rompit les conférences.

Dès cet instant, les croisés se décidèrent à enlever Constantinople et à mettre sur le trône un prince de leur choix. Après certaines conventions que la fortune seule pouvait sanctionner, ils résolurent de pousser la guerre avec vigueur, et le légat accorda au nom du pape force indulgences à ceux qui allaient combattre le tyran Murzulphe,

La ville de Phylée, située sur la côte de Thrace, à cinq ou six lieues du camp des croisés, étant riche et commerçante, ils résolurent de l'enlever. Henri de Hainaut fut chargé de cette expédition ; il partit avec un corps de troupes à la tombée de la nuit, ayant sous ses ordres Jacques d'Avesnes et Guillaume de Champlite, et arriva devant la place au point du jour. Il fit immédiatement donner l'assaut ; et, malgré la résistance des habitans qui accoururent défendre leurs remparts, il s'en rendit maître, fit un grand nombre de prisonniers, et s'empara d'un immense butin. Après avoir resté deux jours en cette ville, Henri chargea sur plusieurs navires les dépouilles des vaincus et les Grecs que le sort des armes avait fait tomber en son pouvoir, et les fit transporter au camp; puis il se remit en route pour rejoindre l'armée.

Informé de la prise de Phylée et du retour du corps que commandait Henri de Hainaut, Murzulphe sortit secrètement de Constantinople avec une partie de son armée, et s'en fut occuper une forêt que les croisés devaient traverser. Dès que l'avant-garde fut entrée dans le défilé et enfoncée dans la forêt, les Grecs sortirent de leur embuscade et assaillirent les Belges avec tant de fureur, qu'ils auraient sans doute été taillés en pièces si le prince Henri n'eût pris immédiatement de sages dispositions pour combattre Murzulphe, qui l'emportait par sa force numérique et par la position qu'il occupait. Séparé de son avant-garde, qui ne pouvait le rejoindre qu'en se faisant jour à travers l'armée de Murzulphe, il se retire dans la plaine, déploie ses masses, et charge l'ennemi si vigoureusement qu'il l'ébranle d'abord et lui fait essuyer ensuite des pertes sensibles. Au bruit du combat, l'avant-garde rebroussa chemin et vint prendre part à la lutte. L'action alors devint générale; on se battit de part et d'autre avec un même acharnement; mais bientôt, pris en tête et en queue, les Grecs, ne pouvant soutenir la valeur des soldats belges, abandonnèrent le champ de bataille et s'enfuirent dans la forêt. La déroute fut telle que Murzulphe jeta ses armes pour se sauver, et que l'étendard de l'empire, ainsi que la fameuse image de la Vierge, que les empereurs grecs faisaient porter devant eux dans les batailles, tombèrent au pouvoir des nôtres. Après cette brillante action, Henri rejoignit le camp des croisés, qui ne doutèrent plus de la prise de Constantinople, puisqu'ils possédaient la bannière sainte et l'image de la mère du Sauveur, qui avaient toujours guidé les empereurs d'Orient dans les combats.

Sans s'étonner des préparatifs de défense de Murzulphe et des troupes nombreuses qu'il pouvait leur opposer, les croisés attaquèrent la capitale de l'empire le 8 avril 1204[1]. Le courage des chefs et la haine des peuples firent de cet assaut un long et cruel massacre. Les Latins tentèrent à plusieurs reprises d'enlever la place ; mais les Grecs se défendirent si vaillamment qu'ils forcèrent la victoire à se déclarer en leur faveur. Repoussés de toutes parts après de longs et inutiles efforts, leurs ennemis furent contraints à la retraite.

Cette tentative infructueuse ne découragea pas les croisés. Ils firent pendant deux jours d'immenses préparatifs, et se disposèrent à donner un nouvel assaut deux jours après. Le 10 avril, au matin, l'armée de terre fut rangée en bataille, et la flotte disposée de manière à attaquer la partie de la place qui était baignée par les eaux de la mer. Les navires étaient attachés deux à deux pour mieux résister aux énormes projectiles qui seraient lancés par l'ennemi, et des ponts à bascule liés aux mâts des galères afin de pouvoir s'abaisser promptement sur les remparts et d'ouvrir un passage aux assiégeans. Les trompettes donnèrent le signal de l'assaut, et soudain les troupes de terre et l'escadre approchèrent de la place. Les croisés dressèrent leurs échelles et s'efforcèrent en vain d'escalader les murailles, et de renverser avec des crocs et de longues lances ceux qui les défendaient. Vainement ils immolèrent une foule de Grecs ; les pierres, les poutres,

---

[1] Ex epistolâ Balduini apud Miræum codice donationem jub finem, ex codice sonegiensi.

lancées sur eux du haut des remparts, rompaient leurs échelles et les entassaient sanglans dans des fossés larges et profonds. Pendant cette lutte terrible, l'air était obscurci par une nuée de traits; la mort volait tour à tour des rangs des Latins dans ceux des Grecs, et les cris de fureur des combattans, les gémissemens des blessés ajoutaient encore à l'horreur du carnage. L'assaut durait depuis le matin, et les croisés, fatigués de tant d'efforts, d'une aussi longue résistance, allaient succomber, quand, vers le milieu du jour, un vent du nord impétueux poussa deux navires, *le Paradis* et *le Pèlerin,* contre les murailles qui séparaient le port de la cité. Ils étaient commandés par les évêques de Troyes et de Soissons, et avaient à bord des troupes belges, françaises et vénitiennes. Au lieu d'être défavorable aux assaillans, comme il le semblait d'abord, cet incident, grâce à l'intrépidité d'un guerrier belge [1], fut la cause première de la victoire. En effet, André de Jurbise, profitant du moment où les mâts des deux vaisseaux étaient à peu de distance des remparts, laissa tomber le pont, s'élança sur le mur, renversa plusieurs soldats grecs, et planta sur une tour la bannière du Hainaut. Pierre Alberti, seigneur vénitien, et quelques braves animés par l'audace de notre vaillant compatriote, imitent son noble exemple; ils se précipitent sur ses traces, repoussent les assiégés qui arrivaient en foule, et les forcent à la retraite. A l'aspect de son étendard qu'il

---

[1] Entraînés par un esprit d'envahissement qui leur est naturel, les historiens de France se sont emparés de la gloire de la plupart de nos grands hommes. Non contens d'avoir francisé Charles Martel, Pépin le Bref, Charlemagne, Godefroid de Bouillon, Baudouin de Constantinople et tant d'autres Belges illustres, ils attribuent encore à un homme de leur nation l'acte de courage d'André de Jurbise, quoique Vinchant dise positivement que ce seigneur était vassal du comte de Hainaut.

voit flotter sur la tour dont André de Jurbise s'est emparé, Baudouin ranime le courage des croisés, leur promet la victoire, et les engage à se rapprocher des remparts qu'ils abandonnaient déjà. A sa voix ils retournent à la charge, et, tandis que les uns font des efforts surnaturels pour en atteindre le faîte, les autres enfoncent les portes à coups de béliers, et l'armée entière se précipite dans la place.

Refoulés de toutes parts, les assiégés, armés de torches, tentèrent inutilement de se sauver à l'abri des flammes. Cette fois l'incendie ne put arrêter l'impétuosité des croisés, qui se répandirent dans les rues de Constantinople pendant que Murzulphe s'en éloignait à toute bride. A l'instant où la majeure partie de la capitale de l'Orient était envahie par une armée victorieuse qui déjà se livrait au pillage, le peuple, refoulé vers l'Hippodrome, s'unissait à quelques braves qui se disputaient encore les ruines de l'empire, et proclamait Théodore Lascaris empereur. Ce dernier, voulant prouver aux Grecs qu'il était digne du rang suprême où ils venaient de l'élever, conçut le projet de réunir ses forces, de tomber sur les Latins au moment où ils étaient occupés au pillage, et de les anéantir. Il voulut les entraîner au combat; mais ces hommes sans courage et sans énergie, abrutis par un long et cruel despotisme, l'abandonnèrent lâchement, et il ne lui resta d'autre ressource que celle de la fuite. Il le tenta, et réussit. A la tête d'une poignée de gens de cœur, il se présente aux croisés l'épée au poing, les attaque, se fait jour à travers leurs rangs, sort de Constantinople, passe le Bosphore, s'empare de la Bithynie, de la Lydie, des côtes de l'Archipel, d'une partie de la Phrygie, et choisit Nicée pour capitale de ses états.

Privés de chefs, les habitans de cette malheureuse cité vinrent au-devant des vainqueurs et implorèrent leur pitié; mais la voix de l'humanité ne fut pas écoutée; la ville fut livrée à la rapacité et à la fureur du soldat, qui pilla et détruisit tout ce qu'il ne put emporter. Un jour suffit pour anéantir et disperser les monumens des arts amassés pendant tant de siècles par les empereurs d'Orient. Ville-Hardouin rapporte que le butin fait par les croisés au sac de Constantinople fut évalué à plus de cinquante millions. Après une infinité de meurtres et d'outrages à la pudeur, après avoir pillé et profané les temples, livré la chaire patriarchale aux prostituées, détruit les tableaux, mutilé les statues, souillé les vases consacrés au culte, ces conquérans barbares, lassés de carnage, rassasiés de crimes, écoutèrent enfin la voix de leurs chefs et mirent un terme à tant d'horreurs. On ressent une profonde indignation lorsque l'on songe que ces coupables excès furent le fruit du hideux fanatisme des évêques latins, qui usèrent de toute leur influence sur l'esprit des croisés, pour leur faire considérer les Grecs comme les ennemis acharnés du christianisme.

Dès que l'ordre fut rétabli à Constantinople, les croisés nommèrent douze électeurs, qui se réunirent dans l'église de Sainte-Sophie, à l'effet de procéder à l'élection d'un empereur. Les Vénitiens en fournirent six, et les six autres furent pris parmi les Français et les Belges. Dandolo, doge de Venise, le marquis de Montferrat, et Baudouin, comte de Flandre et de Hainaut, visaient tous trois à l'empire; mais les Vénitiens, craignant avec quelque raison que leur république ne perdît sa liberté si le doge était élevé au trône, donnèrent leurs suffrages au comte Baudouin, qui fut proclamé empereur. Ainsi ce fut un Belge, et non un Français, ainsi que l'affirment faussement les écrivains de cette nation, qui fonda dans l'Orient l'empire des Latins sur les ruines de l'empire grec, neuf cents ans après l'établissement de ce dernier par Constantin. Le marquis de Montferrat fut créé roi de Thessalonique; une foule de principautés, de duchés, de comtés, situés en Asie et en Grèce, furent distribués aux chefs des croisés, et la Morée passa toute entière à la république de Venise. Le roi de France, Philippe-Auguste, se contenta d'une grande quantité de reliques que le nouvel empereur lui envoya.

Baudouin fut couronné solennellement le 16 mai 1204; mais en montant sur le trône, il se vit contraint d'établir en Grèce le gouvernement féodal, qui détruisit la concentration des pouvoirs, reste imposant du colosse romain. Alors l'armée régulière fit place aux milices indisciplinées des seigneurs, et l'anarchie conduisit l'empire à sa ruine.

La comtesse Marie, femme de Baudouin, était à Ptolémaïs quand elle apprit l'avènement au trône de son mari. Cet événement fit tant d'impression sur elle qu'elle en mourut de joie. Sa dépouille mortelle fut transportée à Constantinople et inhumée dans l'église de Sainte-Sophie.

Cependant le nouvel empire n'était pas assez solidement établi pour que les croisés se rendissent aux appels d'Innocent III et du roi de Jérusalem, qui brûlaient tous deux de voir la Palestine rendue aux chrétiens. Le sultan d'Iconium et les Bulgares menaçaient les frontières; un petit-fils d'Andronic s'était emparé de Trébisonde; Michel l'Ange Commène était proclamé roi d'Épire, et enfin Théodore Lascaris, qui, d'abord proclamé empereur à Constantinople après la fuite de Murzulphe, n'avait pu trouver un seul sujet dans la capitale de son empire, était parvenu à réunir quelques débris de l'armée grecque, et régnait à Nicée.

D'un autre côté, les Grecs, furieux de se voir la proie des Latins, appellent à leur aide Joanice, roi des Bulgares, et se révoltent au même instant. L'insurrection se communique rapidement de ville en ville, le peuple se soulève, court aux armes, égorge tous les Latins qui lui tombent sous la main, et ouvre les portes d'Andrinople au féroce Joanice, qui saisit avidement cette occasion pour augmenter sa puissance. A cette fâcheuse nouvelle, Baudouin rassemble à la hâte une faible armée et se présente tout à coup devant Andrinople, défendue par plus de cent mille guerriers ennemis.

Quoique les forces de l'empereur ne s'élevassent pas à plus de dix mille hommes, il entreprit d'attaquer la place et de la forcer à se rendre; mais il échoua dans ce projet aussi téméraire qu'audacieux. Sachant que ses communications étaient interceptées avec Constantinople, il leva le siége et se retira dans une forte position à quelques lieues d'Andrinople, devant laquelle les Bulgares ne tardèrent guère à se présenter. En semblable occurrence, Baudouin devait, ou combattre dans sa position des forces dix fois plus nombreuses que les siennes, ou profiter des ombres de la nuit pour se retirer vers sa capitale, s'il ne voulait défendre le terrain pied à pied et de position en position; descendre dans la plaine, c'était courir le risque d'y être enveloppé et anéanti. Consultant moins la prudence que son courage, il crut qu'il serait honteux de fuir devant une nuée de barbares, et conçut le malheureux projet de prendre l'offensive. Les armées restèrent en présence pendant toute la journée du 13 avril 1205. Le lendemain, au point du jour, l'empereur fit descendre la sienne dans la plaine, en forma trois colonnes, et marcha audacieusement à l'ennemi. Attaqués par cette poignée de braves, les Bulgares parurent épouvantés de tant de témérité, et se retirèrent en désordre. Enflammés par l'amour de la gloire, les croisés les poursuivent imprudemment et pénètrent avec eux dans un long défilé où Joanice avait embusqué des troupes. Enveloppés par des forces nombreuses, ils se défendent un contre dix, et, après avoir fait des prodiges de valeur, ils succombent en défendant le prince, qui périt avec eux. Quelques historiens racontent que Baudouin tomba dans les mains des Barbares, et que Joanice, exerçant la plus terrible vengeance, le mutila et le fit périr.

Après ce sanglant exploit, le roi des Bulgares s'avança vers Constantinople, précédé par le meurtre et le carnage. Ceux d'entre les croisés qui purent échapper à cette affreuse défaite, retournèrent pour la plupart dans leur patrie, laissant sur le trône de l'Orient le vertueux et brave Henri de Hainaut, frère de Baudouin.

SAC DE LIÉGE.

Pendant que Baudouin fondait en Orient l'empire des Latins, Philippe le Noble, son frère, à qui il avait laissé la régence de ses états, s'attirait la confiance des Flamands, par sa probité, par sa justice et par sa popularité. Mais après la mort de l'empereur Baudouin, ils ne tardèrent point à changer de sentimens à son égard. S'étant aperçu que le comte n'agissait que par les impressions de la cour de France, il devint suspect aux grands et au peuple, naturellement ennemis des étrangers et surtout des Français [1]. Leurs soupçons s'accrurent encore quand ils apprirent que Philippe allait épouser Marie de France, fille de Philippe-Auguste et d'Agnès de Méranie, et, dès ce moment, ils ne regardèrent plus le régent que comme un prince vendu à la France et ennemi de leurs libertés.

Les soupçons des Flamands n'étaient pas tout à fait dénués de fondement ; car Philippe-Auguste, appréhendant qu'on ne fît épouser la princesse Jeanne, héritière de la Flandre et du Hainaut, à quelque prince attaché au roi d'Angleterre, avait mis tout en œuvre pour gagner le comte de Namur. Il était même parvenu à persuader au régent de faire élever cette princesse à la

---

[1] De Marne, histoire du comté de Namur.

cour de France, et elle y avait été conduite par les ordres de ce dernier. Cette mesure impolitique acheva de rendre le comte odieux aux Flamands. Ils l'accusèrent d'avoir trahi la Flandre, et lui ôtèrent la régence ainsi que la tutelle des deux filles de Baudouin.

Pendant que le comte Philippe célébrait à Namur son mariage avec Marie de France (1211), il s'éleva entre Hugues de Pierpont, évêque de Liége, et Henri Ier, duc de Brabant, une querelle qui eut des suites funestes. Albert, comte de Moha et de Dasbourg, oncle du duc, avait conduit ses deux fils à un tournoi à Andennes, afin de leur donner une idée de ces fêtes communes alors parmi la noblesse. Ces jeunes gens retournèrent chez eux, l'imagination remplie de ce qu'ils avaient vu, et armés tous d'eux d'une lance, ils s'entretuèrent en s'escrimant l'un contre l'autre.

Le comte de Dasbourg n'espérant plus avoir d'enfans, avait fait le duc de Brabant son héritier; mais s'étant bientôt brouillé avec lui, il avait tourné ses regards vers l'Église de Liége et conclu un traité avec l'évêque, par lequel il cédait les terres de Moha et de Walef à l'évêché, moyennant une somme de cinquante mille marcs d'argent[1]. Mais, par une clause particulière, il y était stipulé que, s'il naissait des enfans au comte, ces deux terres leur appartiendraient, non sur le pied d'Aleus, mais comme des fiefs qu'ils tiendraient de l'Église de Liége. Le comte ayant été père d'une fille née après la conclusion de ce traité, se repentit bientôt de ce qu'il avait fait; mais ce fut en vain, le mal était sans remède.

Les châteaux de Moha et de Walef, situés sur la frontière du duché de Brabant et du pays de Liége, étant

---

[1] En Belgique, le marc d'argent valait environ quinze francs.

convoités par le duc et par l'évêque, celui-ci les fit occuper après la mort du comte, et y mit de bonnes garnisons. Henri Ier reçut à Francfort, où il assistait à une diète de l'empire, la nouvelle de la mort du comte de Moha et de l'entreprise des Liégeois; il en fut d'autant plus outré, qu'outre les liens du sang qui l'attachaient à la jeune héritière, ce qui semblait lui donner un droit particulier à la tutelle, il avait encore à prétendre une somme considérable sur l'héritage du comte. Ces titres lui parurent suffisans pour obliger Hugues de Pierpont à lui céder la possession des deux châteaux; mais comme il n'ignorait pas que ses prétentions rencontreraient des obstacles, il se rendit à Liége en retournant dans ses états.

Dès le premier entretien qu'il eut avec le prélat, le duc reconnut facilement qu'il ne parviendrait pas à l'amener à son but. Alors, changeant de système, il se borna à demander que l'évêque, en sa qualité de tuteur de la comtesse de Moha, acquittât la dette du comte, en déduction des cinquante mille marcs d'argent que l'église de Liége devait à cette jeune personne. Quoique cette demande fût loin d'être déraisonnable, Hugues de Pierpont, aussi entêté qu'il était peu politique, la rejeta hautement. Outré de tant de mauvaise foi, le duc de Brabant rompit brusquement les conférences, et retourna à Francfort consulter l'empereur Otton sur le parti qu'il avait à prendre. En épousant la cause de Philippe de Souabe, qui disputait l'empire à Otton, duc de Brunswick, les Liégeois avaient naturellement mécontenté ce dernier. Aussi, bien loin de chercher à calmer la colère du duc, il l'excita à employer la force pour se faire justice lui-même, et lui promit de l'aider du secours de ses armes, si les circonstances l'exigeaient.

Il n'en fallait pas tant pour affermir le duc dans la résolution qu'il avait prise de faire la guerre aux Liégeois. Voulant cependant faire un dernier effort avant de rompre tout à fait avec eux, il retourna à Liége, et là, sans user de détours, il s'expliqua avec l'évêque de manière à lui faire pressentir tout ce qui allait arriver. Le comte de Namur, présent à cette entrevue, mit tout en œuvre pour détourner le duc de sa résolution ; mais celui-ci avait pris son parti, et tout ce qu'on put obtenir fut que, s'il se décidait à guerroyer, il se bornerait à attaquer les châteaux de Walef et de Moha, sans commettre d'hostilités sur les terres de l'évêché.

Aussitôt que le duc fut rentré dans ses états, il assembla des troupes et marcha droit à Liége sans s'arrêter devant les deux places, funestes objets de cette guerre, qu'il savait être bien approvisionnées et en état de faire une longue et opiniâtre résistance. Plongé dans une fatale sécurité, l'évêque ne se défiait de rien et n'ouvrit les yeux que quand il n'y eut plus lieu à douter des intentions de Henri. Mais alors il était trop tard pour mettre la capitale en état de défense. Résolus cependant d'inquiéter la marche de l'armée ennemie, les Liégeois remirent l'étendard de saint Lambert à Raes Desprez, avoué de Hesbaie, qui s'avança jusqu'à Horion à la tête d'une foule de bourgeois mal armés. Là, jetant les yeux sur les gens qu'il commandait, il prévit aisément qu'il ne pourrait lutter avec eux contre des soldats aguerris, et il ne se trompa pas, car ils n'eurent pas plus tôt aperçu les Brabançons, qu'ils se débandèrent et s'enfuirent à Liége, où leur retour répandit l'épouvante et causa une consternation générale (1212).

Cependant les Liégeois, frappés de terreur, envoyèrent leur archidiacre et le seigneur de Hemricourt au-devant du duc de Brabant pour lui proposer des conditions de paix. Le duc, irrité, leur répondit que le seul parti qu'ils avaient à prendre était de lui remettre les deux châteaux qu'il avait réclamés, et de prêter foi et hommage à l'empereur Otton. Les pouvoirs des députés ne s'étendant pas jusque là, ils dirent à Henri qu'ils allaient en référer à l'évêque, qui s'était retiré au château de Huy, et ils le prièrent de suspendre sa marche. Informé de la réponse de Henri, Hugues de Pierpont revint à Liége; mais à peine y était-il arrivé que la présence des troupes brabançonnes, qu'il aperçut sur les hauteurs de Sainte-Walburge, le força de s'en éloigner à toute bride.

Le duc ne rencontrant aucun obstacle, entra dans Liége le 4 mai 1212, à six heures du matin, livra la ville au pillage, et la traita comme si elle avait été prise d'assaut. Les soldats se répandirent dans les maisons, dans les églises, tuèrent un grand nombre de bourgeois, enlevèrent les vases sacrés, pillèrent la trésorerie de Saint-Lambert, et se signalèrent enfin par les plus coupables excès. Après trois jours de meurtres, de rapines, d'attentats à la pudeur, le duc donna l'ordre d'incendier la ville; mais André, châtelain de Bruxelles, et Gilles, son fils, chanoine de Saint-Lambert, lui ayant fait comprendre toute l'horreur d'une semblable action, il suspendit cet ordre barbare à condition que le clergé et le peuple prêteraient immédiatement serment de fidélité à l'empereur Otton. Ils le firent de suite, et cette soumission apparente calma la colère de Henri, qui reprit le chemin de ses états chargé de butin et suivi par l'exécration des Liégeois.

Dès que l'évêque eut connaissance du sac de sa capitale et de la retraite des Brabançons, il asssembla un synode à Huy, où le duc fut excommunié et le Brabant mis en interdit. Il ordonna ensuite que, dans toutes les églises, les reliques des saints et l'image du Christ, entourées d'épines, seraient exposées sur le pavé, aussi long-tems que Henri n'aurait pas fait amende honorable, et que, jusqu'alors, le service divin ne serait plus célébré dans aucune église de l'évêché.

L'évêque s'imaginant bien que les armes spirituelles seraient impuissantes pour obtenir la réparation qu'il exigeait, appela les Liégeois aux armes, et sollicita les secours des comtes de Hainaut, de Namur et de Looz. Toutes leurs troupes réunies formèrent une armée formidable, qui vint bientôt prendre position sur le Piéton, petite rivière qui prend sa source près de Fontainel'Évêque, et qui va se jeter dans la Sambre, à Charleroy. Le duc, prévoyant bien qu'il ne pourrait résister aux forces des princes alliés, fit demander la paix au prélat. Elle lui fut accordée, mais sous l'humiliante condition qu'il viendrait dans la cathédrale de Liége, à genoux et pieds nus, en présence du peuple, demander à l'évêque qu'il voulût bien oublier le passé, et qu'il paierait à l'église une somme équivalente aux dégâts que ses troupes avaient fait à Liége. Henri, ne cherchant qu'à gagner du tems, promit d'abord tout ce qu'on voulut; mais, ensuite, quand les princes alliés eurent renvoyés leurs soldats, il viola la foi jurée et refusa d'exécuter ce traité honteux.

Philippe le Noble mourut cette année (1212), et laissa le comté de Namur à Yolande de Hainaut, sa sœur, femme de Pierre de Courtenay, prince de la maison royale de France.

CONQUÊTE DE LA FLANDRE.

Jean, roi d'Angleterre, s'étant brouillé avec la cour de Rome, Célestin III, qui occupait alors la chaire pontificale, habitué à considérer comme des rebelles les souverains qui désobéissaient à ses ordres, fit prêcher une croisade contre ce monarque, donna le trône de la vieille Albion à Philippe-Auguste, et le chargea d'exécuter cet étrange décret. Ce prince, oubliant qu'en recevant une couronne du souverain pontife, c'était reconnaître qu'il avait le droit de lui enlever la sienne, se disposa à conquérir l'Angleterre ; mais le roi Jean s'étant soumis aux exigences du pape, celui-ci, satisfait de cette déférence, défendit à Philippe de poursuivre son entreprise. Justement indigné de l'arrogance et de la versatilité de Célestin, le monarque méprisa sa défense, continua ses armemens et déclara au nonce du pape qu'il tenterait de conquérir la Grande-Bretagne, malgré les ordres du Saint-Siége.

Pendant qu'il s'occupait à équiper une flotte nombreuse, le duc de Brabant, menacé par tous les princes de la Belgique, alla le trouver à Soissons, et lui proposa de conclure un traité d'alliance offensive et défensive. Philippe-Auguste y consentit, et, désireux d'attacher le prince belge plus étroitement à son parti, il lui donna en mariage Marie de France, sa fille, veuve du comte de Namur, Philippe le Noble.

Le roi Jean, de son côté, était parvenu à se créer de nombreux alliés. Il avait fait alliance avec l'empereur Otton, et il avait même engagé Ferrand de Portugal, devenu souverain de la Flandre et du Hainaut, par son mariage avec la comtesse Jeanne, fille de Baudouin de Constantinople, à déclarer la guerre à son souverain. Philippe-Auguste ayant terminé ses préparatifs et rassemblé à Boulogne une flotte de mille sept cents voiles, ainsi qu'une armée de soixante mille hommes, donna l'ordre à tous ses vassaux de venir l'y joindre. Le comte Ferrand s'y refusa, et le roi de France, outré de cette désobéissance, tourna ses armes contre la Flandre. Soudain, il fait procéder à l'embarquement des troupes, lève l'ancre, met à la voile, cingle vers les côtes de la Zélande, fait entrer sa flotte dans le port de Dam, s'empare de cette place, enlève successivement les villes d'Ypres, de Bruges, de Cassel, et court investir Gand.

Pendant qu'il pressait le siége de cette place, les comtes de Boulogne et de Salisbury, réunis aux Flamands, se présentèrent inopinément devant Dam, assiégèrent cette ville, considérable alors, enlevèrent trois cents navires aux Français, et leur en détruisirent cent. Instruit de ce désastre, Philippe-Auguste lève le siége de Gand, vole des rives de l'Escaut aux rives de la Lys, attaque les Anglais et les Flamands sous les murs de Dam, les bat, les met en déroute, et les force à se réfugier sur leurs vaisseaux. Quoique victorieux, il brûle Dam, incendie sa flotte de crainte qu'elle ne devienne la proie de ses ennemis, s'empare de Gand, de Douai, de Lille, remet le commandement de ses forces au prince Louis, son fils, pendant qu'il court défendre ses états menacés par une ligue formidable.

Dès que Philippe-Auguste fut éloigné, les comtes de Flandre, de Boulogne et de Salisbury débarquèrent sur les côtes de Flandre et se mirent en mesure d'attaquer Louis, qui venait de prendre et de brûler Courtray. Ils s'avancèrent en force, emportèrent Ypres d'assaut, et, les Français fuyant de toutes parts à leur approche, ils allèrent investir Tournay. Une large brèche, faite aux remparts après quelques jours de siége, leur permit d'enlever la place; ils s'y précipitèrent en foule, repoussèrent les habitans, qui se défendaient courageusement, et en firent un horrible massacre. Non content de cette sanglante exécution, Ferrand eut la barbarie de faire trancher la tête à douze des principaux bourgeois. Après cet affreux exploit, il marcha sur Lille, qui, lassée du joug de la France, lui ouvrit ses portes. Profitant ensuite de la terreur des Français, il les poursuivit jusque sous les murs d'Arras, et dévasta le pays (1213).

Les succès rapides du comte de Flandre forcèrent Philippe-Auguste à se mettre en campagne de nouveau. Jaloux de venger l'honneur de ses armes, il revint avec des forces considérables; mais Ferrand connaissant l'infériorité des siennes, se retira sur Lille et s'y enferma. Dès qu'il sut que son vassal infidèle s'était réfugié dans cette place, il vint l'investir et poussa le siége avec vigueur. Le roi et le comte déployèrent dans ce siége meurtrier la même valeur et le même acharnement; mais les Flamands, vaincus par le nombre, furent enfin contraints d'abandonner la ville et de se retirer dans la citadelle, d'où ils virent les Français massacrer les habitans et incendier cette malheureuse cité.

Le comte de Flandre prévoyant bien qu'il ne pourrait

résister aux forces de ses ennemis, profita du désordre occasionné par l'incendie pour sortir de la citadelle. A la tête d'une poignée de braves, il traverse la ville en flammes, s'ouvre un passage dans les rangs des Français et parvient à s'éloigner malgré la multitude d'ennemis qui lui est opposée. Pendant que Philippe-Auguste perd un tems précieux dans les environs de Lille, le comte soulève la population dans tous les endroits qu'il traverse, renforce ses troupes de tout ce qui est en état de porter les armes, et se jette tout à coup sur les états du duc de Brabant, allié du roi de France. Henri 1er, surpris par l'apparition soudaine de l'intrépide Ferrand, fait fermer les portes de Bruxelles et se met en devoir de défendre sa capitale; mais assailli de toutes parts, il est forcé d'entrer en négociations. Il obtint la retraite du comte de Flandre en lui promettant qu'il unirait ses armes à celles des alliés, et en lui donnant ses deux fils pour otages (1213).

BATAILLE DE STEPPES.

Le traité que le duc de Brabant venait de conclure avec Ferrand mettant ses états à l'abri d'une invasion du côté de la Flandre, il résolut de venger sur ses voisins l'espèce de honte à laquelle il avait dû se soumettre pour sauver sa capitale. Sous le prétexte que l'évêque de Liége était l'ennemi de l'empereur Otton, il leva à la hâte des troupes nombreuses, entra sur le territoire de l'évêché et vint camper dans les environs de Moha qu'il mit à feu et à sang. Guidé par une aveugle fureur, il détruisit tout ce qu'il trouva sur son passage, et fit partout des monceaux de ruines. Lorsqu'il entra dans Walef, le peuple consterné s'était retiré dans l'église, espérant que les Brabançons, eu égard à la sainteté du lieu, respecteraient l'honneur et la vie de ceux qui cherchaient un refuge au pied des autels. Henri s'en approcha, et voyant un crucifix étendu en signe de douleur sur le seuil de la porte de cet édifice, il le ramassa, le mit en pièces, le jeta sur un fumier, et dit en se retournant vers les siens : « L'évêque croit-il que « c'est avec de semblables momeries qu'il me fera trem- « bler ?... » Après avoir commis cette impiété il fait incendier Walef ; puis, poursuivant sa marche dévastatrice, il brûle Tourinne, Waremme, et se présente devant Tongres. Là, comme à Walef, les habitans s'étaient retirés dans l'église bien décidés à s'y défendre. Il la fit attaquer à plusieurs reprises ; mais ses troupes ayant été repoussées chaque fois avec perte, il déchargea sa colère sur la ville et sur les villages voisins qu'il pilla et qu'il livra aux flammes. Il leva le camp le lendemain, et dirigea sa marche sur Liége, plutôt par ostentation, dit le père Bouille, que dans le dessein d'insulter cette ville qu'il savait être en état de défense. N'osant attaquer cette place, il en incendia les faubourgs, et, rebroussant chemin, il alla camper le même jour à Sendermale, village situé entre Liége et Tongres.

Dès que Hugues de Pierpont fut informé de l'invasion des Brabançons, il se hâta d'appeler aux armes tous les peuples de son diocèse. Ils s'armèrent à la voix de l'évêque, et ceux des contrées voisines de la capitale s'y rendirent immédiatement ; mais les forces qui y étaient réunies se trouvant inférieures en nombre à celles du duc, le prélat crut prudent de rester derrière ses remparts en attendant des renforts.

Le lendemain du départ de Henri, les Liégeois ayant été renforcés par les troupes du comte de Looz et par celles des villes de Huy, de Dinant et de Fosses, l'évêque résolut d'entrer en campagne et de poursuivre le duc dans sa retraite. Il se mit en marche immédiatement, chemina le reste du jour sans apercevoir l'armée ennemie, et prit position le soir au village de Glons, sur le Jaar, à deux lieues et demie de Liége. Là ses espions lui apprirent qu'au lieu de suivre la route de Tongres, le duc avait fait un changement de direction à gauche, s'était dirigé vers la plaine de Steppes, et avait placé son bivouac sur une légère éminence au sud de Montenaken.

Désireux d'atteindre un ennemi qui avait porté l'horreur et le trépas sur les terres de l'Église et qui se retirait chargé de butin, le prélat quitta sa position vers le milieu de la nuit, et, après quelques heures de marche, son armée se trouva le 13 octobre de l'an 1213, avant le lever de l'aurore, en présence des Brabançons qui se croyaient dans une parfaite sécurité. Quoique ses troupes fussent fatiguées, il voulut qu'on les rangea de suite en bataille ; mais se défiant de ses connaissances dans l'art de la guerre, il confia le commandement en chef de l'armée à Tierri de Walcourt qui prit de suite des dispositions pour l'attaque. L'aile droite, composée des levées du Limbourg et des vassaux du comte de

Looz, obéit aux ordres de ce dernier ; l'évêque prit le commandement du centre, formé des Liégeois et des soldats de la ville de Huy ; et le comte de Rochefort eut celui de la gauche où l'on distinguait les Dinantais, les Ardennais et les troupes du seigneur de Walcourt. La cavalerie, qui était massée au centre, derrière l'infanterie, gardait la châsse de saint Lambert.

Aussitôt que le jour parut (13 octobre 1213), le duc de Brabant vit l'armée Liégeoise déployée dans la plaine, et, soudain, il conçut le projet de la détruire. Il forma la sienne sur la colline qu'il occupait, et comme il savait que le comte de Looz, renommé par son courage et par son intrépidité, valait à lui seul une armée, il chargea cinq des plus braves des siens de s'attacher à lui pendant le combat, et de s'en emparer mort ou vif; mais, craignant pour sa personne, il eut la lâcheté de se revêtir de l'armure de Henri de Huldenberghe et de lui donner la sienne, espérant par ce stratagème indigne d'un homme d'honneur, échapper aux coups des ennemis, quelque fût le sort du combat : Dès qu'il eut pris les dispositions nécessaires, ses troupes s'ébranlèrent, quittèrent leur position, descendirent dans la plaine, et se précipitèrent sur les Liégeois. Ceux-ci les attendaient de pied ferme ; tandis que les hommes du premier rang croisaient la lance et présentaient aux Brabançons un rempart hérissé de fer, ceux des autres rangs lançaient sur ces derniers une grêle de traits et de pierres. L'attaque fut terrible et la résistance opiniâtre. Voyant qu'il ne pouvait enfoncer la ligne ennemie, le duc dirigea tous ses efforts vers le centre et l'aile droite et les chargea avec tant de fureur, qu'il parvint enfin à les ébranler. Alors la mêlée devint affreuse. Trois fois ceux qui s'acharnaient à la perte du comte de Looz le renversèrent de cheval ; mais, trois fois dégagé par son frère, cet intrépide guerrier se remontra à la tête des siens et recommença le combat avec une nouvelle ardeur. Malgré la vaillance et l'audace du comte, la fortune semblait vouloir se décider en faveur de l'armée de Henri. Déjà le bruit de la mort de l'évêque et de celle du comte de Looz se répandait faussement de rang en rang, et déjà les Liégeois découragés par la perte de ces chefs, allaient succomber, quand le comte de Rochefort, qui commandait l'aile gauche, culbuta la droite des Brabançons, la mit en déroute et vint prendre leur centre en flanc. Ce mouvement décida la victoire. Surpris par cette attaque imprévue, les soldats du duc se tournent vers ces nouveaux ennemis, ils se prennent corps à corps avec eux, donnent et reçoivent le trépas, combattent avec le courage du désespoir, et ce n'est que quand ils voient tomber, percé de coups, celui qui est revêtu de l'armure de leur souverain, qu'ils lâchent le pied et s'enfuient. Animés par ce succès inespéré, qu'ils s'imaginent devoir à la protection de saint Lambert, leur patron, les Liégeois s'élancent sur les traces de leurs ennemis, les renversent à coups de hache, en massacrent plus de trois mille, font quatre mille prisonniers, et poursuivent le duc si chaudement qu'il ne doit qu'à la vitesse de son cheval le bonheur de se soustraire à leur rage et de se sauver à Louvain.

Profitant de la déroute des Brabançons, l'évêque se présenta devant Hannut, le prit, le brûla ; puis enleva Landen et Tirlemont qu'il livra également aux flammes, et vint ensuite assiéger Leau, place forte alors, située au milieu de marais impraticables. Il s'en empara après un siége de trois jours, la fit démanteler et brûler, ravagea le pays, incendia trente-deux villages et revint à Liége chargé de gloire et de butin.

Réduit aux abois, le duc de Brabant implora la médiation du comte de Flandre, et le conjura d'interposer ses bons offices auprès de l'évêque pour terminer leurs différends. Le comte Ferrand ayant à cœur de détacher tout à fait Henri du parti de la France, ne perdit pas un moment; il vit l'évêque et le duc et parvint à les réconcilier.

Ensuite d'un traité de paix conclu le 2 février 1214, le duc de Brabant se rendit à Liége vers la fin du même mois avec le comte de Flandre. Là, il se mit à genoux en présence de l'évêque et des chanoines, leur demanda pardon, et fut ensuite conduit en cérémonie à l'église de Saint-Lambert où il releva de terre l'image du Christ et les reliques des saints qui y étaient demeurées déposées pendant toute la guerre, selon la coutume du tems. Après cette démarche humiliante, il paya à l'Église une indemnité de quinze mille livres, et reçut du prélat le baiser de paix.

BATAILLE DE BOUVINES.

L'EMPEREUR Otton, jaloux de dominer en France comme en Italie et en Allemagne, avait formé une ligue formidable pour écraser Philippe-Auguste et rétablir l'empire de Charlemagne. Il convoqua à Valenciennes une diète où se trouvèrent les ducs de Brabant, de Limbourg, de Lorraine, les comtes de Flandre, de Bar, de Boulogne, de Luxembourg, de Hollande et de Salisbury, qui résolurent de conquérir la France et de s'en partager les dépouilles. Ils décidèrent que le comte de Flandre aurait, avec le titre de roi, Paris et son territoire ; que le Vermandois appartiendrait au comte de Boulogne ; les provinces situées au delà de la Loire au roi d'Angleterre ; et que l'empereur, outre la suzeraineté de ces divers états, aurait en partage la Champagne et la Bourgogne. Fatigués de la domination du Saint-Siége, ils décidèrent aussi qu'après avoir enlevé le trône à Philippe-Auguste, ils anéantiraient les papes, les évêques et les moines, et ne conserveraient qu'un petit nombre de prêtres à qui il ne serait pas permis d'acquérir des richesses. L'historien Marchant rapporte que la crédule Mathilde, tante du comte Ferrant, voulant connaître l'issue de cette guerre, consulta un célèbre magicien qui lui répondit : « Le roi tombera sur le champ de bataille ; il « ne sera point enseveli, et le comte de Flandre entrera « avec pompe dans la capitale de la France. » La suite des événemens nous fera connaître la véracité de cet oracle (1214).

Après avoir formé ces vains projets, les princes alliés retournèrent dans leurs états, rassemblèrent des troupes, et, dès qu'ils apprirent que l'empereur était arrivé à Aix-la-Chapelle à la tête d'une nombreuse armée, ils se disposèrent à réunir leurs forces aux siennes. Otton pensa néanmoins être arrêté tout court sur les bords de la Meuse par les seules forces de Hugues de Pierpont, évêque de Liége. Ce prélat se défiant avec raison de la mauvaise volonté de l'empereur, n'avait pu voir, sans inquiétude, marcher vers ses états une armée si nombreuse, dans laquelle étaient ses plus grands ennemis. Aussitôt qu'il sut qu'Otton était à Aix-la-Chapelle, il se mit à la tête de ses sujets, accompagné du comte de Looz, son allié, et il alla rompre le pont de la Meuse vis-à-vis de Maestricht, bien résolu d'empêcher l'armée impériale d'entrer dans le pays de Liége. Cet obstacle que les alliés n'avaient pas prévu embarrassa sérieusement le comte de Flandre. Inquiet des progrès que les Français faisaient dans ses états, il alla trouver l'évêque, lui représenta d'une manière si pressante le danger où la Flandre se trouvait, et lui donna des assurances si positives qu'on ne pensait en aucune façon à lui nuire, qu'à la fin Hugues consentit à laisser le passage libre, à condition, toutefois, que l'armée impériale ne s'arrêterait que le moins possible sur les terres de l'évêché. Otton le lui promit et tint parole.

Pierre de Courtenay, époux d'Yolande, comtesse de Namur, n'était pas plus favorable à l'empereur que l'évêque de Liége. Il dissimula aussi long-tems que l'armée impériale fut à portée du comté de Namur, mais dès qu'il eut appris qu'elle était entrée dans le Hainaut, il courut se ranger sous les étendards du roi de France, tandis que son fils Philippe allait grossir les rangs des confédérés.

Valenciennes ayant été choisie pour point de concentration, les princes alliés y conduisirent leurs troupes. Avant d'entrer en campagne, Otton épousa, dans cette ville, Marie de Brabant, fille du duc Henri, avec laquelle il était fiancé depuis plusieurs années.

Aussitôt qu'il fut instruit du mouvement opéré par

ses nombreux ennemis, Philippe-Auguste s'avança avec une armée de soixante mille hommes, et se présenta devant Tournay, qui lui ouvrit ses portes. Cette défection faisant craindre aux confédérés que les autres villes de la Flandre et du Hainaut n'imitassent cet exemple, ils se mirent en marche immédiatement et vinrent camper à Mortagne, lieu situé près des rives de l'Escaut, à trois lieues de Tournay.

Quand le roi de France apprit que l'armée impériale était campée à quelques lieues de la sienne, il voulut l'attaquer sans retard ; mais ses principaux officiers lui ayant représenté le danger qu'il y aurait de livrer bataille dans une position désavantageuse et dans un pays ruiné, il rétrograda vers Lille, dans l'espoir de fatiguer, par des marches et des contre-marches, l'armée des confédérés, qui s'élevait à plus de cent cinquante mille hommes, et qu'il n'osait peut-être se flatter de vaincre en bataille rangée.

Arrivé à hauteur de Cisoin le 25 juillet 1214, Philippe-Auguste mit pied à terre, se désarma, et se reposa à l'ombre d'un frêne, près d'une chapelle consacrée à saint Pierre, pendant que ses troupes passaient la Marque sur le pont de Bouvines. A peine l'avant-garde avait-elle franchi cette rivière, que le vicomte de Melun vint avertir le roi que toutes les forces des alliés s'avançaient pour livrer bataille, et que déjà les escadrons français qui protégeaient la retraite avaient échangé quelques coups de lances avec les éclaireurs de l'ennemi. Le conseil de Philippe était d'avis de faire passer la Marque à toute l'armée, et de la former sur l'autre rive; mais le roi, craignant sans doute que les alliés ne l'attaquassent pendant qu'il opérait ce mouvement, fut d'un avis contraire. Il donna des ordres positifs, et tandis que l'avant-garde repassait la rivière, Guérin, évêque de Senlis, qui remplissait les fonctions de maréchal, fit faire face en arrière en bataille au reste de l'armée, et la disposa de manière qu'elle avait à dos le village de Bouvines et la Marque, et qu'elle faisait face à Tournay.

Vers une heure de relevée, l'armée impériale parut déployée dans la plaine, occupant une vaste étendue. Le comte de Flandre commandait la droite, l'empereur Otton était au centre avec les Germains, et le comte de Boulogne à l'aile gauche.

A l'aspect de tant de forces réunies, Philippe-Auguste s'avança vers ses soldats, et leur montrant la couronne qu'il avait ôtée de sa tête : « Français, leur dit-il, s'il
« existe parmi vous un guerrier qui soit plus capable
« que moi de porter ce diadême, je suis prêt à lui obéir;
« mais si vous ne m'en croyez pas indigne, songez bien,
« en marchant avec moi contre l'ennemi, que vous avez
« à défendre aujourd'hui votre honneur, votre pays,
« votre roi, votre bien et vos familles. » L'armée répondit à ces paroles héroïques par les cris de « Vive
« Philippe! qu'il demeure notre roi; nous mourrons
« pour sa défense et pour celle de l'état. » Alors, voulant échauffer leur courage, le monarque français s'écria :
« Soldats! c'est en Dieu seul que nous devons placer
« notre espérance : Otton et ses guerriers sont ennemis
« de l'Église et excommuniés; ils se sont enrichis du
« pillage des temples, abreuvés des larmes des pauvres;
« nous, au contraire, nous sommes chrétiens, défen-
« seurs de la foi; ainsi tout nous assure la protection
« de Dieu. Sa miséricorde nous fera triompher de nos
« ennemis, qui sont aussi les siens. »

A peine Philippe-Auguste eut-il achevé ce discours pieux que la charge sonna de part et d'autre. Alors, les deux armées s'ébranlèrent et s'attaquèrent, les Français au cri de *Mont-joie saint Denis*, et leurs ennemis au cri de *Kyrie Eleison*. La tactique romaine ayant disparu, dit un auteur moderne, aucun art ne réglait plus le mouvement des troupes ; les batailles n'étaient que de sanglantes mêlées où l'on combattait corps à corps ; nulle habileté n'y enchaînait la fortune ; l'audace, la force, le hasard, y décidaient tout.

Après une heure d'un combat opiniâtre, le centre de l'armée française, assailli par les alliés, fut totalement enfoncé. La plupart des chevaliers qui combattent près du roi sont tués, et ce monarque lui-même est bientôt enveloppé. C'est en vain que l'évêque de Senlis, armé d'une massue, frappe à coups redoublés pour dégager son souverain du péril qui le menace. Entouré de Belges et d'Allemands, Philippe-Auguste fait de violens efforts pour se défendre, quand un soldat, avec un javelot armé de crampons, atteint la mentonnière de son casque, le tire fortement à lui et le renverse.

Pendant que le roi, relevé de sa chute, cherchait à se débarrasser de l'incommode javelot, l'empereur, accouru pour achever sa victoire, porta un violent coup d'épée à son royal ennemi ; mais Étienne de Longchamp, qui s'en aperçut, fit un rempart de son corps au monarque, reçut le coup et tomba mort à ses pieds. C'en était fait du roi, il allait succomber sous le nombre ou tomber vivant au pouvoir des alliés, quand Pierre de Courtenay, comte de Namur, arriva à la tête des siens, dégagea Philippe, le remit en selle, et donna le tems aux Français de se rallier autour de leur souverain. Le péril auquel il vient d'échapper excite leur courage, anime leur fureur : ils se précipitent sur les Belges et les Allemands, se font jour dans leurs rangs et attaquent vivement l'empereur, qui, à son tour, se voit environné d'ennemis. Tandis qu'un chevalier français saisit la bride de son cheval, et qu'un autre brise son épée sur sa cuirasse, le coursier d'Otton, atteint d'un coup de lance, se cabre, fait lâcher prise à celui qui s'était emparé des rênes, se jette sur le côté, renverse les guerriers qui l'entourent, et emporte son cavalier hors de cette affreuse mêlée.

Cet incident décida la victoire. S'imaginant que l'empereur prenait la fuite, les Allemands crurent la bataille perdue. Saisis d'une terreur panique, ils jettent leurs armes, quittent la position, abandonnent leur grand étendard surmonté d'une aigle impériale, et entraînent dans leur déroute leurs chefs et le centre de l'armée.

Séparés par la fuite des Germains, les comtes de Flandre, de Boulogne, et le duc de Brabant, qui combattaient aux ailes, essayèrent de rétablir leur ligne. Dans ce but, le comte de Boulogne chargea vigoureusement les Français, les enfonça, et parvint même jusqu'auprès du roi, sur la tête duquel il avait déjà le glaive levé. S'il eût abattu ce monarque, tout pouvait encore se réparer; il allait frapper; mais, saisi d'un saint respect pour la personne de son suzerain, il s'arrête un instant, et, pendant qu'il hésite, l'évêque de Senlis lui assène sur la tête un coup de massue qui l'étourdit et le renverse de cheval.

La chute du comte de Boulogne fut l'instant du désastre. Les troupes alliées, frappées d'une terreur soudaine, se débandèrent et entraînèrent le duc de Brabant dans leur fuite. Les comtes de Flandre et de Salisbury n'eurent pas le même bonheur; renversés de cheval et couverts de sang, ils tombèrent tous deux au pouvoir de l'ennemi.

A six heures du soir, l'armée nombreuse qui s'était vantée de conquérir la France, était entièrement dispersée, laissant plus de trente mille hommes étendus sans vie dans la plaine de Bouvines. Partout les Français étaient victorieux, et, cependant, sept cents Brabançons, renfermés dans une métairie, combattaient encore. Philippe-Auguste chargea Saint-Valery de dompter cette poignée de braves. Il courut les attaquer; mais, sans s'effrayer du nombre de leurs ennemis, ils se battirent si courageusement que le roi fut bientôt obligé de les faire charger par une forte portion de son armée. Restés seuls sur le champ de bataille, assaillis de toutes parts, ils se défendirent jusqu'à la mort, et périrent tous en défendant le poste qui leur avait été confié.

Après cette malheureuse journée, le comte de Flandre, traîné à Paris à la suite du vainqueur, devint l'objet des insultes et des railleries du peuple, et fut renfermé dans la tour du Louvre, où il languit pendant douze années dans une étroite et dure captivité.

JEANNE DE FLANDRE.

Aussitôt que Jeanne fut instruite du désastre de Bouvines et de la captivité de son mari, elle convoqua à Bruges et à Mons les états de Flandre et du Hainaut, et leur notifia que, pendant l'absence du comte, elle prendrait le titre de régente. Craignant que Philippe-Auguste n'attentât à la vie de Ferrand, elle se rendit à Paris et sollicita vivement sa délivrance. Ses prières et sa soumission ne purent le rendre à la liberté ; mais elle obtint d'être maintenue dans la souveraineté de ses états, et, plus tard, d'être comprise dans la trève de cinq ans, que Philippe conclut avec le roi d'Angleterre.

La destruction de l'armée d'Otton ayant ruiné son pouvoir et ses espérances, Frédéric, son compétiteur, profita de ce moment pour s'emparer du trône impérial. Il rassembla autant de troupes qu'il put, traversa la Moselle, et vint passer la Meuse à Maestricht, dans le dessein de ravager le Brabant. Le duc ne se sentant pas de force à lutter contre ce nouvel ennemi, et n'ayant plus rien à espérer de la part de son gendre, abandonna ce dernier à son mauvais sort, et courut, avec le duc de Limbourg, prêter serment de fidélité à Frédéric, lui laissant son fils pour garant de sa foi. Le nouvel empereur fut couronné à Aix-la-Chapelle en l'an 1215, et Otton, forcé de rentrer dans la vie privée, mourut trois ans après au château de Hartzbourg, où il avait été contraint de se réfugier.

Après le couronnement de l'empereur Frédéric II, l'archevêque de Cologne profita de l'instant où la plupart des souverains de la Belgique étaient réunis à Aix-la-Chapelle, pour les exhorter au nom du pape Innocent III de voler au secours des chrétiens de la Palestine, réduits à la dernière extrémité par les disciples de Mahomet. Les ducs de Brabant, de Limbourg, les comtes de Hollande, de Looz, et l'évêque d'Utrecht prirent la croix, ainsi que Guillaume d'Avesnes, à qui la comtesse de Flandre confia un corps nombreux de Flamands et de gens du Hainaut.

Ils s'embarquèrent dans les ports de l'Océan, et conduisirent une partie de leurs sujets dans cette expédition insensée. Les vents contrarièrent long-tems leur pieuse traversée et jetèrent plusieurs de leurs navires sur les côtes de l'Espagne; mais arrivés devant Damiette, ils forcèrent l'entrée du port et assiégèrent cette place importante, qui fut enlevée d'assaut après un siége de dix-sept mois (1219). La population de cette ville, qui, avant le siége, s'élevait à soixante-dix mille âmes, fut réduite à trois mille. Deux ans après, les Sarrasins la reprirent et la détruisirent de fond en comble.

Vers l'an 1225, pendant que Jeanne de Flandre s'occupait avec sollicitude du bonheur de ses peuples, un vieillard, portant un habit d'ermite, qui revenait de la Palestine, parut tout à coup en Belgique, sous le nom de Baudouin IX, avec qui il avait, du moins, une ressemblance frappante. Cet homme racontait qu'ayant été fait prisonnier à la bataille d'Andrinople par le roi des Bulgares, il avait gémi vingt ans dans une affreuse captivité; qu'il avait brisé ses fers, et qu'il s'était hâté de revenir dans sa patrie. Les grands et le peuple, qui vénéraient la mémoire de Baudouin, coururent en foule à Lille pour le voir, et le reconnurent d'autant mieux pour le héros qui avait conquis Constantinople, que chaque fois que l'occasion s'en présentait, il citait l'extraction de la plupart des nobles, les actions glorieuses de leurs ancêtres et les armes de leurs familles.

Faux ou vrai, le bruit de l'arrivée du comte Baudouin vola bientôt de bouche en bouche, et toutes les villes de la Flandre et du Hainaut, fatiguées peut-être d'être gouvernées par une femme, le reconnurent pour leur souverain.

Jeanne, qui avait pris goût au pouvoir et à qui il

répugnait de remettre le sceptre et la souveraine puissance en d'autres mains, apprit au Quesnoy l'arrivée de celui qui avait la prétention d'être son père. Elle en rit d'abord, et refusa de le voir; mais quand elle vit la noblesse, le peuple et le clergé se déclarer en faveur du faux ermite, elle craignit de tomber au pouvoir de cet homme, et courut se placer sous la protection du roi de France, Louis VIII, qui venait de succéder à Philippe-Auguste. Importuné par les prières de la comtesse, Louise se rendit à Péronne et donna l'ordre à celui qui se disait comte de Flandre de comparaître devant lui afin qu'il pût juger s'il était réellement ce qu'il prétendait être, ou bien un vil imposteur.

Au jour fixé, l'ermite se présenta suivi de plusieurs nobles flamands, et l'évêque de Beauvais lui fit, au nom du roi, diverses questions auxquelles il répondit de manière à faire croire qu'il était le fameux Baudouin qui couvrit son nom de gloire. Le monarque l'ayant sommé de dire en quel lieu il avait rendu hommage de son comté de Flandre au roi Philippe-Auguste; par qui et en quel lieu il avait été fait chevalier, et en quel lieu et quel jour il avait obtenu la main de Marguerite de Champagne, il hésita et demanda un sursis de trois jours pour répondre à ces questions, sous le prétexte, qu'après tant d'infortunes, les circonstances les plus importantes de sa vie avaient pu s'effacer de sa mémoire. Le roi lui refusa le délai qu'il demandait, et regardant, dit Oudegherst, « de plus près aux port et gestes de ce
« contrefait empereur, trouvant en lui, faute de cette
« bienséance et bonne grace, qu'ont constumièrement
« ceux qui sont bien nays et bien nourris, il le tint pour
« trompeur, et pour tel déchassa de son royaume,
« ordonnant qu'il eut à en vider en dedans trois jours,

« et ce soubs peine de la hart (d'être pendu). »

Ce jugement ayant éloigné de l'ermite les plus influens de ses partisans, il se travestit en marchand à l'effet de passer en Bourgogne ; mais la comtesse, qui avait intérêt à s'assurer de sa personne, chargea Erard Castenac de le lui livrer moyennant une somme de quatre cents marcs d'argent. Ce malheureux, trahi par un homme qui avait sa confiance, fut conduit à Lille où Jeanne lui fit dire tout ce qu'elle voulut en l'appliquant à la torture. Après une foule d'aveux qui lui furent arrachés par les plus horribles souffrances, l'ermite fut pendu à Lille pour crime d'imposture. « Son sup-
« plice n'empêcha point, dit l'historien Delewarde, le
« peuple malin de croire que la fille avait mieux aimé
« faire pendre son père que de lui remettre la souve-
« raineté. » Mais ce qui augmenta la croyance du vulgaire, fut la fondation à Lille de l'hôpital Comtesse, où l'on vit une potence unie aux armes de Flandre. En ouvrant cet établissement à la charité, Jeanne crut peut-être étouffer le cri d'une conscience agitée par le doute affreux d'un parricide.

A la sollicitation des cours de Rome, de Castille et de Portugal, Louis VIII permit enfin au comte Ferrand de rentrer dans ses états. Il fut élargi en l'an 1227, sous la condition de payer à la France une somme de vingt-cinq mille marcs d'argent, et de lui laisser la citadelle de Douai pendant douze années. Le comte Ferrand mourut à Noyon en 1232, et quatre ans après, Jeanne épousa, en secondes noces, Thomas, fils du comte de Savoie.

LES STADINGS.

Si l'on en excepte quelques querelles particulières qui ne méritent pas le nom de guerre, les Belges vivaient en paix depuis le désastre de Bouvines, c'est-à-dire depuis près de vingt ans, quand le fanatisme les força de reprendre les armes.

Les habitans de Staden, ville située entre la Frise et la Saxe et qui faisait partie de l'évêché de Brême, étaient compris au nombre des Frisons. Amis de la liberté, ils supportaient impatiemment le joug du prélat, lorsqu'un événement de peu d'importance vint les exaspérer et les porter à la sédition.

La cupidité du clergé avait établi depuis long-tems l'usage de déposer une offrande avant de recevoir le sacrement de l'Eucharistie. Un prêtre de Staden n'ayant, à Pâques, reçu qu'une légère offrande d'une dame de qualité, poussa l'inconvenance jusqu'à lui mettre dans la bouche, au lieu d'hostie, la pièce de monnaie qu'elle avait présentée[1]. Outrée d'une semblable infamie, cette dame s'en plaignit à son mari qui souleva le peuple, assomma le prêtre et secoua le joug de l'Église.

Irrité de ce que les habitans de Staden eussent pris la liberté grande de porter la main sur un ministre des

---

[1] Moine, Will. Pro. Liv. II, p. 501.

autels, l'évêque les excommunia, et, joignant le pouvoir temporel au spirituel, il rassembla des troupes, marcha contre eux, et se fit battre en plusieurs rencontres. Dès cet instant ils furent déclarés hérétiques, mis hors de la loi commune, et la fourberie du clergé ne tarda guère à les charger des imputations les plus atroces et les plus absurdes. On fit courir le bruit qu'ils étaient en relation avec l'esprit des ténèbres ; que quand une personne s'approchait d'eux, ils lui faisaient baiser un crapaud, un squelette livide, et que soudain elle devenait froide et reniait le christianisme [1]. On les accusa de tenir des assemblées nocturnes où les hommes et les femmes se livraient pêle-mêle à la plus dégoûtante débauche ; on leur imputa enfin toutes les horreurs que l'on avait attribuées aux malheureux Albigeois, que l'ignorance et la faiblesse de Philippe-Auguste venait de sacrifier à l'intolérance du Saint-Siége, et qui donnèrent naissance au tribunal inique de l'inquisition, qui épouvanta la terre dans son berceau.

C'est dans ces circonstances que le pape Grégoire IX, à la sollicitation de l'évêque de Brême, ouvrit le ciel à tous les chrétiens qui iraient égorger les Stadings. Forts de cette affreuse mission, les frères prêcheurs se répandirent en Belgique et sur les rives du Rhin, donnèrent connaissance aux peuples de la décision du souverain pontife, les appelèrent aux armes, et leur promirent la palme du martyre s'ils succombaient dans la guerre sainte qu'ils allaient entreprendre. Henri, fils aîné du duc de Brabant, fut chargé de la direction de cette odieuse croisade. Thierri, comte de Clèves, et la plupart des seigneurs belges, suivis d'une foule fanatique, avide de carnage et de butin, vinrent se ranger sous les éten-

[1] Tableau de l'histoire générale des Provinces-Unies, p. 284.

dards de ce jeune prince qui se rendit dans le diocèse de Brême, où Florent IV, comte de Hollande, fut le rejoindre après avoir remonté le Wéser avec une flotte de trois cents voiles.

Dès que les Stadings furent informés de l'approche des croisés, ils abandonnèrent leur ville et se retirèrent dans les marais où ils espéraient pouvoir échapper à la rage de leurs ennemis; mais le 26 juin 1234, quand ils les virent franchir ces faibles remparts à l'aide de claies et de ponts, quand ils entendirent les cris de ces guerriers fanatiques, le désespoir s'empara de leurs âmes et ils jurèrent de périr pour la défense de leur liberté et de leurs proches. Entourés d'ennemis, ils se forment en trois corps, et vont tête baissée se jeter au milieu de l'armée belge que ce choc terrible ébranle un instant. Pendant qu'ils se défendaient courageusement, et qu'ils cherchaient à paralyser les efforts du principal corps des croisés, les comtes de Clèves et de Hollande les prirent en flanc et en queue et jetèrent le désordre dans leurs rangs. L'action alors devint une véritable boucherie ; six mille de ces malheureux périrent sous le glaive des Belges, et le reste, hommes, femmes, enfans, alla trouver la mort dans la fange des marais ou dans les flots du Wéser.

Telle est l'histoire des Stadings, dénaturée par les auteurs qui ont écrit sous l'influence des prêtres, et par ceux qui les ont copiés trop servilement. Nous aurions voulu la passer sous silence, mais l'inexorable vérité ne nous a pas permis de nous unir à plusieurs de nos devanciers pour flétrir la mémoire de gens victimes d'un aveugle fanatisme.

FIN DE HENRI LE GUERROYEUR.

—

En l'an 1235, le duc Henri se rendit à Mayence à l'effet d'assister à une diète convoquée par l'empereur Fréderic II ; en revenant dans ses états, il passa à Cologne, et il y fut atteint d'une maladie qui le conduisit au tombeau. Sa dépouille mortelle fut transportée à Louvain, et enterrée dans le chœur de l'église de Saint-Pierre. Il est le premier de nos ducs qui porta le lion sur son bouclier, comme l'emblème de la nation, et qui le fit graver sur le sceau de l'état.

C'est du règne de ce prince que date l'affranchissement des communes. Jaloux de détruire le pouvoir féodal qui avait corrompu la noblesse, abruti le peuple, étouffé la liberté, et créé dans chaque état une foule de tyrans subalternes qui n'avaient d'autres lois que celles de leur caprice, il accorda des priviléges aux villes, et porta ainsi un coup sensible à l'hydre affreux de la féodalité.

A son avènement au pouvoir, les usurpations des grands étaient insupportables. Le peuple était l'esclave des châtelains ; on le vendait comme un vil bétail ; il était assujetti aux corvées les plus humiliantes ; il cultivait les terres du seigneur ; il le suivait à la guerre ; il ne pouvait fixer sa résidence dans un autre endroit sans y être dûment autorisé, et il n'avait pas même le droit de disposer du fruit de son industrie.

Les habitans des grandes villes n'étaient point attachés à la glèbe; ils pouvaient au moins être propriétaires de leurs maisons, et, quoique souvent rançonnés, on ne les empêchait pas de se choisir un genre d'industrie; mais ils vivaient sous la dépendance d'un comte, d'un évêque, d'une abbaye, d'une cathédrale, et n'étaient pas moins obligés que les campagnards à quitter leur domicile pour aller guerroyer lorsque le cas l'exigeait.

L'affranchissement de la ville de Vilvorde, qui date de l'an 1192, est le premier du Brabant. L'acte par lequel Henri le Guerroyeur délivre cet endroit de la tyrannie des seigneurs, est un monument d'autant plus intéressant qu'il nous donne une juste idée des mœurs et des usages du siècle. Le duc de Brabant y déclare :

« 1º Que tous ceux qui seront faits bourgeois de cette
« ville ne seront traités dans toutes leurs causes que
« dans Vilvorde même, et devant les échevins de cette
« ville, et que jamais ils ne seront appelés ni traités
« ailleurs, sauf dans les cas qui excéderaient la juridic-
« tion du duc.

« 2º Que quiconque sera établi dans cette ville, dès
« l'instant qu'il aura juré fidélité au duc et à la ville,
« aura sa personne et ses propriétés sous la protection
« du souverain.

« 3º Qu'après qu'un bourgeois aura demeuré un an
« et un jour dans cette ville, il pourra se transporter
« où il voudra, vendre ou emporter tout ce qui lui
« appartiendra, sans la permission du duc ni de ses
« officiers.

« 4° Que les bourgeois ne seront plus tenus de suivre « le duc dans aucune expédition à faire au-delà de la « Meuse, de la Dendre, d'Anvers et de Nivelles.

« 5° Qu'ils seront exempts de toutes tailles ; mais en « cas que le duc crée son fils chevalier, qu'il marie son « fils ou sa fille, et qu'il doive aller en expédition avec « l'empereur au-delà des Alpes, ils lui fourniront, en « cas de nécessité, des secours médiocres, à déterminer « par les échevins, comme aussi dans le cas où il vien- « drait à être fait prisonnier.

« 6° Qu'ils seront exempts de toute œuvre servile, « sauf de recueillir le foin appartenant au duc.

« 7° Que dans le cas ou quelqu'un aurait apporté « des marchandises dans la ville, s'il s'élevait quelque « contestation à cet égard, les marchandises ne pour- « ront être séquestrées, et celui qui les aura apportées, « ne pourra être attrait que devant la justice des « échevins.

« 8° Que si un débiteur s'est retiré dans l'enceinte « de la franchise, il ne pourra également être attrait « que devant les échevins. »

On enttendait par franchise un lieu où les criminels pouvaient impunément braver les lois, et qui était inviolable.

Indépendamment de l'érection de Vilvorde en commune, Henri Ier donna, en 1211 et en 1229, aux cités de Louvain et de Bruxelles, des lois particulières et des priviléges qui adoucirent les mœurs, donnèrent un libre essor au génie, réveillèrent l'industrie, agrandirent le commerce et hâtèrent les progrès de la civilisation.

En l'an 1234, il organisa le corps municipal de Bruxelles qui, dès lors, fut composé de sept échevins et de treize jurés, nommés par le peuple, et renouvelés annuellement ; mais il se réserva le droit de récuser ceux qui ne lui conviendraient pas, laissant pourtant aux bourgeois la faculté d'en élire d'autres.

Dès cet instant, dit l'évêque Nélis, « propriété et
« liberté devinrent la devise des hommes. On en voyait
« une foule prodigieuse refluer de tous côtés dans nos
« villes, dont ils devenaient citoyens. Alors, ils ne pa-
« raissaient avoir qu'un âme et qu'un esprit, lorsqu'il
« s'agissait de défendre ou d'augmenter les préroga-
« tives de leurs communautés. Les villes furent ceintes
« de murailles, on agrandit considérablement les vieil-
« les enceintes ; on les flanqua de tours et de portes
« d'une structure admirable qui avaient l'air et tenaient
« souvent lieu d'une citadelle. Tout cela, dit le même
« auteur, fut l'ouvrage du XIIIe siècle. Qu'on y ajoute
« la plupart de nos églises cathédrales ou collégiales,
« bâties vers le même tems, les halles, les maisons de
« villes, commencées peu de tems après, et l'on aura
« rassemblé sous le même coup d'œil des ouvrages bien
« dignes d'admiration, tant par la grandeur et la soli-
« dité du plan que par leur beauté. Tout cela, disait
« encore ce prélat vertueux, fut l'effet d'une politique
« aussi heureuse qu'éclairée, politique que l'on imitera
« toujours lorsqu'on voudra peupler, civiliser, ou faire
« fleurir un pays.

Guibert, abbé de Nogent, qui vivait sous le règne de Henri le Guerroyeur, regardait au contraire ces affranchissemens, « comme des inventions exécrables
« par le moyen desquelles, contre toute loi et justice,
« des esclaves s'affranchissaient de l'obéissance qu'ils
« devaient à leurs maîtres. »

HENRI II.

HENRI II

—

Après la mort de Henri le Guerroyeur, Henri II, son fils, que l'on surnomma le Magnanime, lui succéda au duché de Brabant. Ce prince, qui avait donné dans plusieurs circonstances des marques de sa valeur, préféra les douceurs de la paix aux horreurs de la guerre.

L'empereur Frédéric, et son fils, le roi des Romains, ayant été excommuniés et déposés par le pape Innocent IV, la plupart des évêques et des princes d'Allemagne regardèrent le premier comme légitimement déchu du trône, et songèrent à lui donner un successeur. Henri, landgrave de Thuringe, qui fut élevé au trône impérial, n'eut que le tems de s'y montrer, et mourut en emportant le surnom de roi des prêtres. Hacon, roi de Norwège, et Henri II, duc de Brabant, refusèrent tour à tour l'héritage de Frédéric. Moins ébloui par l'éclat de la pourpre impériale qu'effrayé de la puissance du Saint-Siége dont la politique astucieuse ne tendait qu'à humilier et à limiter le pouvoir des empereurs, le duc de Brabant refusa obstinément l'empire, et y fit élever son neveu Guillaume II, comte de Hollande, qui fut proclamé le 3 octobre 1247.

Henri le Magnanime marcha sur les traces de son

père ; il ébranla violemment le pouvoir féodal, et signala son amour pour l'humanité en supprimant dans ses états le droit odieux de *main-morte*. Nous transcrirons ici l'ordre qu'il donna à ce sujet, et qui porte la date du 22 janvier 1247. Il y ordonne :

« 1º Qu'à dater de ce jour les habitans du pays seront
« déchargés de l'exaction ou extorsion connue vulgai-
« rement sous le nom de morte-main ;

« 2º Que les successions dans les biens des bâtards
« seront réglées de manière que, si ces bâtards sont
« natifs du pays, leurs plus proches parens succède-
« ront dans ces biens, selon la loi et la coutume du
« pays, et s'ils sont étrangers, ces biens appartiendront
« au duc et à ses successeurs, sauf cependant qu'à l'é-
« gard tant des étrangers que des indigènes, les dispo-
« sitions testamentaires qu'ils auront pu faire, auront
« leur force et leur effet ;

« 3º Que les baillis du duc devront administrer le
« pays selon l'avis et le jugement des échevins à qui il
« appartient de donner des avis ou de porter des déci-
« sions, à moins qu'il ne survienne quelque accident
« grave, comme incendie, violence, homicide, ou quel-
« que autre délit semblable ; que le droit de réprimer
« ces sortes d'excès serait réservé au duc, qui, toutefois,
« devrait prendre l'avis de ces officiers ;

« 4º Que s'il arrivait que l'un ou l'autre de ses bail-
« lis jugeât autrement qu'il n'est prescrit et ordonné,
« le duc était investi du droit de disposer, selon sa vo-
« lonté absolue, tant de la personne que des biens de
« ces baillis ;

« 5º Que les dépenses nécessaires à l'entretien du duc
« devaient être réglées d'après l'avis de ses officiers, de
« manière que les sommes requises pour cet usage ne

« seraient imposées que sur l'avis des bonnes gens [1] et
« des hommes religieux [2];

« 6° Qu'il serait prélevé à perpétuité, sur les reve-
« nus du duc, cinq cents livres d'argent, savoir : cent
« sur les revenus provenant de la ville de Louvain;
« cent sur ceux de Bruxelles; cent sur ceux de Tirle-
« mont, et deux cents sur la forêt de Soignes, pour
« être distribués par les agens qui seraient préposés à
« cet effet, à ceux qui y auront droit, soit à titre d'au-
« mône aux indigens; soit à titre de restitution aux con-
« tribuables qui auraient été trop imposés. »

Henri II mourut le 1er février 1248, regretté de ses sujets, et fut enterré dans l'église de l'abbaye de Villers.

Nous ne passerons pas sous silence la mort de l'infortunée Marie de Brabant, fille de Henri le Guerroyeur, et sœur de Henri le Magnanime, qui, après la mort de l'empereur Otton, avait épousé en seconde noces Louis, duc de Bavière, homme aussi violent qu'irrascible.

Marie était à Donawert avec la reine Élisabeth, sa sœur, pendant que le duc, son époux, purgeait les rives du Rhin des pirates qui, depuis long-tems, y portaient l'horreur et le trépas. Un jour, elle chargea un messager de porter une lettre à son mari, et d'en remettre, en passant, une au comte Henri Ruchon. Celle adressée au duc était cachetée en cire noire, et l'autre en cire rouge; mais ce messager se trompa et remit à Louis la lettre destinée à Ruchon. Le duc ouvrit cette malencontreuse épître, et crut y trouver la preuve d'un commerce illicite entre sa femme et son sujet. Ce simple soupçon le mit dans une telle fureur qu'il tua le

---

[1] Les *bonnes gens* étaient les habitans des communes, ou hommes libres.
[2] Les hommes religieux étaient les ecclésiastiques.

messager d'un coup d'épée, et maltraita ceux qui se trouvaient près de sa personne.

Se croyant outragé par sa femme, il monte à cheval, se rend immédiatement à Donawert, entre dans le palais et pénètre dans la chambre de la duchesse, suivi d'un garde, à qui il ordonne de tuer le gouverneur, qui, sur le bruit de son arrivée, était venu pour le recevoir. La princesse, qui ne concevait rien à la fureur de son mari, se présente tremblante devant lui. Dès qu'il l'aperçoit, sa colère redouble; il court à elle : « Indigne épouse, « lui crie-t-il, est-ce donc ainsi que tu gardes la foi que « tu m'as jurée? Quoi, tandis que je purge le pays des « brigands qui le désolent, tu introduis l'ennemi dans « mon château et même dans le lit conjugal! Garde, à « moi, saisis cette malheureuse, frappe, et délivre-moi « d'une femme adultère. » — La duchesse, épouvantée, cherche à expliquer à son mari ce prétendu mystère ; elle prend le ciel à témoin de son innocence; mais le duc, sourd à ses protestations, n'écoute que son aveugle fureur. Il repousse la reine Élisabeth, qui était tombée à ses genoux, ordonne au garde qui l'accompagne d'exécuter l'ordre qu'il a reçu, et, soudain, il voit rouler à ses pieds la tête de l'infortunée Marie. Loin de calmer son ressentiment, cette mort cruelle l'irrite encore davantage; ne se croyant point assez vengé, il perce de son épée une dame d'une illustre maison, qu'il supposait être complice de la duchesse, et fait précipiter sa première femme d'honneur du haut d'une tour. Cet horrible événement, qui flétrit la mémoire du comte, eut lieu le 15 février 1256. Ayant reconnu plus tard l'innocence de sa femme, il fut déchiré de remords et se rendit à Rome, où le pape calma sa conscience justement alarmée en lui faisant fonder l'abbaye de Furstemberg.

HENRI III.

HENRI III.

LA GUERRE SAINTE.

Après la mort de Henri le Magnanime, Henri III, son fils, lui succéda aux duchés de Brabant et de la Basse-Lotharingie. Aussi pacifique que l'était son père, il s'occupait à améliorer le sort des peuples soumis à sa domination et à les soustraire à l'oppression des seigneurs, quand il fut entraîné, malgré lui, dans une guerre que le pape Innocent IV, qui occupait alors le trône pontifical, appela sainte, quoiqu'elle n'eût d'autre but que l'abaissement de la maison de Souabe, dont la puissance effrayait la cour de Rome (1248).

Les habitans d'Aix-la-Chapelle étant les seuls de toute la Basse-Lorraine qui fussent restés fidèles à l'empereur Frédéric, et qui, par conséquent, n'eussent pas voulu reconnaître l'élection de Guillaume, comte de Hollande, le pape en fit une affaire de religion; il les déclara ennemis de Dieu, les excommunia, et donna l'ordre aux dominicains d'aller dans toutes les provinces de la Belgique et de la Hollande engager les peuples à prendre les armes et à se croiser pour réduire une ville qui s'obstinait à mépriser les décrets du Saint-Siége.

Soumis aux ordres du souverain pontife, le duc Henri se prépara à la guerre, et alla bientôt grossir l'armée de Guillaume, qui fut encore renforcée par les vassaux du comte de Gueldre, et par un grand nombre de Liégeois. Ces forces ne suffisant pas pour s'emparer de la ville rebelle, et la plupart des Belges ne trouvant rien d'attrayant dans les indulgences qui leur étaient promises par le pape Grégoire, son légat releva de leur vœu une grande quantité de Frisons qui se disposaient à partir pour la Palestine avec le roi de France Louis IX, et les engagea à marcher contre Aix-la-Chapelle, en leur accordant la rémission de tous leurs péchés, comme à ceux qui allaient combattre les Sarrasins.

Toutes ces forces réunies formèrent une armée de vingt mille combattans, avec laquelle l'empereur alla investir Aix-la-Chapelle. Le duc Henri, le comte de Gueldre, le légat du pape, et Jean d'Avesnes, fils de Marguerite de Constantinople, le suivirent dans cette expédition. Les assiégeans élevèrent de nombreux travaux pour réduire la place : ils construisirent une digue d'une très-grande étendue au moyen de laquelle ils firent refluer dans la ville toutes les eaux qui découlent des montagnes voisines, dans l'espoir de l'inonder; mais les assiégés, animés par l'espoir d'être secourus par Frédéric, ruinèrent à plusieurs reprises les travaux de leurs ennemis, se défendirent avec courage, et soutinrent pendant six mois toutes les horreurs de la guerre et de la famine. Leurs ressources étant épuisées; ils furent enfin forcés de capituler et de se soumettre au vainqueur.

Guillaume entra dans Aix-la-Chapelle et il y fut couronné le 1er novembre 1248, par Hugues, évêque de Cher, en présence des archevêques de Trèves, de Co-

logne, de Mayence, des évêques d'Utrecht et de Liége, et de tous les souverains de la Belgique, à l'exception du comte de Namur et de Marguerite de Constantinople, qui, par leur absence, protestèrent contre l'élection du comte de Hollande.

Le nouvel empereur n'avait pas craint de ramasser une couronne que personne n'osait accepter; mais comme il n'était âgé que de vingt ans, la diète de l'empire lui adjoignit le duc de Brabant et l'évêque d'Utrecht dans l'administration des affaires, et ordonna à tous les peuples de l'empire de prêter à Guillaume le serment de fidélité avant un an et un jour, sous peine d'être déclarés en état de rébellion. Le serment exigé devint le sujet d'une guerre cruelle dans laquelle la Flandre fut gravement compromise.

MARGUERITE DE CONSTANTINOPLE.

Jeanne de Flandre étant morte sans enfans le 5 décembre 1244, Marguerite de Constantinople, sa sœur, hérita de la Flandre et du Hainaut. Cette princesse avait eu de Bouchard d'Avesnes deux fils, Jean et Baudouin; mais Bouchard ayant été sous-diacre, ce mariage avait été cassé au concile de Latran, et Marguerite s'était mariée en secondes noces avec Guillaume de

Dampierre, dont elle avait eu trois autres fils, Guillaume, Guy et Jean. De là des querelles vives et sanglantes entre les enfans des deux lits; chacun prétendait à la succession de sa mère. Louis IX, roi de France, pris pour médiateur, avait décidé qu'après la mort de la comtesse, la Flandre appartiendrait à Guillaume de Dampierre, et le Hainaut à Jean d'Avesnes. Mais ce dernier, qui était brave et aimé des grands et du peuple, voyant que sa mère favorisait ses frères du second lit, eut recours à l'empereur Guillaume dont il avait épousé la sœur, à qui il demanda justice de la partialité de Marguerite. Déjà indisposé contre cette dernière, ce prince prit vivement les intérêts de son beau-frère, et somma la comtesse, ainsi que Baudouin de Courtenay, empereur de Constantinople, à lui prêter foi et hommage, la première pour la terre d'Alost et le pays de Waes, et le second pour son comté de Namur. Sur leur refus, Guillaume convoqua une diète à Francfort, et il y fit décider le 11 juillet 1252, que la souveraineté du comté de Namur, de la terre d'Alost et du pays de Waes serait retirée à Baudouin et à Marguerite, et donnée à Jean d'Avesnes, qui posséderait ces provinces comme fiefs de l'empire.

Marguerite, usant de représailles, exigea de l'empereur l'hommage qu'en sa qualité de comte de Hollande il devait à la Flandre pour les îles de la Zélande [1]. Guillaume, fier de sa nouvelle dignité, eût pensé s'a-

---

[1] Daniel (III,137) et Velly (V,217) disent qu'elle exigeait « l'hommage, non- « seulement pour la Hollande dont les comtes ne disconvenaient pas, mais « pour la Zélande, à quoi ils ne se croyaient pas obligés. » Ils auraient précisément dû dire le contraire, car la Zélande seule fut un fief de la Flandre. C'est ainsi que les fautes les plus grossières échappent même aux plus grands historiens, quand, sur des événemens étrangers, ils ne se donnent pas la peine d'approfondir les autorités.

vilir en se reconnaissant dépendant de celle dont il se croyait le suzerain. Il refusa, et dès ce moment on se prépara à la guerre. La comtesse mit cependant en avant quelques moyens de réconciliation ; mais ils couvraient des piéges qui n'échappèrent point à la pénétration des Hollandais et des Zélandais, et la guerre devint inévitable. Le duc de Brabant fit convoquer une assemblée à Anvers, et tâcha vainement d'éviter l'effusion du sang ; il ne put obtenir qu'une trève de trois mois que l'astucieuse Marguerite ne tarda guère à violer.

Pendant que l'empereur se reposait sur la foi du traité, la comtesse de Flandre rompit brusquement la trève, et chargea Jean et Guy de Dampierre, ses fils, d'aller attaquer l'île de Walcheren, avec une armée de cent quarante mille Flamands, Français et Allemands. Ils enlevèrent cette île, la livrèrent au pillage, et dirigeant ensuite toutes leurs forces vers la Flandre Zélandaise, ils conduisirent leur flotte à West-Capelle qui, alors, était un port de mer, et débarquèrent dans cette place, dans l'espoir d'envahir le pays ; mais Jean d'Avesnes et Florent de Hollande, frère de Guillaume, les avaient prévenus. Dès qu'ils eurent appris la violation de la trève et la prise de Walcheren, ils rassemblèrent des troupes à Hulst, s'emparèrent des défilés dont ce pays marécageux était couvert, et s'embusquèrent dans les dunes qui avoisinent West-Capelle.

L'armée franco-flamande s'ébranla le 4 juillet 1253, et tomba maladroitement dans le piége qui lui était tendu. Là, se livra un combat terrible où l'on fit de part et d'autre des prodiges de valeur, et dans lequel les Flamands furent mis dans une déroute complète. Vainement ils cherchèrent à regagner leurs navires, et à s'enfoncer dans le pays pour se soustraire à la rage de leurs ennemis; tous les défilés étaient soigneusement gardés, et, partout, ils trouvèrent la mort ou la captivité. Les deux fils de la comtesse, Thibaut, comte de Bar, Godefroid, comte de Guisnes, deux cent trente chevaliers et cinquante mille soldats furent faits prisonniers; la flotte tomba au pouvoir du vainqueur, et trente mille hommes, dit Meyer, restèrent sans vie sur le champ de bataille. L'art militaire n'avait fait aucun progrès; les batailles étaient toujours de sanglantes mêlées où le nombre, la force et le courage tenaient la place du génie; l'armure des guerriers, seule, était changée, et ils étaient couverts de pied en cap de lames de fer ajustées de manière à ce qu'elles ne pussent gêner les articulations.

Généreux après la victoire, l'empereur renvoya sans rançon tous les soldats ennemis. Il ne retint que les chevaliers, les comtes de Bar et de Guisnes, et les deux chefs de cette malencontreuse expédition.

Désespérée de cet échec horrible, Marguerite chargea les évêques de Tournai, de Terrouanne, et le doyen de Saint-Donat de Bruges d'aller près de l'empereur à l'effet d'y traiter de la rançon de ses fils; mais ils ne purent approcher de la personne de ce prince, qui se contenta de leur faire dire par l'archevêque de Cologne :
« Que la comtesse de Flandre ayant menti publique« ment au duc de Lothier dans les mains duquel elle « avait juré une trêve qu'elle avait ensuite violée, elle « était considérée comme rebelle à l'empire; que Dieu « l'avait déjà punie de son parjure; qu'elle était elle« même la cause première du malheur qu'elle déplo« rait; et que, enfin, il ne pouvait répondre aux of« fres qu'elle lui faisait que par cette ancienne maxime :
« *A celui qui brise sa foi, foi ne faut garder.* »

Cette réponse, qui lui fut portée fidèlement, la mit dans une extrême colère. Revenant pourtant à des sentimens plus modérés, elle sollicita la médiation du roi saint Louis, qui interposa ses bons offices auprès de l'empereur ; mais celui-ci, indigné de la perfidie de la comtesse, exigea qu'elle reconnût solennellement qu'elle avait forfait à l'honneur ; qu'elle fît amende honorable ; que Gui et Jean de Dampierre reconnussent à leur tour que les îles de la Zélande étaient un fief de la Hollande ; que le traité de partage fait par le roi de France entre les d'Avesnes et les Dampierre reçût son entière exécution, et qu'enfin Marguerite paierait, pour les frais de la guerre, une somme de deux cent mille florettes de bon poids. A ces conditions Guillaume promettait d'oublier le passé et de relâcher les deux fils de la comtesse.

A la lecture de ce traité humiliant, Marguerite entra dans une fureur difficile à décrire ; elle convoqua immédiatement les états de Flandre, leur déclara qu'elle instituait Guy de Dampierre pour son héritier, et que dès cet instant elle l'associait au pouvoir. « Les condi-
« tions que le comte de Hollande veut m'imposer ne
« sont point acceptables, leur dit-elle ; et je périrais
« plutôt que de m'y soumettre. Je saurai abaisser son
« orgueil ainsi que celui des d'Avesnes, car si le roi de
« France me venge d'eux je suis décidée à lui céder à
« perpétuité mes droits à la souveraineté du comté de
« Hainaut. »

Marguerite tint parole. Elle se rendit immédiatement à la cour de France, et fit part de son projet au roi saint Louis ; mais ce prince le rejeta avec indignation, en déclarant qu'il ne souffrirait pas que l'on contrevînt au traité de médiation conclu en l'an 1246. Aveuglée par son ressentiment, elle tourna ses regards vers le comte Charles d'Anjou, frère du roi, qui, dévoré d'ambition, et moins scrupuleux dans le choix de ses moyens, se constitua le vengeur de la comtesse au prix de la dépouille de Jean d'Avesnes. Importuné par son frère, le roi céda, et lui permit d'aller prendre possession d'une souveraineté aussi difficile à conquérir qu'à conserver.

Aussi présomptueux que téméraire, Charles rassembla des troupes à Compiègne, et somma Guillaume de relâcher sans rançon tous les prisonniers français et flamands qu'il avait en son pouvoir, le menaçant, s'il n'obéissait point à cet ordre impérieux, d'aller ravager la Hollande. Cette insolente sommation étant restée sans réponse, le fougueux Charles entra dans le Hainaut où il se signala par le meurtre, l'incendie et le pillage. Il marcha sur Valenciennes, mais les habitans refusèrent de lui ouvrir les portes de cette ville. Outrée de cet acte de désobéissance, Marguerite les menaça de sa colère s'ils ne remettaient de suite la place au comte d'Anjou. Ils ne tinrent aucun compte de ses menaces, et lui répondirent que tant qu'elle se présenterait comme *tyranne et pilleresse*, ils ne la reconnaîtraient pas pour leur souveraine (1254).

La résistance des habitans de Valenciennes augmenta la rage et la présomption du comte. Ne consultant que sa fureur, il incendia tous les villages voisins, et envoya des hérauts à Guillaume pour lui offrir de vider leurs différends dans une bataille rangée, sur les bruyères d'Assche, près de Bruxelles, dans un tems fixé. L'Empereur y ayant consenti, Charles se mit en marche, se disposant d'enlever, en passant, la ville d'Enghien, dont le seigneur était resté fidèle à Jacques d'Avesnes. Mais ce dernier, instruit de l'approche des Français, se mit à la tête de ses vassaux, et alla attendre l'ennemi dans un bois qu'il devait traverser. Dès qu'une partie des troupes du comte fut engagée dans le défilé, le sire d'Enghien sortit de son embuscade, les chargea vigoureusement, les mit en désordre et les força à la retraite. Charles rallia ses soldats, et par un mouvement rétrograde, il alla prendre position à Haut-Silly, village situé au nord de la route d'Enghien à Ath.

N'ayant pas été inquiétée dans sa retraite, l'armée française était dans une profonde sécurité, quand, vers le milieu de la nuit, elle fut attaquée par les troupes du seigneur d'Enghien, grossies par une foule de paysans. Surpris sans défense, et au moment où ils s'y attendaient le moins, les Français coururent vainement aux armes. Assaillis de toutes parts, ils furent enfoncés, mis en déroute, et laissèrent plus de quatre cents chevaliers sur le champ de bataille.

Affaibli par cet échec qui calma du moins son humeur guerrière, le comte d'Anjou se retira sur Valenciennes, qui lui ouvrit enfin ses portes, sous la condition qu'il jouirait viagèrement de la souveraineté du Hainaut, et qu'après sa mort elle retournerait à Jean d'Avesnes.

Pendant le cours de ces événemens, Guillaume s'était rendu dans les plaines d'Assche, où il avait vainement attendu son ennemi durant trois jours. Ne le voyant point arriver, il résolut d'aller à lui; il quitta sa position et parut tout à coup devant Valenciennes, où Charles tenait sa cour. A l'aspect de l'armée impériale, le comte d'Anjou perdit sa morgue et son insolence. Frappé d'une terreur soudaine, il ne songe plus qu'à fuir. Il profite des ombres de la nuit pour sortir de la place et se sauver avec quelques-uns des siens. C'est en vain que l'on cherche ici le héros qui s'est rendu fameux en battant Conradin. Sa pusillanimité, en cette circonstance, ne nous fait voir en lui qu'un prince aussi lâche qu'ambitieux, qui, plus tard, n'eut de courage que pour vaincre une armée inférieure à la sienne, et pour faire décapiter un roi que les chances de la guerre firent tomber en ses mains.

HENRI DE DINANT.

Après la mort de Robert de Langres, Henri de Gueldre fut élu évêque de Liége par les intrigues du légat du pape Clément V. Les Liégeois, toujours prêts à se soulever pour conquérir de nouvelles libertés ou pour conserver leurs franchises, profitèrent d'un événement qui survint sous le pontificat de ce prince pour entamer une lutte qui eut des suites funestes, et qui amena la déposition de Henri.

Un chanoine se prit un jour de querelle avec un bourgeois de Liége, et des paroles ils en vinrent aux coups. Se voyant le plus faible, le chanoine appela son domestique à son aide, et celui-ci parvint à le dégager en blessant grièvement son antagoniste. L'empereur Henri IV avait soustrait les sujets du clergé à la juridiction civile; mais les échevins considérant un semblable édit comme un attentat à leurs droits, lancèrent une sentence de proscription contre le domestique, et se mirent en mesure de la faire exécuter. Outré de cet abus d'autorité, l'évêque excommunia le mayeur et les échevins, et porta l'affaire à la connaissance de l'empereur, qui rendit le domestique à la liberté et cassa le jugement des échevins. Mais ces derniers méprisèrent les foudres de l'Église, ne tinrent aucun compte des ordres du souverain, et le peuple soutint ses magistrats.

Dans l'espoir de calmer l'effervescence populaire, Henri de Gueldre fit connaître à la bourgeoisie que désormais il se réservait la surintendance de la justice, qui serait égale pour tous; mais les échevins et les notables, jaloux de leurs droits, s'y opposèrent formellement, et députèrent François de Visé au chapitre pour y soutenir les franchises de la cité. Il y fut admis et plaida avec tant de véhémence la cause dont il était chargé, que, pour le rappeler à la modération, l'un des archidiacres crut devoir le toucher avec une baguette qu'il tenait en main. Offensé de cet outrage, l'orateur n'acheva pas son discours; il sortit en criant que les chanoines, non contens d'entraver les libertés publiques, voulaient encore assassiner les bourgeois. Soudain, le tocsin se fait entendre, le peuple court aux armes, et l'évêque et le chapitre effrayés, quittent la ville pour se retirer à Namur, d'où le premier met Liége en interdit. La paix se fit à la médiation d'Otton de Gueldre, et les bourgeois allèrent au-devant de Henri, pieds nus et un cierge à la main.

Le prélat n'ayant pas renoncé au droit qu'il s'attribuait de pouvoir faire incendier ou démolir les maisons des bourgeois convaincus de délit politique, les échevins, tremblant pour leurs propriétés, se concertèrent avec Henri de Dinant, homme adroit et rusé, qui avait beaucoup d'influence sur le peuple, et le créèrent *Maître-à-Temps*, emploi qui lui donnait le pouvoir de défendre les droits de la bourgeoisie. Dès que le peuple et les échevins eurent prêtés serment de fidélité au nouveau magistrat, il divisa la ville en vingt sections, organisa dans chaque section une compagnie d'infanterie, forte de deux cents hommes, pour appuyer son autorité, et donna le commandement de ces troupes à des hommes sur lesquels il pouvait compter.

Jean d'Avesnes ayant réclamé le secours des Liégeois contre Marguerite de Constantinople, sa mère, l'évêque demanda aux échevins l'autorisation de lever des troupes, et ces derniers, que l'histoire accuse de vénalité, y consentirent. Mais Henri de Dinant, qui ne voulut pas que le peuple prît les armes pour soutenir des intérêts qui lui étaient étrangers, s'y opposa formellement. Irrité de ce refus, le prélat s'éloigna de sa capitale et excommunia de nouveau les mutins, c'est-à-dire, un peuple entier à qui il répugnait de se courber sous le joug sacerdotal.

Prévoyant qu'il ne pourrait se soutenir que par un soulèvement général et par la voie des armes, Henri visita toutes les villes de la province, et engagea les habitans à organiser une milice urbaine et à créer un magistrat suprême, à l'exemple de ce qui s'était fait à Liége. Instruit des démarches de son ennemi, l'évêque chargea Gérard de Haren d'aller, avec un fort détachement, s'embusquer sur la route de Liége à Saint-Trond, et d'enlever Henri lors de son passage à Orey. Gérard obéit, mais sa troupe fut mise en déroute par l'escorte du *Maître*, qui rentra tranquillement à Liége.

Le légat du pape ayant interposé sa médiation pour faire cesser les troubles qui agitaient le pays, le peuple rentra dans l'ordre; mais la paix fut de courte durée. Des jeunes gens de Huy s'étant pris de querelle avec un cabartier, le blessèrent grièvement, et les échevins, sans avoir égard aux coutumes établies, prononcèrent contre eux une sentence de proscription, qui fut la cause d'un soulèvement général. Instruit de cette émeute, Henri de Dinant se rendit immédiatement à Huy et engagea les échevins à révoquer leur sentence; ils refusèrent, et le peuple armé courut détruire leurs maisons et ravager leurs champs.

Les habitans de Dinant et de Saint-Trond s'unirent à ceux de Liége et de Huy, et l'insurrection fit bientôt de rapides progrès. L'évêque appela à son secours les comtes de Gueldre, de Juiliers et de Looz, engagea au duc de Brabant, pour une forte somme, la ville de Malines ainsi que les villages de Hougarde et de Beauvechain, et dès qu'il eut rassemblé quelques troupes, il courut assiéger Saint-Trond, qui capitula.

De leur côté, les habitans de Huy étaient aussi entrés en campagne et s'étaient signalés en ravageant la Hesbaie et en incendiant les châteaux de Walef et de Waremme. Ils se retiraient chargés de butin, quand le comte de Juiliers les atteignit à Antaie, et les défit si complètement qu'ils furent forcés de se soumettre.

L'évêque s'imaginant qu'il lui serait facile de vaincre les Liégeois découragés par cette défaite, s'avança avec des forces considérables jusqu'à Votem, où les échevins, qui vinrent l'y trouver, condamnèrent, par son ordre, Henri de Dinant et douze de ses adhérens au bannissement perpétuel. Mais il était beaucoup plus facile de prononcer une semblable sentence que de la mettre à exécution. Aussitôt que l'on en fut informé à Liége, le peuple irrité se leva en masse, démolit les maisons des juges, et, de leurs débris, il en bâtit une neuve à Henri.

Cependant les troupes des comtes de Gueldre et de Juiliers, qui faisaient des courses jusques aux portes de Liége, portèrent le trouble dans cette cité, où les bourgeois, qui craignaient pour leurs propriétés, parvinrent à comprimer la basse classe. Ils envoyèrent des députés au prélat, qui leur accorda la paix, et qui exila Henri à qui l'on avait donné le nom de père du peuple. Toujours agités par l'amour inquiet de la liberté, ils se révoltèrent de nouveau et rappelèrent Henri ; mais les échevins ayant triomphé des rebelles, il fut contraint de s'éloigner de la province de Liége. Marguerite de Flandre, chez qui il se réfugia, le combla de faveurs, et, pour se venger de l'évêque qui avait pris parti contre elle dans la guerre qu'elle soutenait contre Jean d'Avesnes, elle engagea le fugitif à se concerter avec les partisans qu'il avait à Liége pour enlever le prélat et le conduire à Gand ; mais Henri refusa sa coopération à une semblable perfidie, et la comtesse, vaincue par la loyauté de cet homme incorruptible, le créa membre de son conseil.

PAIX DE BRUXELLES.

Aussitôt que l'évêque de Liége fut débarrassé de Henri de Dinant, il ne mit plus de bornes à son autorité. Dans le but de dégager Malines, Hougarde et Beauvechain, il imposa, avec l'autorisation du pape, le vingtième denier sur tous les biens ecclésiastiques de son diocèse qui s'étendait jusque dans le Brabant. Le duc ne voulant pas que ses sujets fussent chargés d'un impôt onéreux, leur défendit de le payer, et les menaça de les frapper de la dîme s'ils obéissaient à l'ordre du prélat. Ce dernier se vengea du duc Henri en l'accablant des foudres de l'Église, et quand il connut leur impuissance, il profita de l'instant où les principaux seigneurs de la Belgique étaient occupés à mettre un terme aux troubles qui la désolait, pour attaquer Saint-Trond, et décharger tout le poids de sa colère sur cette malheureuse cité. Elle fut surprise par les troupes du perfide prélat, qui la soumit à une forte contribution, cassa les magistrats élus par le peuple, fit démolir les maisons des bourgeois qui tenaient le parti du duc, et élever des retranchemens devant la porté du Brabant et de Maestricht, afin de foudroyer la ville et de contenir la population si Henri III, qui en était l'avoué, venait à son secours.

Dès que le duc fut instruit de cet événement, il appela ses vassaux aux armes et se disposa à guerroyer contre l'évêque; mais les seigneurs de la Belgique, qui se trouvaient à Bruxelles, parvinrent à calmer sa colère. Des arbitres furent nommés de part et d'autre, et la cessation des hostilités en fut la suite.

Cependant la guerre que l'empereur Guillaume et Jean d'Avesnes faisaient à Marguerite de Constantinople, continuait à désoler la Flandre et le Hainaut, quand un événement funeste vint tout à coup disposer les esprits à la paix, et mettre fin à de longues contestations.

Les Frisons, impatiens du joug de leur comte, amoureux de la liberté jusqu'au fanatisme, venaient d'insulter et de ravager les terres de leurs voisins. On avait, pour les tenir en bride, bâti en 1252 le château de Hemskerk, et, deux années après, vaincus dans un combat naval, ils avaient essuyé une perte de cinq mille hommes. Le fort de Toorenburg, à l'est d'Alkmaar, fut aussi construit pour les réprimer. Rien n'étant capable d'arrêter leur férocité, Guillaume marcha contre eux. Il vint au milieu de l'hiver à Alkmaar, et se rendit ensuite à Vroone, village considérable de la Frise orientale. De là, traversant des marais glacés, il divise son armée en deux corps, dont l'un, commandé par Guillaume Bréderode, marche contre les *Dregters* qui sont repoussés et vaincus. L'empereur éprouva un sort bien différent ; monté sur un gros cheval, pesamment enharnaché, couvert lui-même d'une armure très-lourde, il poursuivit les Frisons qui, divisés en petites bandes, volaient avec agilité sur la glace, armés de javelots, de haches danoises et de demi piques. Quelques-uns d'entre eux s'étant réfugiés dans des roseaux, Guillaume leur courut sus ; mais bientôt la glace s'entr'ouvrit, et son cheval s'y enfonça jusqu'au poitrail. Assailli par les rebelles, il se défendit courageusement, appela ses gens à son secours, et ne fut entendu que des ennemis, qui feignant de ne pas le connaître, le tuèrent à coups de javelot. Ils enlevèrent ensuite son corps et l'enterrèrent dans une chaumière à Hoogtwoude. Les troupes impériales, privées de leur chef, se retirèrent et furent taillées en pièces (1256).

La mort de ce prince fut un coup de foudre pour Jean d'Avesnes, et donna à la comtesse de Flandre l'espoir de voir enfin ses deux fils rendus à la liberté. Dans

cet état de choses, les principaux seigneurs de la Flandre et du Hainaut, et des députés des villes de Gand, de Bruges, de Lille, de Douai, de Tournay, se réunirent à Bruxelles, où ils signèrent, le 1er novembre 1256, un traité de paix sous la médiation du duc de Brabant, où il fut stipulé : « que Gui et Jean de Dampierre, ainsi
« que tous les autres prisonniers de Guillaume, seraient
« rendus moyennant une forte rançon ; que Charles
« d'Anjou renoncerait à ses prétentions sur le Hainaut
« au moyen d'une somme de cent soixante mille livres ;
« que le comté de Hainaut appartiendrait à Jean
« d'Avesnes après la mort de Marguerite ; que le comte
« de Hollande, ou à son défaut le comte Florent, son
« oncle et son tuteur, épouserait Béatrix, fille de Gui de
« Dampierre ; que si ni l'oncle ni le neveu n'épousaient
« cette princesse, un des fils de Gui se marierait avec
« Mathilde, fille de l'empereur défunt, et que, dans
« l'un ou l'autre cas, les îles de la Zélande seraient don-
« nées en apanage aux futurs époux. »

Ce traité ne tarda point à être ratifié, et à recevoir une entière exécution ; mais les villes qui avaient envoyé des députés aux conférences de Bruxelles, déclarèrent, dans un acte particulier, que si Marguerite de Flandre, ou le comte Gui, son fils, contrevenaient à quelques-unes de ses dispositions, elles les abandonneraient à leur sort, et ne leur donneraient aucun secours dans les guerres qui pourraient naître de la violation de la foi jurée.

BAUDOUIN DE COURTENAY.

Les discordes des croisés, leurs revers sanglans et les progrès multipliés des Sarrasins qui s'établissaient sur les débris des principautés chrétiennes dans l'Orient, faisaient écrouler l'empire des Latins, fondé par le célèbre Baudouin.

Pierre de Courtenay, comte de Namur, avait été appelé à l'empire de Constantinople en 1216, à la mort du vertueux Henri de Hainaut; mais trahi d'abord par les Vénitiens et ensuite par Théodore Lange, de la famille des Comnène, il fut pris par ce dernier, et mis à mort après deux années de captivité.

Robert de Courtenay succéda à Pierre en l'an 1219. Obligé de soutenir la guerre contre Vatace, qui, après s'être fait déclarer empereur de Nicée, étendait ses conquêtes dans la Thrace, Robert sollicita les secours du pape et des princes chrétiens; mais il fut vaincu, et manquant de courage pour réparer ses pertes, il fut réduit au territoire de Constantinople. Robert avait délaissé Eudoxie, fille de Lascaris, pour épouser la fille d'un gentilhomme bourguignon. Celui-ci, outré qu'on pût lui préférer un empereur, réussit à s'emparer de son infidèle et de sa mère, jette cette dernière dans les flots, coupe à l'autre le nez et la bouche, et l'abandonne ensuite sur le rivage. Épouvanté d'une si cruelle vengeance, à laquelle les barons applaudirent, Robert eut la lâcheté de s'enfuir de sa capitale. Il mourut en Achaïe en 1228.

Baudouin II, fils de Pierre de Courtenay et d'Yolande de Hainaut, était à peine sorti du berceau lorsqu'il remplaça son frère sur le trône. Son tuteur, Jean de Brienne, roi de Jérusalem, chassé de la Palestine, soutint quelque tems avec gloire le sceptre chancelant du jeune prince. Il remporta plusieurs victoires sur les Musulmans et sur les Bulgares; mais les triomphes des Latins les épuisaient, et bientôt leurs troupes, moissonnées par la guerre, ne se renouvelèrent plus qu'avec une extrême difficulté.

Dans ces fâcheuses circonstances, le jeune Baudouin vint en France solliciter des secours de saint Louis, à qui il fit cadeau de la couronne d'épines sanctifiée sur le front du sauveur. Le roi l'accueillit avec faveur, lui donna des troupes et le fit rentrer en possession de son comté de Namur dont s'était emparée Marguerite de Vianden, sa sœur. L'héritage de ses pères, si heureusement recouvré, ne parut considérable aux yeux de l'empereur que par les secours d'hommes et d'argent qu'il espéra pouvoir en tirer pour se maintenir sur le trône. Aussi n'en eût-il pas plus tôt pris possession qu'il pensa uniquement aux moyens de rétablir dans son empire les affaires des Latins, que les vices et la lâcheté de Robert y avaient presque ruinées.

Ayant trouvé en France les esprits disposés en sa faveur, il avait levé une armée de soixante mille hommes avec laquelle il se proposait de retourner à Constantinople, lorsqu'il apprit la mort de Jean de Brienne, son beau-père, et les troubles dont elle avait été suivie.

C'était une raison de plus pour hâter son retour. Il fit prendre le devant à une partie de ses forces, sous la conduite de Jean de Béthune, tandis qu'il se rendit à la cour de France afin d'y traiter avec saint Louis d'une affaire d'où dépendait le succès de son voyage. Il était question d'engager le roi à lui prêter de l'argent sur le comté de Namur. Louis acquiesça à la demande de Baudouin et lui fit compter une somme de cinquante mille livres. Dès qu'il fut en fonds, il se mit en marche, résolu de reconquérir son empire.

Il n'eût pas fallu autant de troupes qu'il en avait pour assurer aux Latins la possession de Constantinople, si les finances de l'empire avaient pu fournir à l'entretien de cette armée. Mais l'argent manqua bientôt, et de tant de guerriers, il ne resta près de Baudouin que ceux des chevaliers qui étaient assez riches pour se passer de solde, et ce n'était pas le grand nombre. Ces fâcheuses conjonctures ne tardèrent point à replonger l'état dans ses anciens malheurs et furent suivies de désordres plus funestes encore. Baudouin revint en France une seconde fois, dans l'espoir d'assister au concile de Lyon et d'intéresser le pape et les évêques en sa faveur. Il se trompa ; le concile regardant les affaires de Baudouin comme désespérées ou comme un objet de peu d'importance, ne lui prêta pas son appui. Dénué de ressources, il parut dans le comté de Namur, mit une forte garnison dans le château de sa capitale, fit publier une déclaration par laquelle il laissait, à sa mort, ce comté à Marguerite, sa sœur, et reprit ensuite le chemin de Constantinople, plus inquiet que jamais sur le sort de son empire.

Tandis que ce prince se sacrifiait pour conserver Constantinople aux Latins, ses ennemis cherchèrent à le dépouiller du comté de Namur. Sous le prétexte qu'il n'avait pas prêté foi et hommage à Jean d'Avesnes, l'empereur Guillaume le déclara déchu de ses droits sur ce comté, et ordonna aux barons de se conformer à cette déclaration. Le pape et le roi saint Louis épousèrent chaudement la cause de Baudouin, et cette affaire en resta là ; mais celui-ci craignant qu'on ne la remît de nouveau sur le tapis, envoya en Belgique l'impératrice Marie, sa femme, afin de veiller de plus près sur ses intérêts. Peu après, Jean d'Avesnes vendit au comte de Luxembourg tous ses droits au comté de Namur. La mort de Guillaume et le traité de Bruxelles promirent enfin aux peuples du Namurois un peu de tranquillité ; elle fut de courte durée, car un événement très-simple en lui-même vint les replonger de nouveau dans toutes les horreurs de la guerre.

L'absence du souverain, jointe aux troubles dont le comté avait été agité, ayant ralenti la vigilance des magistrats, les lois devinrent sans force, et des dissensions, des querelles, des meurtres en furent la suite inévitable. Quelques jeunes gens de bonne famille ouvrirent une maison de prostitution ; l'impératrice la fit fermer, et l'officier qui avait été chargé d'exécuter cet ordre fut assassiné. Les coupables s'étant soustraits par la fuite à la rigueur des lois, l'impératrice fit confisquer leurs biens ; de là des cris, des plaintes, et des germes de révolte.

Les grands et les principaux bourgeois, résolus de renverser le gouvernement et de chasser l'impératrice, offrirent la souveraineté à Henri, comte de Luxembourg, qui l'accepta, et entra dans Namur avec des forces imposantes, pendant la nuit du 24 au 25 décembre 1256. Cette princesse, prise au dépourvu, n'eut que le tems de sortir du château, et de laisser au bâtard de Wesemale, qui y commandait, l'ordre de se défendre jusqu'à l'extrémité. Tandis que le comte de Luxembourg prenait des dispositions pour enlever le château, l'impératrice alla solliciter des secours partout où elle espérait pouvoir en trouver. Quelques seigneurs de la Champagne et la comtesse de Flandre ayant mis des troupes sur pied, Baudouin d'Avesnes en prit le commandement, et vint camper devant Namur. Mais au lieu d'attaquer de suite un ennemi affaibli par un siége aussi long que meurtrier, il mit quinze jours à reconnaître les environs de la place et finit par signer une trève de quinze autres jours avec le comte de Luxembourg, pendant laquelle il s'engagea à n'introduire ni hommes ni vivres dans le château (1258).

C'était trahir les assiégés qui craignaient bien moins l'ennemi que la faim. La conduite de Baudouin révolta l'armée, qui, se voyant jouée, se débanda totalement, laissant ainsi la liberté au comte de Luxembourg de continuer le siége.

La trahison de Baudouin d'Avesnes indigna tellement les seigneurs champenois, qu'ils firent contre les Flamands une chanson que nous croyons devoir rapporter ici, comme un monument propre à faire connaître la littérature et le langage du treizième siècle.

Prise est Namur, Cuens Henri est dedans [1] :
Tant ai soffert lou siége et *andurcit* [2].
Or ait Chastial riche et fort et *douteit* [3],
Poe priset Hainnueirs et Flamans

---

[1] Henri de Luxembourg.
[2] Enduré.
[3] Redoutable.

Ke li babau fisssent devant Namur,
Et s'étoient *detrues* [1] a seur.
Dez *mecnut* [2] s'an alerent fuant.
Et lour *harnax* [3] mauvaisement laixant.

Or vont Flamans lor *p. de* [4] demandant
Et trouues fraintes crient a partir
Lor *mauestiet* [5] ueulent ensi covrir
Mais ne lor valt, trop est apparissant
Ja prodome rendre ne jugeront
Ceuke mauais par mauestiet perdront
Ki doit gardeir *mues* [6] lou harnax
Ke cil cui il estoit? cui lou demandent il.

Contesse à tort dou conte vous plaindez,
De vos homes mues plaindre vous douriez
Kil ne valent mies *paigne viez* [7].
Bien les auons maintefois *aproviet* [8].
A *Bovigne* [9] avint ja ver Fransois ;
Et en Hollande [10] Alimant par dous fois
A Poilavache a tant contre *Toniol* [11],
Puis ils perdirent il *cuer, honor* et *harnax* [12].

Quoique privé de toute espérance de secours, le brave bâtard de Wesemale défendit le château avec autant de courage que de vigueur. Le comte lui offrit vainement les conditions les plus avantageuses. Fidèle

---

[1] Détruits.
[2] Minuit
[3] Leurs bagages.
[4] Leur perte.
[5] Leur méchanceté, leur trahison.
[6] Mieux.
[7] Ils ne valent pas un vieux peigne.
[8] Épouvés.
[9] Allusion à la bataille de Bouvines.
[10] Allusion à la défaite des Flamands près de West-Capelle.
[11] Toniol défendit Poilvache, attaqué par les Flamands.
[12] Le cœur, l'honneur et leurs bagages.

à son serment, il ne capitula que quand il eut épuisé ses munitions de bouche. Cette défense lui acquit tant de réputation que Charles d'Anjou l'admit plus tard au nombre des cent braves avec lesquels il devait se battre contre le roi d'Arragon.

La perte de la ville et du château de Namur entraîna bientôt celle du reste de la province, que le comte de Luxembourg réduisit sans peine. Baudouin ne pensant qu'à reconquérir son empire, abandonna ses droits sur le comté de Namur à Gui de Dampierre, pour la somme de vingt mille livres, mais le trône de Constantinople et les possessions qu'il avait en Belgique furent perdues pour lui sans retour. Obligé, malgré ses talens et sa valeur, de céder à des ennemis nombreux et puissans, il eut la douleur de voir massacrer les Latins dans Constantinople, et Michel Paléologue s'emparer de ses états (1261). Il mourut en Italie, où il s'était retiré, laissant le vain titre d'empereur à son fils Philippe Baudouin, qui mourut également quelques années après, et dont la fille Catherine transmit les droits à Charles de Valois.

Les actes passés entre Baudouin et Gui de Dampierre avaient assuré à ce dernier les droits de la maison de Courtenay sur le comté de Namur; mais Henri de Luxembourg qui, au droit de conquête, joignait encore les anciennes prétentions que sa maison faisait valoir, n'était pas d'humeur à s'en dessaisir aussi long-tems qu'on ne l'y contraindrait point par la force des armes. Ils étaient entrés tous deux en campagne, et Gui assiégeait Namur, quand il reçut de Baudouin d'Avesnes, qui gouvernait le Hainaut[1], une

---

[1] Jean d'Avesnes, son frère, était mort depuis l'an 1257

ambassade qui lui fit comprendre qu'il aurait bientôt ce prince pour ennemi, s'il continuait le siége de Namur. L'armée flamande, quoique nombreuse, n'étant pas en état de tenir tête aux forces réunies des deux comtes, Gui songea à entrer en négociations. La paix se fit, et il épousa Isabelle de Luxembourg, qui lui apporta en dot le comté de Namur.

Le comte Florent, frère de l'empereur Guillaume, ayant été tué dans un tournois à Anvers, Adelaïde d'Avesnes, tante de Florent V, âgé de quatre à cinq ans, prit le titre de tutrice et de régente de Hollande et de Zélande; mais se voyant exposée à la haine de plusieurs nobles, elle remit la tutelle à Henri III, duc de Brabant, qui l'accepta, et qui eut le bon esprit d'y renoncer quand il s'aperçut que son gouvernement ne plaisait ni aux grands ni au peuple.

Le duc Henri, sentant sa fin approcher, voulut abolir la servitude dans ses états. Il affranchit les Brabançons des impositions personnelles et des exactions auxquelles ils étaient soumis, et statua dans son testament « que « tous les hommes de la terre de Brabant seraient à « l'avenir traités par jugement et sentence, exempts « d'impositions extraordinaires, et que les ducs n'en « lèveraient sur ces hommes ou n'en feraient lever que « dans les expéditions militaires pour la défense du « pays, pour la conservation de leurs droits, pour la « répression des injures, pour le services des empe- « reurs romains ou des rois d'Allemagne, ou quand les « souverains du Brabant marieraient une de leurs « filles, ou créeraient un de leurs fils chevaliers. »

Henri III mourut à Louvain le 28 février 1271, et sa dépouille mortelle fut déposée dans une église qu'il avait fondée en cette ville (celle des Dominicains).

JEAN PREMIER.

RÉGENCE D'ALIX DE BOURGOGNE.

A la mort de Henri III, Alix de Bourgogne, sa veuve, s'empara des rênes du gouvernement en sa qualité de tutrice naturelle de ses enfans. Mais deux autres prétendans, qui se présentèrent bientôt, lui disputèrent la régence du Brabant pendant la minorité du jeune duc. L'un, Henri, landgrave de Thuringe et beau-frère de Henri III, en fut exclu par les Brabançons, qui ne voulurent pas être gouvernés par un prince étranger ; et l'autre, Henri de Gaesbeek, petit-fils de Henri Premier, se désista de ses prétentions, moyennant une très-forte somme d'argent qui lui fut comptée par la duchesse.

Les grands et le peuple reconnurent Alix pour régente, et lui adjoignirent au gouvernement, Godefroid de Perwelz et Gauthier Berthold, seigneur de Malines, un des descendans de ces fameux Berthold qui troublèrent la paix publique pendant la minorité de Godefroid III. Mais Arnould de Wesemale, maréchal du Brabant, irrité de ne point être admis au nombre

JEAN I.

des conseillers de la régente, se vengea de cet affront en soulevant les habitans de Louvain contre la duchesse. Cette ville était alors divisée en deux factions, les Blankaert et les Colvère. Ceux-ci s'étant ligués avec le maréchal, chassèrent les autres de la cité, qui, dès cet instant, devint un foyer de rébellion.

Le fils aîné du duc Henri, contrefait et difforme, paraissant peu habile au maniement des affaires, Alix, du consentement des États de Brabant, résolut de lui faire embrasser l'état monastique et de donner la couronne ducale à Jean, frère de ce prince, que la nature avait comblé de ses dons. Aussitôt qu'Arnould et les Louvanistes eurent connaissance de ce projet, ils crièrent à l'injustice, et prétendirent, avec raison, que la difformité du corps ne pouvait faire exclure un prince de ses droits. Si le jeune Henri est inhabile à gouverner, disaient-ils, que l'on crée un conseil de régence qui suppléera à l'incapacité du duc.

Leur opposition et leurs clameurs n'empêchèrent pas Alix de se présenter devant Louvain, avec son fils Jean, à l'effet de le faire inaugurer duc de Brabant. Non content de lui refuser l'entrée de cette ville, Wesemale leva des troupes et alla ravager la seigneurie de Malines. Repoussé, il augmenta ses forces, et, au moment où on le croyait hors d'état de tenir la campagne, il courut investir cette place. Pendant qu'il en faisait le siége, Berthold l'attaqua à la tête d'une armée de Brabançons, le battit, le mit dans une déroute complète, et le força à rentrer dans Louvain.

Lorsque le prince Henri eut atteint l'âge, où les fils des ducs de Brabant étaient émancipés de droit, Alix fit convoquer les états à Cortemberg. Là, Henri déclara : « que de sa libre volonté et de son mouvement

« spontané, il faisait à son frère Jean la cession ou do-
« nation de tous les droits qu'il pouvait avoir au duché
« de Brabant, sous quelque dénomination que ce fût. »
Après avoir abdiqué le suprême pouvoir, il jura sur
l'Évangile : « que jamais il ne contreviendrait à cette
« donation, et déclara qu'il déchargeait les hommes de
« la terre de Brabant, tant présens qu'absens, de la foi
« et de l'hommage qu'ils lui avaient prêtés, et leur
« ordonna de tenir son frère comme légitime duc de
« Brabant, de lui obéir, de le suivre comme tel, et
« de lui prêter foi et hommage (1267). »

Cet acte fut ratifié par un diplôme de l'empereur
Richard, qui investit Jean 1er du gouvernement de la
Basse-Lotharingie. Ce prince confirma également, l'an-
née suivante, un autre acte par lequel Henri III, don-
nait les villes de Genappe et de Jodoigne à la duchesse
Alix à titre de douaire.

Le prince Henri fut relégué à Dijon dans un monastère, où il eut une cour et une suite conformes au rang
qu'il avait occupé dans le monde.

DERNIÈRE CROISADE.

En proie à l'anarchie et envahi par une armée de
Mogols, l'empire des Sarrasins allait expier ses sanglans

triomphes sur les chrétiens d'Asie ; déjà ceux-ci souriaient à l'espoir de mettre à profit les revers d'un ennemi cruel pour relever leurs états : vain espoir ! le Mogol ne doit être pour eux qu'un nouvel agresseur, et Ptolémaïs le théâtre des combats de deux ennemis du nom chrétien.

Cependant Koulouz, sultan du Caire, après avoir anéanti les Mogols, renouvelle la trève avec les chrétiens au grand mécontentement de ses turbulentes milices ; bientôt il est assassiné par Bibare, le plus terrible ennemi de la Croix, et celui-ci jure, en montant sur le trône, qu'il ne posera point les armes avant d'avoir exterminé les adorateurs du Christ.

Tel était l'orage qui menaçait la Palestine, quand une députation partie de Ptolémaïs vint implorer le secours de l'Occident. Les ambassadeurs reçurent à la cour de Rome un accueil empressé ; mais l'état de l'Europe ne permettait point que les promesses du Saint-Siége fussent sitôt réalisées. La guerre ou les divisions intestines ravageaient l'Italie, l'Allemagne et la Belgique. Quelques Français avaient cependant pris la croix, mais avant qu'ils fussent arrivés dans la Terre-Sainte, Bibare s'était emparé de Césarée, d'Arsouf, de Safed, de Jaffa et d'Antioche ; l'étendard de la croix ne flottait plus que sur les tours de Tripoli et de Ptolémaïs.

A ces tristes nouvelles, le roi saint Louis prend la croix ; une foule de Français imite son exemple, et Gui de Dampierre va encore grossir son armée à la tête des seigneurs de la Flandre, du Hainaut et du comté de Namur. L'armée s'embarque à Aigues-Mortes ; mais avant que de passer dans la Palestine, le roi voulant s'assurer des côtes d'Afrique, fit voile vers le royaume de Tunis, où l'on débarqua sans opposition, malgré qu'une multitude de Sarrasins eût d'abord fait mine de s'y opposer.

Quoique les Maures eussent pris la fuite à l'aspect des phalanges chrétiennes, le roi de Tunis ne tarda pas à se présenter dans la plaine à la tête de son armée, semblant attendre le combat, tandis que Bibare, son allié, lui préparait des renforts. Mais saint Louis ne voulait commencer l'attaque qu'après l'arrivée de son frère, Charles d'Anjou, roi de Sicile, qui ne pouvait long-tems se faire attendre. Sur ces entrefaites une maladie contagieuse, produite par la chaleur, vint assaillir les croisés dans leur camp, et bientôt la soif, la famine et la peste y exercèrent les plus affreux ravages. Après avoir eu la douleur de perdre son fils, le duc de Nevers, saint Louis succomba lui-même à la contagion, qu'il n'avait pas craint d'affronter pour porter à ses malheureux compagnons d'armes des consolations et des secours.

Le 15 août 1270, jour même de la mort de Louis IX, Charles d'Anjou rejoignit les croisés. La mort du roi répandit la consternation dans l'armée des chrétiens ; toutefois le courage ne les abandonna point. Charles en prit le commandement et il battit les infidèles en plusieurs rencontres. Épouvanté de la hardiesse des croisés, le roi de Tunis leur fit demander la paix, qui fut conclue à des conditions plus honorables qu'on n'aurait dû les attendre de la situation fâcheuse où l'on se trouvait. Charles ramena les croisés en France, et Gui de Dampierre revint avec les Belges qui avaient eu le bonheur d'échapper à la contagion, bien plus redoutable que le cimeterre des Sarrasins.

Ainsi se termina cette croisade commencée avec tant d'éclat et de si grandes forces. Le peu de fruit qu'on en retira ralentit si bien l'ardeur des rois et des seigneurs pour les expéditions d'outre-mer, que tout le zèle des souverains pontifes n'a jamais pu la rallumer depuis.

Ces émigrations religieuses et militaires ont produit les effets les plus remarquables sur le gouvernement ecclésiastique et civil, le commerce et l'industrie, les sciences et la littérature de l'Europe. Elles ont multiplié et fortifié les abus du règne ecclésiastique, mais aussi elles ont amélioré l'état politique, favorisé le commerce et hâté la révolution qui a renversé le régime féodal et le pouvoir arbitraire des papes.

GUERRE DE LA VACHE.

Après une longue série de troubles intestins, de guerres sanglantes, les peuples de la Belgique songeaient à réparer les maux qu'ils entraînent après eux, lorsqu'ils furent obligés de reprendre les armes pour un sujet aussi frivole en soi que funeste dans ses suites.

Un paysan de Jallez, village dépendant de la seigneurie de Gosnes, située dans le comté de Namur, avait volé une vache à Rigaud de Corbion, bourgeois de Ciney. Il se faisait à Andennes un tournoi où le duc de Brabant, le comte de Flandre et les nobles des pays voisins étaient accourus en foule. Ce concours y attira nombre de marchands des environs, parmi lesquels se trouvèrent, et le voleur de la vache, et celui à qui elle avait été enlevée. Le premier l'ayant exposée en vente, l'autre reconnut son bien et alla de suite dénoncer le voleur à Jean de Halloy, bailli de Condros, qui se trouvait également à Andennes. Celui-ci croyant ne devoir pas laisser impuni un crime commis dans sa juridiction, promit la vie au voleur s'il voulait reconduire la vache dans l'endroit où il l'avait prise. Le criminel obéit, mais lorsqu'il fut sur les terres du Condros, le bailli le fit arrêter et le fit pendre. Jusque là tout était dans l'ordre. Halloy avait rempli les devoirs de son emploi et l'on ne pouvait lui reprocher que de la mauvaise foi, s'il est bien vrai qu'il eût promis la vie au coupable, afin de l'attirer hors du comté de Namur. Quoiqu'il en soit, le seigneur de Gosnes, de la maison de Beaufort, dont ce misérable était sujet, bien aise de trouver cette occasion de maltraiter le bailli qu'il n'aimait pas, fit un bruit effroyable de cette expédition, et courut, accompagné des seigneurs de Celles et de Spontin, piller et brûler les villages des environs de Ciney (1273).

Les habitans de Huy, capitale du Condros, offensés d'un procédé aussi injuste qu'il était onéreux à leurs compatriotes, ne manquèrent pas d'user de représailles; ils coururent brûler Jallez, piller les terres du seigneur de Gosnes et détruire son château. Si les bourgeois de Huy avaient borné là leur vengeance, personne n'aurait eu à se plaindre, le dommage ayant été à peu près égal de part et d'autre. Mais enhardis par leurs premiers succès, ils allèrent assiéger le château du seigneur de Beaufort, frère de celui de Gosnes. Ce château, situé sur un rocher, sur la rive droite de la Meuse, résista à tous leurs efforts, et ils furent obligés de se retirer après avoir perdu les plus braves des leurs.

Le bailli de Condros, qui dirigeait cette petite guerre, ne se rébuta pas pour cet échec. La seigneurie de Falais, appartenant à un autre frère du sire de Gosnes, il y conduisit ses troupes et investit le château. La place étant trop mauvaise pour résister long-tems à des ennemis dont le nombre grossissait tous les jours, le seigneur de Fallais, après avoir exhorté les siens à se défendre autant qu'ils le pourraient, courut implorer la protection de Jean 1er, duc de Brabant, et lui faire hommage de sa terre. Cette démarche, en assurant aux seigneurs de la maison de Beaufort un puissant défenseur, rendit la querelle plus sérieuse. Jusque là, la guerre ne s'était faite que de particulier à particulier ; mais dès que les Liégeois eurent appris que le duc de Brabant levait une armée, et que les Beaufort avaient mis dans leurs intérêts les comtes de Namur et de Luxembourg, en se reconnaissant leurs hommes liges, ils se joignirent à ceux de Huy, et prirent des mesures pour tenir tête à leurs ennemis.

La destruction de Meffe, et la levée du siége de Fallais, que le duc de Brabant fit abandonner à ceux de Huy, furent les premiers exploits par où ce prince signala la protection qu'il venait d'accorder aux Beaufort. On ne vit plus alors que ravages et qu'incendies. Tandis que les Liégeois portent la dévastation dans le comté de Namur, le comte de Luxembourg investit Ciney. Robert de Forvies, maréchal de l'évêque de Liége, parvient à se jeter dans la place avec quelques troupes; mais effrayé à l'aspect des dispositions menaçantes des assiégeans, qui dressaient des machines pour attaquer les remparts et renverser les portes, cet homme pusillanime sort de la ville sous le prétexte d'aller chercher des renforts à Dinant, et ne reparaît plus. Quoique abandonnés à leurs propres forces, les habitans se défendirent vigoureusement ; mais succombant sous le nombre, ils se réfugièrent tous dans l'église, d'où ils virent bientôt leur ville en flammes. Après ce honteux exploit, le comte de Luxembourg fit mettre le feu à l'église, et se retira.

Robert de Forvies, qui n'avait du courage que quand il n'avait pas d'ennemis à combattre, entra dans le comté de Luxembourg, dévasta la prévôté de Poilvache, et réduisit en cendres trente à quarante villages ou hameaux des environs. Telle était la fureur de détruire dans cette malheureuse guerre, que l'on abandonnait la défense de son propre pays pour courir ruiner le pays ennemi.

Les choses étaient en cet état, quand les Dinantais, qui jusque là n'avaient pris aucune part à la guerre, informés que ceux de Namur se préparaient à les attaquer, allèrent au devant d'eux sous la conduite de Jacques de Rochefort, leur avoué. Ils dirigèrent leur marche vers le village de Spontin, où ils rencontrèrent un corps ennemi qui obéissait aux ordres du seigneur de Dave. Les Namurois étant supérieurs en nombre, et les Dinantais trouvant la partie trop inégale, se replièrent sur Dinant. Ils furent poursuivis si chaudement, et serrés de si près, que le seigneur de Dave entra dans la ville avec les fuyards, par la porte du faubourg de Leffe. Un peu de précaution aurait rendu les Namurois maîtres de la cité ; mais au lieu de s'assurer de la porte, les premiers qui pénétrèrent dans la ville s'avancèrent si étourdiment qu'ils donnèrent le tems à quelques bourgeois d'abattre la herse, de manière que l'avant-garde de ce corps fut renfermée dans l'enceinte des remparts sans pouvoir être secourue. Il en coûta la vie à une centaine de Namurois qui furent tués en cette occasion, avec le seigneur de Dave, pendant que les autres, exposés aux projectiles qu'on leur lançait du haut des murs, eurent assez de peine à regagner les montagnes et à se retirer en désordre (1274).

Cette action fut la dernière de cette sanglante tragédie qui coûta la vie à plus de vingt mille hommes, qui réduisit des populations entières aux abois, et à qui l'on donna le nom de Guerre de la Vache.

L'évêque de Liége, le duc de Brabant et les comtes de Namur et de Luxembourg, ne purent envisager de sang froid ce spectacle d'horreurs. Ils convinrent de choisir pour arbitre de leurs différends le roi de France, Philippe le Hardi, beau-frère du duc Jean, et de s'en rapporter à sa décision. Ce prince ayant examiné le sujet et les suites de cette querelle, jugea sagement que l'unique moyen de la terminer, était de rétablir les choses sur le pied où elles étaient avant les hostilités, sans faire mention de ce qui y avait donné lieu. Il décida qu'on regarderait comme non avenus les hommages que le duc de Brabant et les comtes de Namur et de Luxembourg avaient reçus des seigneurs de la maison de Beaufort, et que ces derniers rentreraient sous l'obéissance de l'évêque de Liége. La paix se fit (1275), mais cette sentence arbitrale ne reçut pas d'exécution, car les sires de Beaufort et de Gosnes, qui surent l'éluder, restèrent soumis au comté de Namur, malgré les plaintes et les protestations des Liégeois.

LA BÉGUINE DE NIVELLES.

Philippe le Hardi, successeur de saint Louis, avait épousé en secondes noces Marie de Brabant, sœur du duc Jean, princesse aimable, spirituelle, lettrée, qui protégea les littérateurs, qui travailla au roman de Cléomadez, et qui mit en vers français les exploits d'Ogier le Danois.

En arrivant à la cour de France (1274), elle trouva un rival de puissance dans le favori du roi, Pierre La Brosse, qui, de barbier du roi saint Louis, était devenu grand chambellan et premier ministre. Marie, souffrant impatiemment de voir Philippe asservi aux volontés d'un ministre insolent qui abusait du pouvoir qui lui était confié, s'en plaignit amèrement, et saisit toutes les occasions qui se présentèrent pour humilier un homme que la turpitude et l'intrigue soutenaient sur les degrés du trône.

Craignant l'ascendant de la reine sur le roi, La Brosse la lui dépeignit comme une femme altière, ambitieuse, cruelle, qui ne songeait qu'à se défaire des enfans du premier lit de Philippe pour élever les siens au trône; et, pour donner plus de poids à ses odieuses accusations, il fit empoisonner le fils aîné du roi, et accusa Marie de ce crime. Le monarque, faible et chancelant, prête l'oreille aux infâmes insinuations de son favori. Il fait jeter la reine en prison, cherche la vérité sans la trouver nulle part, ordonne de vaines enquêtes, et, guidé par une aveugle superstition, il laisse à des devins imposteurs le soin de la lui faire connaître (1275).

Il existait alors à Nivelles une religieuse connue sous le nom de Béguine, qui était réputée sorcière, et qui avait usurpé sur ses contemporains une autorité surprenante. Le roi chargea l'abbé de Saint-Denis et l'evêque de Bayeux, parent de la femme de La Brosse, d'aller consulter la moderne pythonisse. Les députés de Philippe se rendent à Nivelles, se présentent devant la Béguine et lui font connaître le sujet de leur mission. Comme elle s'obstinait à garder le silence, l'évêque se renferme avec elle, promet, flatte menace, et engage celle qu'il croit en relation avec l'esprit des ténèbres à lui révéler l'auteur du crime sous le sceau de la confession. Elle s'y soumet; puis, lorsque l'abbé de Saint-Denis est introduit, elle lui dit que l'évêque de Bayeux est instruit du mystère qui a porté la désolation et le trouble à la cour de France. De retour à Paris, l'évêque dit au roi que la Béguine avait parlé, mais qu'il ne pouvait lui faire connaître le résultat de sa mission sans violer le secret de la confession.

Désireux de connaître l'opinion de l'oracle de Nivelles, Philippe le Hardi chargea Thibaut, évêque de Dol, et Arnould, chevalier du Temple, d'aller le consulter; ils obéirent, et la Béguine, beaucoup plus communicative, leur fit cette réponse : « Dites de ma part au
« roi qu'il ne croie pas les mauvaises paroles qu'on lui
« dit de sa femme; car le poison a été donné par un
« homme qui est tous les jours auprès de lui. » En s'expliquant ainsi, elle prononçait l'innocence de la reine et accusait indirectement La Brosse ; mais d'après le dire de cette femme, pouvait-on réellement condam-

ner le ministre comme coupable d'homicide? non, sans doute, et il aurait triomphé de cette singulière accusation, si elle n'était tout à coup venue se compliquer de manière à mettre au grand jour ce mystère d'iniquités.

Instruit de ce qui se passait à la cour de France, le duc Jean se couvre d'un froc, et, suivi seulement d'un écuyer et d'un chien fidèle, il quitte secrètement Bruxelles, se rend à Paris, pénètre dans la prison de sa sœur à l'aide de son déguisement, et se convainc bientôt de l'innocence de Marie. Irrité de ce qu'on ait pu la soupçonner d'un crime, il se déclare son chevalier, demande le combat judiciaire, et se présente pour combattre en champ clos celui qui sera assez osé pour se constituer l'accusateur de la reine. Personne n'entre en lice pour se mesurer avec le terrible Brabançon, et La Brosse épouvanté, prend la fuite. Repris, emprisonné et mis à la question, il s'avoue coupable du crime dont il a chargé Marie, et convaincu ensuite, par ses propres lettres, d'avoir vendu les secrets de l'état au roi de Castille, il est condamné à mort, étranglé, et son corps reste suspendu au gibet de Montfaucon.

GUERRE DANS LE LIMBOURG.

Waleram III, duc de Limbourg, étant mort en l'an 1280, laissa une fille nommée Ermengarde, qui avait épousé Renaud le Belliqueux, comte de Gueldre. Ce dernier avait pris le titre de duc de Limbourg, et s'était mis en possession du pays ; mais la mort ayant enlevé Ermengarde l'année suivante, Adolphe, comte de Berg, neveu de Waleram, prétendit que le duché lui revenait de droit, comme étant le plus proche parent du duc défunt. Quoique les prétentions d'Adolphe fussent incontestables, le comte de Gueldre s'obstina à se maintenir dans l'héritage de son beau-père, sous le prétexte qu'il devait en avoir l'usufruit.

Le comte de Berg, prévoyant bien qu'il ne lui serait pas facile de déloger Renaud des états qu'il occupait, proposa au duc de Brabant de lui vendre les droits qu'il pouvait avoir sur le duché de Limbourg. Jean 1er, qui n'y voyait qu'un moyen d'augmenter sa puissance, accepta, et l'acte de vente fut signé dans les premiers jours du mois de juin 1282.

Aussitôt que cet acte fut signé de part et d'autre, le duc Jean somma le comte de Gueldre de vider les lieux, et de lui remettre le Limbourg et ses dépendances. Le dernier refusa positivement, et l'on se disposa à la guerre. Le duc fit d'immenses préparatifs pour entrer en possession de son acquisition. Il s'allia avec les comtes de Hollande, de Looz, de Bourgogne, de la Marck, de Waldeck, et vit bientôt grossir son armée par des renforts qui lui furent amenés de France par les comtes de la Marche, d'Angoulême, de Soissons, de Vendôme, de Saint-Pol, et par les sires de Craon, de Châtillon et de Montmorenci. Quant à l'argent nécessaire pour solder tant de troupes, les Brabançons le lui fournirent ; ils lui donnèrent le vingtième de leurs biens, à l'exception de la noblesse qui, ne voulant faire aucun sacrifice, laissa au peuple le soin de s'illustrer par un noble désintéressement. Aussitôt que l'armée fut réunie, le duc traversa la Meuse, entra dans le Limbourg et dans le pays de Juliers, jeta des troupes dans Aix-la-Chapelle, et alla prendre position sur la rive gauche de la Gulpe, petite rivière qui va se jeter dans la Gheule à Cartiels (1283).

Le comte de Gueldre, qui avait passé la Gheule au-dessus de Simpelveld, et qui s'avançait au devant des Brabançons, arriva sur la Gulpe en même tems que le duc Jean. Il s'était procuré de nombreux et puissans alliés; on distinguait dans son camp les comtes de Luxembourg, de Seyne, de Nassau, de Spanheim, de Salm, de Neuvenare; Thibaut, fils du duc de Lorraine; Sifroid, archevêque de Cologne, et tous les principaux seigneurs des pays de Clèves, de Juliers et de Limbourg.

Quoique les deux armées ne fussent séparées que par la Gulpe, on entra en négociations pour éviter l'effusion du sang, et le duc et le comte se décidèrent à remettre leurs prétentions à l'arbitrage des comtes de Flandre et de Hainaut. Ils décidèrent que Renaud aurait l'usufruit du duché de Limbourg, et que quatre de leurs chevaliers garderaient le château de ce nom durant la vie du comte de Gueldre. Cette décision ne convint ni à l'un ni à l'autre des prétendans, et Renaud poussa même l'inconvenance jusqu'à faire emprisonner les quatre chevaliers qui étaient partis pour prendre possession du château (1284).

Cependant le roi de France, désirant que le duc de Brabant le secondât dans la guerre qu'il allait faire au roi d'Arragon, parvint à faire signer une trève aux deux prétendans. Le duc Jean, qui suivit le roi en Espagne, revint en Belgique à l'expiration de la trève, et les hostilités commencèrent au printems de l'année 1285. Cette guerre fut, comme toutes celles du tems, une œuvre de dévastation et de pillage. L'archevêque de Cologne ravagea le comté de Berg : mais surpris par le duc Jean, force lui fut de se retirer en toute hâte après avoir incendié les villages qu'il avait trouvés sur sa route.

Les barons voulant mettre un terme à cette guerre cruelle, convoquèrent une assemblée à Maestricht, et résolurent de décider sur les prétentions du duc Jean et de Renaud. Celui-ci y avait consenti, mais au moment où l'on allait prendre une décision définitive, il assembla les chefs alliés à Fauquemont et leur déclara qu'il avait cédé ses droits au comte de Luxembourg. Le duc de Brabant ne fut pas dupe de cette ruse; il marcha sur Fauquemont à la tête de quinze cents hommes d'élite afin de terminer la guerre d'un seul coup en enlevant les chefs de l'armée ennemie, et arriva au moment où l'assemblée venait de se dissoudre.

Pendant les années 1286 et 1287, les deux armées se signalèrent par des ravages affreux, et ce ne fut qu'en 1288 que la guerre se termina par une victoire éclatante, que les Brabançons remportèrent sur leurs ennemis.

VICTOIRE DE WORINGEN.

L'archevêque de Cologne, ennemi acharné du duc de Brabant, avait, pendant l'hiver, levé des troupes en Allemagne et dans son diocèse, et il était venu une seconde fois porter l'horreur et le trépas dans le comté de Berg. Jean courut à lui; les Allemands se dispersèrent à son approche, et le prélat lui-même s'enfuit vers le Rhin. Profitant de la terreur qu'il avait su inspirer à l'armée épiscopale, le duc la poursuivit sans relâche, sans pouvoir l'atteindre, et s'en fut incendier les faubourgs de Bonn, où le prélat s'était réfugié (1288).

Les habitans de Cologne, qui détestaient l'archevêque, profitèrent de cette circonstance pour se venger de sa tyrannie; ils informèrent le duc que le prélat entretenait une troupe de bandits dans le château de Woringen, avec lesquels il rançonnait le pays, détroussait les voyageurs et empêchait la liberté du commerce, et ils le prièrent de détruire ce foyer de brigandage. Le duc Jean ne demandant pas mieux que de nuire à son ennemi, dirigea sa marche sur Woringen et mit le siége devant cette place.

Aussitôt que l'archevêque en fut instruit, il rassembla des troupes, écrivit au comte de Gueldre et à tous ses alliés, et les engagea à se réunir promptement pour anéantir la horde de brigands, leur dit-il, que le duc de Brabant traînait à sa suite, et qui avait ravagé le diocèse de Cologne. Les instances du prélat ne furent pas vaines. Ceux qui avaient épousé la cause de Renaud accoururent de toutes parts, et telle était leur confiance dans le nombre de leurs soldats, qu'ils avaient amenés des chariots chargés de chaînes destinées aux Brabançons. Leurs forces s'élevaient à quatorze mille hommes d'infanterie et à plus de six mille de cavalerie.

Le duc Jean n'avait sous ses ordres qu'environ quatre mille hommes de toutes armes; mais sa présence, et la confiance qu'il avait su inspirer à ses braves centuplait leurs forces. Quoique son armée fût inférieure en nombre, il leva le siége de Woringen, s'avança au devant de l'ennemi qu'il rencontra bientôt, et prit position le 5 juin 1288, près d'un grand chemin qui traverse la plaine de Woringen, au-delà duquel il vit toutes les troupes alliées déployées sur trois lignes. L'archevêque commandait la première, le comte de Luxembourg la seconde, et le comte de Gueldre la troisième.

Dès qu'il vit les dispositions de l'ennemi, le duc Jean fit déployer sa petite armée. Il confia le commandement de l'aile droite à Arnould de Zellen, celui de la gauche au comte Adolphe de Berg, et se réserva celui du centre.

Avant de commencer l'action, l'archevêque, revêtu de ses habits épiscopaux et conformément aux usages du siècle, excommunia le duc de Brabant en présence des deux armées, tandis que celui-ci, méprisant cette cérémonie superstitieuse, haranguait ses soldats. « Braves gens, leur disait-il, en marchant au combat
« songez à vos ancêtres. Jamais ils n'abandonnèrent
« leur prince dans la bataille; et vous qui m'avez si
« souvent donné des preuves de votre fidélité et de
« votre valeur, pourrais-je croire que vous m'aban-
« donniez? Ce jour, je n'en doute pas, sera le jour de
« mon triomphe ou de mon trépas. Je prends Dieu à
« témoin que je n'ai entrepris qu'une guerre juste, et
« que je ne suis venu ici que pour forcer ces brigands à
« cesser de troubler la paix des nations. C'est pourquoi
« ils vont éprouver en ce jour que Dieu combat pour
« nous. Je ne vous recommande qu'une chose : quand
« le combat sera engagé, restez auprès de moi afin
« que je puisse m'assurer de n'être pris ni en flanc ni
« par derrière : pour ceux qui viendront en face, je

« saurai les repousser. Si je me sauve ou si je me rends, « je vous ordonne de me percer de vos épées. » En prononçant cette harangue qui nous est rapportée par Jean Van Helu, les yeux du duc étincelaient, et ses regards animés électrisaient les Brabançons qui demandèrent à grands cris le signal du combat.

Cependant les deux armées s'ébranlèrent. Les troupes de l'archevêque, formées en colonne, chargèrent vigoureusement l'aile gauche des Brabançons, et parvinrent à la mettre en désordre. Le duc s'en aperçoit, et soudain il vole à son secours; mais à peine est-il arrivé sur les lieux que, reconnnu par son armure éclatante, il voit tous les efforts de l'ennemi dirigés contre lui. Berthold, seigneur de Malines, est percé d'un coup de lance. Le duc venge la mort de ce brave, frappe, renverse tout ce qui se présente à lui et fait naître une nouvelle ardeur dans l'âme des siens, quand le comte de Luxembourg, qui cherchait Jean Ier pour le combattre, enfonce les bataillons qui le séparent de son illustre adversaire et se présente tout à coup devant lui, écumant de colère et de rage. Un instant ils se mesurent des yeux, jettent leur lance, tirent l'épée, s'attaquent avec la plus violente impétuosité et s'accrochent pour se renverser de cheval. Waleram de Ligny, frère de l'intrépide comte, combattait à ses côtés, et écartait à coup de lance tous ceux qui venaient au secours du duc; mais assailli par une foule de Brabançons, il est désarçonné et il périt sous les pieds des chevaux. La mort de Waleram augmente la fureur du comte; il la fait partager à ses chevaliers qui s'élancent avec lui dans la mêlée et jettent le duc sur le sol. Un de ses officiers le remet en selle; mais à l'instant même son cheval est tué et sa bannière renversée. Déjà le comte de Luxembourg croyait Jean mort ou grièvement blessé ; déjà il faisait entendre le cri de victoire, quand ce dernier, monté sur le coursier d'Arnould d'Hoffstade, s'ouvre un passage à travers l'ennemi et fait tomber sous ses coups les guerriers qui entourent la bannière de Luxembourg. Le comte cherche vainement à parer les coups qui tombent sur son casque et sur sa cuirasse; serré de près par son redoutable ennemi, il est renversé dans la poussière : il remonte à cheval, se précipite sur le duc, le saisit par la mentonnière de son casque ; mais au moment où il va le renverser et achever sa victoire, Wauthier de Bidsom, chevalier brabançon, lui porte un coup d'épée au défaut de la cuirasse, lui fait lâcher prise et l'étend sans vie aux pieds de son souverain.

La mort du comte fut le signal de la victoire. Le duc, suivi de ses braves, s'élança dans les bataillons ennemis, et en fit un carnage épouvantable. Enfin, après une action qui dura depuis six heures du matin jusqu'à trois heures de l'après-midi, tous les chefs confédérés furent pris ou tués, et leur armée anéantie. L'archevêque de Cologne fut remis au pouvoir du comte de Berg, et celui de Gueldre resta le prisonnier du duc.

Après ce succès éclatant, Woringen capitula ; et le Limbourg fut réuni au Brabant. Le duc, pour éterniser cette victoire, fit bâtir à Bruxelles, sur la place du Sablon, une église qu'il dédia à Notre-Dame des Victoires, et il institua une procession annuelle ainsi qu'une cavalcade connue sous le nom d'*Ommegang,* qui parcourait la ville en tous sens le dimanche avant la Pentecôte.

Quelques années plus tard, Marguerite de Brabant épousa Henri de Luxembourg, dont le père avait été tué à Woringen, et le duc Jean, délivré des embarras et des dangers de la guerre, ne s'occupa plus que du bonheur des peuples soumis à sa domination. Il réprima par des lois sévères les abus que la férocité des mœurs avait introduits dans la société, et fit adopter par une assemblée de seigneurs et de députés des villes un code de lois connu sous le nom de *Land-Charter*, que l'on a beaucoup vanté, quoiqu'il soit fortement empreint de la barbarie du siècle. On y voit : « Pour contenir « dans le devoir par la crainte des châtimens ceux « qu'on ne peut y attacher par l'amour de la vertu, » une foule de peines plus ou moins fortes qui doivent atteindre ceux qui se rendent coupables de délits ou de crimes contre la sûreté publique. D'après ce code, toute personne convaincue d'avoir injurié, calomnié, porté des coups et blessures, d'avoir provoqué quelqu'un en duel, était punie par des amendes, le bannissement ou la mort. — Celui qui troublait la tranquillité publique était tiré en quatre quartiers, ses membres attachés à des poteaux plantés sur la frontière du pays, et la moitié de ses biens était confisquée au profit du seigneur. — Quiconque se rendait coupable de rapt était puni par la mort et par la confiscation de ses biens. — Tout homme convaincu de viol ou d'attentat à la pudeur avait la tête tranchée avec une scie de bois, si le fait était constaté par celle sur qui le crime avait été commis. — Enfin, on y remettait en vigueur la peine du talion, c'est-à-dire que l'on coupait une main, un bras ou une jambe à celui qui avait traité son adversaire de cette manière.

Le duc Jean fut atteint d'un coup de lance dans un tournoi, et mourut des suites de cette blessure le 4 mai 1294.

LES AWANS ET LES WAROUX.

Hugues de Chalons, de la maison de Bourbon, qui venait de succéder à Jean de Flandre, évêque de Liége, vit son épiscopat troublé par des querelles meurtrières qui s'élevèrent entre les premières familles du pays; mais de toutes ces guerres de seigneur à seigneur, la plus horrible, la plus sanglante fut celle des Awans et des Waroux, qui désola ces malheureuses contrées pendant trente-huit années consécutives.

Un jeune gentilhomme, parent du seigneur de Waroux, voulut épouser Adèle Poret de Dommartin, vassale du sire d'Awans, renommée par sa beauté et par ses richesses. Mais, jaloux de voir tant de biens passer dans une autre maison que la sienne, ce dernier fit des démarches pour que cette demoiselle épousât son fils, et voyant ses propositions rejetées, il mit opposition au mariage projeté et séquestra les biens de la future, sous le prétexte qu'elle était de condition serve, et qu'à lui seul appartenait le droit d'autoriser cette union. Outré des entraves que le sire d'Awans mettait à son bonheur, le gentilhomme liégeois enleva celle qui lui avait inspiré de l'amour, et ses meubles les plus précieux.

Irrité de cette infraction aux lois du pays, qu'il considérait comme un acte de rébellion, le seigneur d'Awans rassembla sept à huit cents hommes, et courut ravager les terres de la maison de Waroux. Il pilla le village de Slins, le livra aux flammes, attaqua et prit le château de Vans, et porta partout l'horreur et le trépas. Jean de Châlons, qui gouvernait le pays en qualité de mambour pendant l'absence de l'évêque, interposa son autorité pour mettre un terme à d'aussi cruelles dévastations ; mais sa voix n'ayant pas été écoutée, il assiégea le château du sire d'Hosemont qui avait épousé la cause des Awans, l'enleva de vive force, et le détruisit de fond en comble.

Revenu à Liége sur les instances réitérées de son frère, l'évêque donna l'ordre aux Awans de déposer les armes et de cesser le cours de leurs brigandages. Loin de là, ils appelèrent à leur secours les sires de Fallaix, de Warfusée, de Moumalle, de Haneffe, et se disposèrent à résister aux forces du prélat qui, voyant son autorité méconnue, vint investir le château d'Awans où tous ces petits despotes étaient rassemblés. Ils soutinrent quelque tems un siége régulier ; mais craignant les suites de leur rébellion, ils capitulèrent, et force leur fut de venir pieds nus, en chemise, et portant la selle de leurs chevaux sur la tête, faire amende honorable dans l'église de Saint-Lambert.

L'évêque croyait avoir étouffé le feu de la discorde ; mais la plupart des seigneurs ne s'étant soumis qu'en frémissant à la honteuse cérémonie qui leur avait été imposée, prirent jour avec les Waroux pour vider leur querelle les armes à la main. A l'époque fixée, les deux partis se rassemblèrent près du village de Berlo, et s'y livrèrent un combat terrible dans lequel le seigneur d'Awans fut tué et ses troupes dispersées.

FIN DU TROISIÈME VOLUME.

TABLE

DES MATIÈRES.

Pages.

LES DUCS DE LA BASSE LORRAINE.

Godefroid Ier et Godefroid II. *Avec une carte géograph.*	5
Charles de France. *Avec une planche.*	8
Godefroid D'Eenham.	14
Combats de Hougarde et de Florennes.	17
Guerre de Frise.	22
Gothélon le Grand.	26
Gothélon l'indolent.	30
Frédéric de Luxembourg.	33
Baudouin de Lille. *Avec un plan.*	36

GOUVERNEMENT DE GODEFROID LE BOSSU.

Robert le Frison.	44
Victoire de Cassel. *Avec un plan.*	47

CONRAD.

Le Tribunal de Paix.	54
Origine des Croisades. *Avec une planche.*	58
Pierre l'Ermite.	60
Godefroid de Bouillon.	65
Prise de Jérusalem.	70
Royaume de Jérusalem.	73
Henri de Limbourg. *Avec une planche.*	76

LES DUCS DE BRABANT.

Godefroid Ier, dit le Barbu.	81
Boudouin à la hache.	83
Guerre de l'Élection.	86

Destruction de Gembloux. 90
Troubles de Flandre. 93
Bataille de Wildère. 96
Godefroid II. 100

Godefroid III, duc de Brabant.

Siège de Bouillon. *Avec une planche.* 102
Bataille de Ransbeek. *Avec une planche.* 108
Dégradation des Mœurs. 111
Deuxième Croisade. 114
Désastres des Croisés. 122
Combat d'Andennes. *Avec un plan.* 128
Guerres de Flandre et de Hainaut. 131
Destruction du Château de Grimberghe. 133
Prise de la Flandre Zélandaise. 136
Bataille de Carnières. 138
Destruction de Brusthem. 142
Philippe d'Alsace. 146
Guerre de Hainaut. 149
Le Sac de Gembloux. 154
Baudouin le Courageux et Henri l'aveugle. 156

Troisième croisade.

État de l'Orient. 161
Les Croisés Allemands. 163
Prise de Ptolémaïs. 167
La Chevalerie. *Avec une planche.* 174
Henri le Guerroyeur. *Avec une planche.* 181
Assassinat d'Albert de Louvain. 184
Bataille de Neuville. 189
Victoire de Heusden. 192
Quatrième Croisade. 194
Traité de Dinant. 196

Cinquième croisade.

Baudouin de Constantinople. *Avec une planche.* 200
Prise de Constantinople. 205
Élection de Baudouin à l'empire. 209

TABLE DES MATIÈRES.

Sac de Liége.	220
Conquête de la Flandre.	226
Bataille de Steppes.	229
Bataille de Bouvines.	234
Jeanne de Flandre. *Avec une planche.*	241
Les Stadings.	246
Fin de Henri le Guerroyeur.	249
Henri II. *Avec une planche.*	253

Henri III.

La Guerre Sainte. *Avec une planche.*	257
Marguerite de Constantinople.	259
Henri de Dinant.	266
Paix de Bruxelles.	270
Baudouin de Cortenay.	274

Jean Ier.

Régence d'Alix de Bourgogne.	282
Dernière Croisade.	284
Guerre de la Vache.	287
La Beguine de Nivelles.	292
Guerre du Limbourg.	294
Victoire de Woringen.	297
Les Awans et les Waroux.	303

FIN DE LA TABLE DU 5e VOLUME.

www.ingramcontent.com/pod-product-compliance
Lightning Source LLC
Chambersburg PA
CBHW071245160426
43196CB00009B/1174